LE HAVRE

GUIDE DU TOURISTE

AU HAVRE

ET DANS SES ENVIRONS

FÉCAMP — BOLBEC — LILLEBONNE — TANCARVILLE — MANÉGLISE — ORCHER
SAINT-JEAN-D'ABBETOT — ROLLEVILLE
MONTIVILLIERS — HARFLEUR — ÉTRETAT — YPORT — GRAVILLE — SAINTE-ADRESSE
HONFLEUR — VILLERVILLE — TROUVILLE

PAR J. MORLENT

Illustré de vues photographiques par KAISER

HAVRE
COSTEY FRÈRES, LIBRAIRES-ÉDITEURS
1860.

LE HAVRE

—◇◇—

GUIDE DU TOURISTE

AU HAVRE ET DANS SES ENVIRONS.

Les exemplaires voulus par la loi ayant été déposés, tout contrefacteur sera poursuivi.

Les Editeurs se réservent le droit de traduction.

Havre. — Imprimerie Commerciale COSTEY FRÈRES, rue de l'Hôpital, 4 & 6.

LE HAVRE

GUIDE DU TOURISTE

AU HAVRE

ET DANS SES ENVIRONS

FÉCAMP — BOLBEC — LILLEBONNE — TANCARVILLE — MANÉGLISE — ORCHER
SAINT-JEAN-D'ABBETOT — ROLLEVILLE
MONTIVILLIERS — HARFLEUR — ÉTRETAT — YPORT — GRAVILLE — SAINTE-ADRESSE
HONFLEUR — VILLERVILLE — TROUVILLE

PAR J. MORLENT

Illustré de vues photographiques par KAISER

HAVRE
COSTEY FRÈRES, LIBRAIRES-ÉDITEURS
—
1860.

UN MOT.

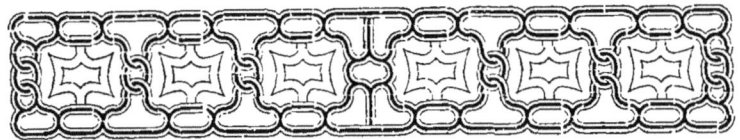ONTAIGNE a écrit : « Pour donner plaisir au commun quils s'avisent de choisir plus tost dix mille très belles histoires qui se rencontrent dans les livres et quils en bastissent un corps entier et s'entre tenant, il ne fauldroit fournir du sien que la liaison comme la souldure d'un aultre métal. »

Ce précepte de l'illustre penseur, nous l'avons mis en pratique, parce que nous en avons reconnu la justesse. Nous avons essayé de décrire ce que nous voyons depuis de longues années et ce que d'autres ont vu, et nous avons cité, textuellement quelquefois, mais toujours en indiquant les sources où nous avons puisé.

La plupart des auteurs modernes qui écrivent sur des provinces, dans lesquels souvent ils n'ont jamais mis le pied, donnent à entendre qu'ils ont vu ce qu'ils décrivent, lorsqu'ils n'ont fait que des emprunts, plus ou moins adroitement dissimulés, à ceux qui ont écrit avant eux. Cette petite supercherie littéraire est de mode aujourd'hui. C'est une ingratitude contre laquelle les volés seraient fort en droit de protester, et dont nous n'avons pas voulu nous rendre coupable. A ce point de vue nous ne serons pas *à la mode,* mais nous aurons en repos notre conscience d'écrivain.

LE HAVRE.

I.

L'origine du Havre constatée — François Ier son fondateur — Son but — Dilapidations — La *Grande-Françoise* — Avaler le Havre et la citadelle — Le testament d'Adam — Les Gouverneurs — La Salamandre — Henri II — Les arquebusiers en uniforme de taffetas noir — Une douche royale — Charles IX — Le Havre vendu aux Anglais — Sa reprise — Le gouverneur *Sonne-Tocsin* — Henri IV — Les courtisans scandalisés.

ON a voulu, tout récemment encore, faire remonter l'origine du Havre à une époque antérieure même à Charles VII ; c'est une erreur, involontaire sans doute, mais enfin c'est une erreur. Au XIIIe siècle, le territoire sur lequel le Havre est assis, n'était qu'une lagune, baignée à chaque marée par les eaux de la mer, lagune diaprée de bancs de sable sans fixité et de criques formant de ce terrain d'alluvion une vaste guipure. Les preuves de cet état de choses se voient sur un vieux plan que contiennent les cartons de la Bibliothèque impériale.

Les deux tours signalées par l'honorable écrivain auquel nous faisons allusion, et que Charles VII reprit sur les Anglais en 1450, étaient, non pas les tours du Havre-de-Grâce, mais les tours, dont on voit encore aujourd'hui les ruines, du Havre-de-Leure, qu'on désignait alors sous ce nom seul : *Le Havre*. Les ports d'Harfleur et de Leure se comblèrent successivement, tandis que le territoire du Havre-de-Grâce s'était affermi, exhaussé. La mer avait cessé d'immerger les ilots de sable, chargés de détritus végétaux ; l'herbe y croissait et Ingouville y envoyait paître ses troupeaux ; une crique profonde s'était creusée à l'entrée du port actuel, et ce fut ce qui détermina le choix de cette position pour un établissement maritime.

La date de la fondation du Havre est authentique, incontestable ; elle résulte d'une Charte de François Ier et des actes postérieurs qui en dérivèrent. La Charte indique clairement le but de la fondation :

« Créer, dans les marais existant à l'embouchure de la Seine, une place forte qui tînt en respect les Anglais toujours prêts à étendre leurs excursions sur le territoire françois, et doter en même temps le pays d'un port de mer propre et convenable pour recueillir, loger et *maréer* tant les grands navires du royaume que autres de ses alliés. »

« On a prétendu, écrivait tout récemment M. le baron J.-J. Baude, sous prétexte de pêches faites dès le XIVe siècle dans les eaux du port actuel, contester à François Ier la gloire de la fondation du Havre. Personne ne s'est-il jamais enquis si les arsenaux et les palais par lesquels Pierre-le-Grand commença Pétersbourg, n'auraient pas été devancés, sur les bords de la Néva, par quelques huttes sauvages. Il n'importe pas davantage d'éclaircir si, avant 1516, de pauvres pêcheurs traînaient ou non une existence ignorée sur la lisière des lagunes que le travail de trois siècles a ensevelies sous les dogs florissants du Havre. Une ville maritime n'a de fondateur que celui qui, mettant à découvert les germes latents d'une grandeur à venir, les féconde par la puissance de ses conceptions et par le concours des populations qu'il attire. C'est ce que fit ici François Ier, et s'il était possible, en présence des actes de son règne et des termes précis des édits de huit de ses successeurs, de nommer un autre fondateur, il faudrait dire quel établissement pouvait subsister sur une plage qui n'avait pas une goutte d'eau douce pour abreuver ses habitants. »

Comment le Havre de 1516 arriva-t-il au degré de prospérité où nous le voyons parvenu, et progressant toujours en 1860 ? La solution de cette question est du domaine de l'histoire ; nous dirons seulement ici que longue fut la série des fortunes diverses de la ville nouvelle, et qu'elle n'a pas franchi d'un seul bond l'espace de temps qui l'a faite ce qu'elle est aujourd'hui.

Les guerres maritimes, les guerres civiles, les guerres de religion, l'ont souvent arrêtée en chemin, et nous devons dire; à la louange de ses habitants, que c'est à leur énergie, à leur courage, à leur persévérance plus peut-être encore qu'aux sollicitudes gouvernementales qui, si souvent, lui firent défaut, qu'ont pu disparaître une partie des obstacles qui, maintes fois, s'opposèrent à son développement.

On lui donna des franchises, qui amenèrent les populations environnantes dans l'intérieur de la cité, et des gouverneurs spéciaux, choisis parmi les courtisans les plus en faveur ; elle eût pu se passer de ce dernier honneur, qui lui fut plus à charge qu'à profit, sauf de bien rares exceptions. Ces grands dignitaires ne venaient guère au chef-lieu de leur gouvernement que pour en extraire les gros traitements qu'ils s'étaient fait allouer, recevoir pour eux les vins d'honneur, pour leurs nobles épouses les dragées et les confitures municipales; mais l'Anglais était-il à nos portes, la ville était-elle menacée d'un bombardement, ces illustres personnages se déchargeaient de leurs fonctions et de leur responsabilité sur leurs lieutenants, et s'empressaient, à la première bombe, de quitter la cité menacée, sous ce prétexte que leur service les appelait à Versailles près de la personne du Roi.

Les premières fortifications du Havre ne coûtèrent pas moins de 400 mille francs. Cette somme, très considérable pour l'époque, donna lieu à des enquêtes motivées ainsi, lisons-nous dans un acte régulier et très curieux au point de vue de la probité des entrepreneurs du XVIe siècle :

« La grande-nef *Françoise* cousta au Roy plus de cent cinquante mil francs, et se prouvera pour vérité que l'on y déroba le tiers de l'argent.

» Item, couste au Roy et au pays de Normandie plus de quatre cent mille francs à faire le Hable-de-Grâce, là où il y a été pour le moins derrobé la quarte partie. »

François Ier, qui avait foi en son œuvre et prévoyait sans doute ses destinées futures, avait étendu à l'Est les fortifications de la ville presque jusqu'au point que dépassent aujourd'hui les limites de la nouvelle circonscription.

Mais ses successeurs trouvèrent que la garde et l'entretien de cette longue ligne de remparts exigerait de grandes dépenses, et les finances de l'Etat ne permettaient guère de puiser dans les coffres souvent vides du Trésor royal; toute cette partie fut donc supprimée par un édit, et l'entretien de la partie restante mise à la charge, et la charge était lourde, de la population havraise. Ce fut à cette même population qu'incomba la construction de ses établissements religieux et civils. Plus tard, on bâtit une citadelle qui ne manquait pas d'une certaine importance, si l'on en croit le dicton normand qui est resté et qui s'applique aux mangeurs gloutons : *Il avalerait le Havre et la citadelle.*

François Ier fit, dans le port qu'il avait créé, de nombreuses constructions navales ; il y arma des flottes et vint en passer la revue. — On lui dressa, sur le point culminant du cap de la Hève, une espèce d'observatoire en feuillage ; mais les ramberges ennemies, qui stationnaient en rade, lancèrent irrespectueusement sur le cap même quelques projectiles qui obligèrent le monarque à battre en retraite.

En 1545, le Havre fut le point de ralliement de la grande flotte qui fit, sous le commandement de l'amiral d'Annebaut, une descente malheureuse en Angleterre. Le Roi, venu pour assister au départ de l'expédition, donna une grande fête à bord du vaisseau amiral le *Philippe*, de cent canons, sorti des chantiers voisins ; mais un incendie s'y déclara pendant la fête et le vaisseau fut perdu.

François Ier avait pour son époque de grandes vues relativement à la restauration, et mieux peut-être à la création de la marine française. Les conquêtes faites récemment dans le Nouveau-Monde, par des nations étrangères, excitaient à un haut degré son imagination et le désir d'y prendre une part digne du pays dont il voulait accroître la gloire et augmenter la puissance. « Il est plaisant, disait-il, en parlant des Espagnols, des Portugais et des Anglais, que ces peuples partagent tranquillement l'Amérique entre eux, sans souffrir que la France puisse y poser le pied. Je voudrais bien voir l'article du testament d'Adam qui leur lègue ce vaste héritage. »

Il était de mode alors, parmi les puissances maritimes, d'avoir dans leurs ports principaux un vaisseau-monstre qui en fût comme le souverain. Le Havre eut alors son *Leviathan,* sous le nom de la *Grande-Françoise,* un immense navire à quatre mâts, ayant sur son pont une chapelle et un moulin à vent.

La science nautique des ingénieurs avait fait défaut à ce colosse : il ne put sortir du port et fut démoli, quoiqu'il eût coûté, comme nous l'avons dit, 150 mille francs à l'escarcelle royale.

François Ier donna des armoiries à la ville, sa devise était une salamandre avec cette légende : *nutrio* ou *nutrisco et extinguo*; il l'avait reçue, dans son enfance, de Boisy, son gouverneur. Le sens en est expliqué par la légende d'une médaille italienne frappée dans la jeunesse de François Ier : *nutrisco il buono et spengo il reo* (Je nourris le bon et j'éteins le méchant). — La salamandre est le cachet apposé par François Ier sur tous les monuments de son règne.

Là se bornèrent les libéralités du fondateur du Havre, du prince qui bâtit, rétablit ou embellit Fontainebleau, Saint-Germain-en-Laye, Chambord, Follembray, Villers-Cotterets, qui commença le Louvre, éleva le château de Madrid dans le bois de Boulogne, qui enleva à l'école florentine Léonard de Vinci, qui s'entoura du Primatice, de Benvenutto Cellini, et d'une infinité d'architectes, de sculpteurs et d'artistes italiens. « Il fut, en vieillissant, moins amoureux des femmes et plus amoureux des arts. » Je t'étoufferai dans l'or, dit-il à Cellini ; seulement, il laissa brûler comme obscène le seul tableau que Michel-Ange eût peint à l'huile : la *Léda,* l'austère et âpre volupté, absorbante comme la nature, et que le grand artiste avait envoyée au Roi à Fontainebleau. La *Léda* fut brûlée à la demande de ces femmes très galantes et très hypocrites du XVIIe siècle, qui, n'aimant que les réalités, ne pouvaient supporter les peintures libres.

Henri II, qui succéda à François Ier, fit paver la ville, encombrée d'immondices, décimée par les épidémies, et il vint lui-même, en 1549, visiter la cité naissante ; il y vint escorté d'une suite nombreuse ; 800 jeunes gens allèrent à sa rencontre, armés d'arquebuses et vêtus d'habits de taffetas noir et blanc, *bigarrure qui plaisait au Roi.* On éleva, pour les plaisirs du Prince, deux grandes buttes où S. M. s'exerçait à tirer l'arc avec les Seigneurs de sa Cour. Un coup de canon interrompit la partie, c'était un vaisseau entrant en rade, spectacle nouveau pour le Roi, qui voulut en jouir. La mer était grosse, le vent soufflait avec violence, on apporta force manteaux et fourrures pour se garantir de la bourrasque, mais les lames *trop curieuses de voir un roi,* infligeaient au prince des douches si abondantes, qu'il s'empressa de quitter la jetée et de rentrer au Havre d'assez mauvaise humeur.

Charles IX s'approcha de la ville ; mais il se garda bien de pénétrer dans ses murs, la peste y régnait en souveraine. — Il était venu assister à la reprise du Havre sur les Anglais. — Après le massacre de la Saint-Barthélemy, Jean de Ferrières, vidame de Chartres, et Beauvais La Nocle, qui avaient, par la fuite, échappé au carnage, s'étaient saisis du Havre pour les protestants et l'avaient livré à la reine Elisabeth d'Angleterre, moyennant une somme d'argent et 6,000 Anglais, à titre de secours aux huguenots.

Le Havre reconquis, Charles lui envoya pour gouverneur Sarlaboz, un de ceux qui firent sonner le tocsin à Saint-Germain-l'Auxerrois, pour donner le signal aux sicaires du Roi. Dans ses fonctions, Sarlaboz ne donna point un démenti à ses antécédents, et sévit avec une rigueur inouïe contre le petit nombre de dissidens qui avaient obtenu, à prix d'or, l'autorisation d'habiter la ville, où on leur refusa néanmoins droit de bourgeoisie.

Mais revenons aux visites des Souverains : voici venir, après avoir reconquis province par province son *beau royaume* de France, le Prince aimé et resté populaire

Qui fut de ses sujets le vainqueur et le père !

Henry IV.

Après avoir passé la nuit dans un petit château voisin d'Harfleur, il arrive au Havre gaillardement avec une suite peu nombreuse ; il se soustrait tout d'abord aux harangues officielles, aux banquets municipaux ; il se loge et se fait héberger on ne sait où ; ce qu'on sait, c'est qu'au soleil levant, il était sorti furtivement de son gite peu royal, et qu'il grimpait à bord d'un navire du commerce, comme l'eût fait un vieux loup de mer, questionnant capitaines, officiers et matelots, avec une familiarité qui scandalisa fort les quelques courtisans qui l'avaient, non pas accompagné, mais suivi. — Il se faisait expliquer les manœuvres, montait partout, descendait jusqu'à fond de calle, et, plus ou moins satisfait des réponses qu'il avait obtenues, il passait sur un autre bâtiment, armé en guerre, et là, nouvelles enquêtes, nouvelles informations. La promenade dura quatre heures. Après quelques audiences, le Prince, *qui n'en avait pas l'air du tout,* au dire des marins, reprit la route de Rouen, et se rendit aux environs d'Evreux, chez une noble dame châtelaine, qui, si l'on en croit certaine partie de la correspondance privée du Béarnais, avait oublié depuis longtemps de le traiter avec rigueur.

LE HAVRE

II.

Visite en grand apparat du roi Louis XV — Les Moines de Graville et les Anges déchus — Projet d'agrandissement — Louis XVI — La Langue du métier — Nouveaux plans — Leur mise à exécution — Napoléon Ier et le Commandant du Génie — On la brûlera, mais on ne la prendra pas — Louis-Philippe — Napoléon III — Dernier soupir des inutiles fortifications du Havre — Nouvelle ère de prospérité pour la ville — L'innocent troupeau — Comment deux siècles changent l'aspect moral d'une ville.

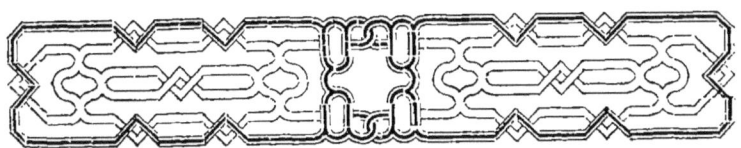L faut descendre de Henri IV à Louis XV pour signaler une nouvelle visite royale au Havre-de-Grâce. Cette fois, la visite eut lieu en grand apparat, avec tout le faste de la Cour la plus voluptueuse. Le Prince était accompagné de la *Sultane favorite* et de plusieurs dames qui, *ne pouvant recevoir une hospitalité officielle*, furent logées chez les chanoines du prieuré de Graville, un peu scandalisés, dit une chronique, d'avoir

à héberger ces anges déchus dans l'enceinte de leur monastère ; mais le maître avait commandé, et il n'eût pas été prudent de lui désobéir.

L'intendant de la province obligea le peuple à ne se montrer sur le passage du Roi que revêtu de ses plus riches ou du moins de ses meilleurs habits.

Le Roi descendit à l'Hôtel-de-Ville ; son arrivée fut l'occasion de fêtes magnifiques dont la cité, déjà appauvrie, fit tous les frais. Louis se montra toujours en souverain ; il ne laissa jamais voir l'homme, et ne fit point oublier le sans-façon de la visite de Henri IV. La gravure a consacré le souvenir de ces fêtes et réjouissances.

Louis XV *daigna permettre* qu'on mit sous ses yeux plusieurs plans et projets conçus par des officiers du Génie, et relatifs à l'agrandissement d'une ville qui recevait chaque jour une nouvelle importance, conséquence naturelle de l'extension de ses relations commerciales ; mais la guerre qui survint bientôt ne permit pas de donner suite à des propositions qui furent nécessairement et indéfiniment ajournées.

Le 27 juin 1786, Louis XVI fit son entrée au Havre ; il venait de Cherbourg et s'était embarqué sur une corvette : la mer était houleuse, la traversée difficile ; la manœuvre ne s'exécutant pas avec toute la promptitude exigible, le commandant se prit à jurer ; s'apercevant de la présence du Roi, il en demanda pardon à S. M. « Il n'y a pas de mal, répondit le Prince, c'est la langue du métier, j'en aurais fait autant. » Le Roi s'était fait accompagner de l'élite des hommes habiles dans l'art des constructions maritimes ; de concert avec eux, il examina le port, discuta les plans qui lui furent soumis, promit aux magistrats qu'il en hâterait l'exécution, et tint religieusement sa royale promesse, autant que le permirent les événements qui marquèrent l'époque de son règne. — Cependant, les grands travaux furent commencés, malgré les continuelles perturbations politiques. Il n'existait alors au Havre qu'un seul bassin, le bassin du Roi, interdit aux navires de la marine marchande, tant que le Havre fut classé parmi les ports militaires ; on en creusa deux nouveaux, le bassin de la Barre et le bassin du Commerce ; la ville fut agrandie au Nord et à l'Est, c'était assez peut-être pour l'époque, mais l'avenir a prouvé l'imprévoyance de ces plans, et l'insuffisance de l'extension donnée à la ville et à son port.

Deux visites de Napoléon Ier ne changèrent rien à cet état de choses. La seconde eut lieu en 1810. — La rade était couverte de bâtiments de guerre ennemis. — L'Empereur les contemplait des hauteurs d'Ingouville

> .... son œil terrible et sombre
> Sur les vaisseaux anglais dardait un long regard,
> Et l'Aigle s'irritait de voir le Léopard.

Le directeur du Génie militaire visitant, avec l'Empereur, les fortifications du Havre, fit observer à S. M.

que les trois fossés étaient inutiles pour la défense de la place, la ville étant dominée par le côteau d'Ingouville.

— C'est égal, dit Napoléon, je veux que ce soit ainsi.

— Mais, Sire, la ville sera foudroyée.

— C'est possible.

— On la brûlera.

— Oui, mais on ne la prendra pas, et j'ai de l'argent pour payer les maisons.

Le directeur du Génie avait quelque velléité de continuer, sans doute, mais un regard de l'Empereur lui fit comprendre que là devait, sous peine de disgrâce, se terminer le dialogue.

La paix de 1815 ranima, dans des proportions inespérées, le commerce maritime du Havre, et en augmenta la population, qui se trouva à l'étroit dans la nouvelle enceinte.

Louis-Philippe, quelque temps après son avènement au trône, visita de nouveau une ville qu'il avait parcourue lorsqu'il n'était encore que duc d'Orléans. Dans ce premier voyage, il s'était entouré d'hommes spéciaux, et la justesse de son coup-d'œil lui avait laissé la pensée que le Havre n'était pas ce qu'il pouvait être. Devenu Roi, il accueillit avec faveur les projets sérieux qui lui furent présentés; il les discuta presqu'en homme du métier, puis il proposa et fit adopter à la législature les plans relatifs aux nouveaux établissements maritimes à l'*extérieur des fortifications;* quant à la suppression de ces inutiles remparts du Nord et de l'Est, il fallait entrer en lutte ouverte contre le Génie militaire, le plus obstiné, pour ne pas dire plus, de tous les génies, lequel défendit ses demi-lunes et ses cavaliers boueux, avec une chaleur qui n'eût pas été plus intense s'il eût fallu qu'il les défendît contre l'ennemi.

L'Empire rétabli, Napoléon III fit, lui aussi, une seconde visite au Havre, et les vœux unanimes de la population furent entendus, et presqu'aussitôt ils furent exaucés. La grande question du recul des fortifications ne trouva plus, dans sa solution, d'obstacle à la volonté suprême de l'Empereur ; les murailles de la place s'écroulèrent comme celles de Jéricho, au son de la trompette, au bruit des applaudissements, et bientôt le Havre, agrandi dans des proportions qui ne laissent plus de place à la crainte, décuplera-t-il son commerce et sa population ; le Havre, disons-nous, s'épanouit aujourd'hui du côté de la terre, comme il s'épanouissait du côté de l'Océan.

Ainsi, comme le disait, il y a quelques mois seulement, le premier magistrat municipal de la cité, M. Viel, c'est de 1853, date mémorable, que commence la transformation de la ville, qui en doit le bienfait à Napoléon III. — Elle lui en conservera une éternelle reconnaissance.

« La piété chrétienne se traduit dans notre cité en œuvres fécondes. — La droiture de la conscience y garantit la sécurité et la probité du commerce ; on ne voit point au Havre-de-Grâce de ces vices grossiers et de ces scandales qui affligent et déshonorent l'humanité ; — le libertinage y est proscrit ; le blasphème sévèrement réprimé ; — les habitants ne font qu'une grande famille, *troupeau très innocent* et que le pasteur nourrit spirituellement avec dix-huit mille hosties consacrées dans la quinzaine de Pâques. »

Tel est le portrait moral de la population havraise tracé par messire de Clieu, son curé..... en 1693 !!!

Aujourd'hui..... Mais, depuis trois demi-siècles, la civilisation a fait tant de progrès, qu'on aurait peut-être quelque peine à y retrouver intact *l'innocent troupeau* dont le pasteur s'est fait le consciencieux apologiste.

Le Havre est un quartier détaché de Paris, — plus la mer, plus le mouvement maritime et commercial ; mouvement incessant, en temps de paix bien entendu, et qui porte avec soi un caractère d'étrangeté, de grandeur et d'animation dont le touriste est frappé tout d'abord. C'est bien là la vie, la vie due au concours de mille circonstances heureuses, enviables et enviées — à tous les points de vue, le Havre est grande ville ; les intérêts majeurs qui le préoccupent sans cesse sont un obstacle à l'envahissement de cet esprit de coterie étroit et mesquin dont plusieurs cités, plus importantes peut-être sous le rapport de la population, offrent le triste et stérile exemple. C'est une ville de positivisme, d'accord ; mais si c'était autre chose, ce ne serait plus le Havre.

Le Havre n'a jamais affiché la prétention d'être une ville savante, une nouvelle Athènes, et pourtant il est fier de renfermer dans son sein de hautes et modestes intelligences, des capacités spéciales dont l'application ajoute à la prospérité de ce Liverpool français : le Havre, à qui certains hommes de lettres n'épargnent jamais l'épigramme, honore les poètes, les écrivains, et ne les condamne pas à la légère, car ils ont pour eux un grand préjugé d'instruction, et ils attirent naturellement à leur rayon ce qu'il y a de belles âmes et d'esprits délicats. Mais que serait le Havre positif, si François Ier, au lieu de le peupler de négociants, d'armateurs, de constructeurs, d'ingénieurs maritimes, n'eût appelé dans la ville nouvelle que des hommes de lettres, des poètes, des philosophes !!!

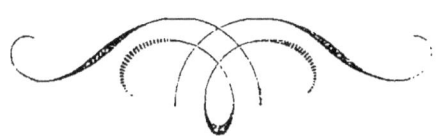

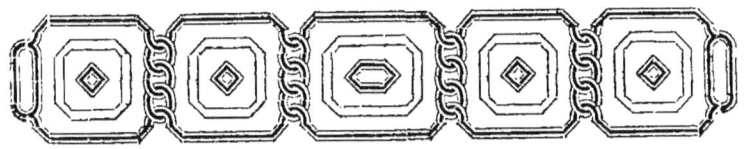

III.

ÉTABLISSEMENTS MILITAIRES.

La Citadelle — Le Génie — Fiche de consolation — Le Réduit — Les Forts de Sainte-Adresse et de Tourneville — La Prison des Princes — Mazarin — Le Prince de Condé chansonnier — La Messe en français — La délivrance — Une Éminence désappointée.

EN 1784, fut exécutée la démolition de la citadelle du Havre : 1° Parce que le commerce trouva qu'il manquait d'espace, et que le seul bassin existant à cette époque (le Vieux-Bassin, dont les portes s'ouvraient à chaque marée au son du fifre et du tambour), était insuffisant pour ses besoins ; 2° Parce qu'on persuada à la marine royale que les établissements qu'elle possédait autour de ce bassin étaient peu dignes d'elle, et qu'il convenait qu'elle en eût de plus vastes et de mieux coordonnés ; 3° Parce que les ponts-et-chaussées comptaient beaucoup, pour nettoyer et approfondir le chenal, sur l'effet d'une plus grande masse d'eau et d'une disposition d'écluses appropriée à leur système.

Les officiers du Génie défendirent chaleureusement leur citadelle, ils combattaient *pro aris et focis*; on leur promit, sur les hauteurs d'Ingouville, une forteresse formidable, dont les plans furent approuvés par Louis XVI ; mais ces projets ne se réalisèrent pas, et le Génie se désespérait, lorsque Napoléon Ier vint au Havre, examina le projet ajourné, et l'ayant adopté, en décréta l'exécution ; — mais le décret eut le sort de l'ordonnance de Louis XVI, il resta *lettre morte*. Surgit la Restauration, l'espérance revint au Génie ; cette fois, il ne fut plus question d'une citadelle sur la côte, mais d'un simple réduit autour de la citadelle défunte ; un peu plus tard, le réduit fut exécuté : il coûta beaucoup d'argent, fut reconnu parfaitement inutile, sinon dangereux pour la défense de la place et la sécurité de la ville, et le réduit subsiste encore, au grand préjudice de l'extension des établissements de commerce qui pourraient s'élever sur la vaste partie de terrain qu'il occupe, ou mieux qu'il n'occupe pas, mais, hâtons-nous de le dire : au moment où nous écrivons, *le réduit est à l'agonie !*

Le Génie eut encore une autre déception : il vit démolir cette chère enceinte de la ville, ce cordon *insanitaire* qui faisait une ceinture méphitique à la cité de François Ier ; mais enfin, cette fois, il eut sa fiche de consolation, que dis-je une fiche, deux fiches : Napoléon III vint au Havre, décida et fit carrément et sans ambages mettre à exécution sur les hauteurs qui dominent la ville deux forts, l'un dit de Tourneville et l'autre dit de Ste-Adresse, celui-ci destiné à battre en mer, celui-là établi pour défendre la ville contre un débarquement ennemi dans les petits ports du littoral.

Les travaux de ces forts, tous deux capables de recevoir nombreuse garnison, ont été poussés d'abord avec une vigueur extrême, puis ils se sont successivement ralentis ; suspendus aujourd'hui, on ne saurait fixer l'époque de leur reprise.

En attendant, ce qu'on appelle encore aujourd'hui la citadelle ou le quartier militaire, est peu convenable au service et au logement d'une garnison. Les troupes sont casernées dans des maisonnettes très basses et qui n'offrent peut-être pas toutes les conditions de salubrité désirables ! Comme le réduit la citadelle a fait son temps ; « Madame se meurt, madame est morte. »

Dans la partie méridionale des bâtiments de la citadelle, on montre encore aujourd'hui ce qu'on appelle la *Prison des Princes :*

Mazarin, tout puissant à la Cour, fit arrêter et conduire au Havre les princes de Condé, de Conti et de Longueville, qui portaient ombrage au ministre. Le maréchal d'Harcourt fut chargé de les y amener ; il les environna de tant de troupes, qu'ils semblaient plutôt entourés d'un cortége d'honneur que d'une garde de sûreté. Ce voyage fut gai ; tout le monde chantait alors et *payait* en France. Le prince de Condé composa dans sa voiture le couplet suivant :

> Cet homme gros et court,
> Si connu dans l'histoire,
> Ce grand comte d'Harcourt,
> Tout couronné de gloire,
> Qui secourut Casal et qui reprit Turin,
> Est maintenant recors de Jules Mazarin.

Arrivés à la citadelle, les princes furent enfermés dans le logement du gouverneur, dont les fenêtres et les cheminées avaient été grillées ; ils y étaient l'objet d'une surveillance continuelle et minutieuse. Leur gardien, Gascon illétré, voulait exiger de l'aumônier qu'il leur dît la messe en français, dans la crainte qu'il ne glissât quelque nouvelle de la Cour dans le *Dominus vobiscum*..... Pendant leur détention, tous les ordres du royaume s'intéressèrent à leur liberté. La Reine, se voyant pressée de toutes parts, ne put refuser plus longtemps sa signature à l'acte de leur élargissement. Mazarin, l'auteur de leur arrestation, prit les devants pour leur annoncer la nouvelle de leur délivrance ; il arriva au Havre en grande hâte, se vêtit magnifiquement et se rendit en carrosse à la citadelle, avec le train d'un ambassadeur ; mais les Princes, qui n'étaient pas dupes de ces dehors, et qui savaient à quoi s'en tenir sur les bons offices de Son Eminence, le regardèrent à peine. Le mépris fut la seule réponse dont ils payèrent ses protestations.

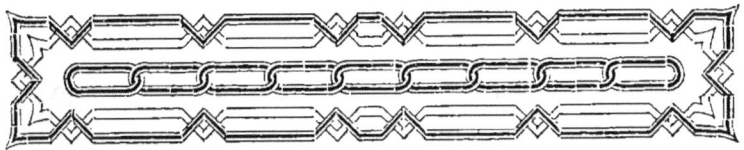

IV.

ÉTABLISSEMENTS MARITIMES

TOUR DE FRANÇOIS Ier.

Le Temps est un ingrat — La Tour — Ses horribles cachots — Son Gouverneur — Un Soldat téméraire — Sa Punition — La Plate-Forme — Les Curieux — Les Signaux — Leur ingénieux système indicateur — Leur correspondance — L'éclairage de l'entrée du Port — Les petits Feux — Les Galets — Les deux Rades — Fac-Similé du fond de la Mer — La Seine Maritime — Son Aspect — Ses Avantages — Ses Dangers.

CHILLOU, chargé par François Ier des constructions militaires du Havre, éleva, pour la défense de l'entrée du port, une tour sur le modèle de celles qu'il avait édifiées en Italie, lorsque la France possédait encore, à titre de conquête, quelque portion de territoire au-delà des Alpes; il lui donna le nom de son souverain, dont il plaça la statue équestre en relief au-dessus de la seule porte qui en permet l'accès. La tour subsiste encore ; mais le temps n'a pas fait grâce à l'effigie du monarque. Cette tour a 21 mètres de hauteur : elle est formée de murailles très épaisses ; les parements extérieurs sont composés de pierres calcaires dont le centre saillant est taillé en demi-globe et en pointe de diamant.

L'intérieur se compose d'une grande salle ronde éclairée par des soupiraux ; le plafond est soutenu par un énorme pilier terminé en forme de champignon. Elle a servi de prison au temps de la ligue et de la Fronde. Vingt-deux marches conduisent aux caveaux et aux salles souterraines qu'elle renferme.

Le cachot principal, celui sans doute qui était réservé pour les moins coupables, était formé de deux compartiments de six mètres de long sur autant de large. Certes, c'était là une terrible prison : loge à chien, verroux, serrures, portes de fer, épaisses murailles, grilles, barreaux, humidité, rien n'y manquait.

Mais ce qui est plus terrible encore, ce sont deux cachots particuliers qui communiquent à cette grande salle par de lourdes portes dont on voit les gonds tout rongés par la rouille : ici, même épaisseur de murs, même aspect menaçant des voûtes, même pavé glacé et humide ; seulement, deux soupiraux très étroits s'élèvent bien haut, d'une manière inclinée, à travers une muraille de dix mètres d'épaisseur, en laissant passage à la lumière qui vient, a dit l'abbé Cochet, poser dans cet affreux séjour un pied blanc et timide.

Cette tour avait autrefois son gouverneur ou commandant spécial et sa garnison particulière.

Un jour, c'était en 1578, pendant qu'au dehors de cette petite forteresse, toute la garnison prenait, non pas médecine comme la garnison de Figaro, mais son dîner extra-muros, un soldat, osé ou fou, s'avisa de s'emparer de la tour ; il s'y enferma, de sorte qu'en rentrant la garnison trouva porte close et commença à s'émouvoir ; on le somma de se rendre, il refusa net ; nouvelle sommation, nouveau refus ; on lia bout à bout des échelles contre la tour, et on tenta l'escalade ; le premier qui mit le pied sur la plate-forme tua l'assiégé d'un coup de pistolet. Ce fou s'appelait Aignan Lecompte ; — son cadavre resta longtemps accroché aux créneaux.

On a fait sur cet homme, comme sur Romain, qui se défendit contre la garnison dans la falaise d'Etrétat, de jolies petites histoires dans lesquelles l'amour joue son rôle : il faut toujours que les héros de quelques grandes aventures soient ou aient été amoureux ; cela fait bien !

La tour a changé de destination, — l'accès en est libre, et son sommet a pris un petit air de coquetterie qui contraste avec sa base massive et les souvenirs qu'elle a laissés. Sa plate-forme, terminée par une terrasse, est le rendez-vous quotidien d'une foule de curieux ou d'intéressés aux grands mouvements maritimes dont le port du Havre offre à chaque marée le spectacle animé et quelquefois énergiquement dramatique.

Sur cette tour est établie une ligne télégraphique communiquant avec la Hève et de la Hève avec Bléville, commune située au-delà de Sainte-Adresse, de sorte que les bâtiments sont annoncés au Havre lorsqu'ils sont encore à huit lieues de distance. Les navires français et étrangers peuvent faire des questions et répondre à celles qui leur sont adressées. Dès qu'ils sont à portée des lignes télégraphiques, leur arrivée est annoncée à leurs consignataires ; des bulletins, affichés à plusieurs reprises pendant la journée, au Cercle du Commerce, sur la place de la Comédie et sur la place de François Ier ou des Pilotes, rendent publiques les nouvelles de la mer.

La tour est surmontée d'une mâture entre les cordages de laquelle jouent presque continuellement des ballons et des pavillons qui se hissent sur cet appareil, d'une grande simplicité, tout ingénieux qu'il soit dans ses combinaisons.

Voici les bases sur lesquelles repose ce système :

Un ballon placé à l'intersection du mât et de la vergue annonce une profondeur d'eau de trois mètres au moins dans toute la longueur du chenal ; chaque ballon placé sur le mât, au-dessous du premier, ajoute un mètre à cette hauteur d'eau ; placé au-dessus, il en ajoute deux. Hissé à l'extrémité de la vergue, un ballon représente 0 mètre 25 quand le navigateur le voit à gauche, et 0 mètre 50 quand il est vu à droite ; par suite, un ballon à gauche et un ballon à droite indiquent 0 mètre 75.

Ces signaux pourraient se faire de nuit comme de jour, moyennant la substitution de fanaux aux ballons, et de l'adoption d'un feu coloré pour marquer le point essentiel à distinguer où la vergue s'appuie sur le mât.

Voici maintenant le but que se propose le jeu des pavillons : afin d'indiquer le mouvement de la marée, on emploie un pavillon blanc avec croix noire et une flamme noire en forme de guidon. Ces pavillons se hissent dès qu'il y a deux mètres d'eau dans le chenal, et sont amenés dès que la mer est redescendue à ce même niveau. Pendant toute la durée du flot, la flamme est au-dessus du pavillon ; au moment de la pleine mer et pendant sa durée, la flamme est amenée ; enfin, la flamme est au-dessous du pavillon pendant le jusant. Lorsque l'état de la mer ou l'encombrement du port en interdisent l'entrée, tous ces signaux sont remplacés par un pavillon rouge, également hissé au sommet du mât.

Les signaux de marée qui, à la tour de François Ier, indiquent la montée de l'eau dans le port, sont immédiatement répétés au mât du cap de la Hève, et permettent ainsi aux navires de combiner leur arrivée dans le chenal avec le flot, ou au moins avec la durée de l'étale.

A l'extrémité de la jetée du Nord, se dresse un mât dont les signaux ont pour objet les entrées et les sorties des vapeurs transatlantiques et des grands bâtiments de l'Etat.

Des signaux sont également établis pour prévenir les navires au large que les portes des bassins ouvriront, soit le matin, soit le soir, soit le lendemain matin.

Un ballon en haut du mât de hune télégraphique de la Hève, avec une flamme jaune supérieure, indique l'ouverture des portes pour la marée du lendemain matin.

Deux ballons sans flamme, en haut du mât télégraphique de la Hève, indiquent que le bassin sera ouvert à la marée du soir.

Deux ballons avec une flamme entr'eux indiquent que le bassin sera ouvert à la marée du soir et aussi à celle du lendemain matin.

Du haut de la tour de François Ier, on prend aisément une idée de la position géographique du port du Havre.

L'entrée en est ouverte au Sud-Ouest, et la mer y est très grosse quand il vente grand frais, comme disent les marins, depuis le Nord-Nord-Ouest jusqu'au Sud-Sud-Ouest. Le chenal est compris entre une partie des quais de la Floride et de la ville ; il a deux encâblures et demie de longueur et se termine par deux jetées dont la plus longue, celle du Nord-Ouest, abrite l'entrée du port contre les vents de l'Ouest au Nord-Ouest ; mais non contre les grosses mers qu'ils occasionnent.

La jetée du Sud-Est, très courte, se rattache aux fortifications de la Floride ; elle porte à son extrémité un petit feu de couleur orangée qui signale la position du musoir aux navires qui entrent par une nuit obscure.

Pour compléter l'éclairage de l'entrée du port, on a mis des verres colorés à une lanterne du quai de l'avant-port ; par ce moyen, on suit exactement la direction du chenal, depuis son entrée jusqu'auprès de la tour.

La tour de François Ier doit disparaître au moins partiellement pour faciliter l'élargissement de l'avant-port ; ainsi, réduit, citadelle et tour peuvent répéter au visiteur ce que les esclaves disaient à César : *morituri te salutant*, ceux qui vont mourir te saluent.

L'avant-port est bordé de quais dans toutes ses parties. Le quai du Nord est particulièrement affecté aux bateaux à vapeur qui transportent des passagers dans la Seine et dans les ports voisins. Les bateaux remorqueurs se tiennent le long du quai courbe de la Floride, et tout le cercle de l'avant-port reçoit en relâche les bâtiments qui attendent les grandes marées pour remonter la Seine, et les bâtiments du cabotage.

Les abords du Havre sont embarrassés par un amas considérable de pierres et de galets formant, en avant du rivage, une espèce de ceinture qui s'étend jusqu'à la pointe des Neiges et l'anse de Leure, où elle se rattache à la terre jusque dans l'Ouest-Nord-Ouest du cap de la Hève ; les points les plus élevés de cette chaîne sont le banc de l'Eclat, les hauts de la rade et le haut de la petite rade.

La petite rade est comprise dans l'espace circonscrit par les bancs et le rivage, entre le Havre et le cap de la Hève. La terre l'abrite parfaitement contre le vent, depuis le Nord-Nord-Est jusqu'à l'Est-Sud-Est, en passant par l'Est ; mais elle est ouverte à tous les autres vents.

Malgré l'excellente qualité du fond, cette rade ne doit être regardée que comme un mouillage temporaire ; on n'y doit pas séjourner quand le vent est variable.

Ce qu'on nomme la grande rade, est tout simplement un mouillage en pleine mer, où l'on est exposé à la violence des lames et des vents, depuis le Nord-Nord-Ouest jusqu'au Sud-Ouest, en passant par l'Ouest ; mais la tenue y est excellente, et on y est en appareillage en cas de mauvais temps.

Nous venons de résumer en quelques pages, pour ceux de nos lecteurs qui aiment à se rendre un peu sérieusement compte de ce qu'ils voient, les observations qui se rattachent à la *topographie maritime* du port du Havre, résultat des études et des travaux pratiques de nos meilleurs et de nos plus habiles ingénieurs hydrographes.

Pour rendre palpable, pour ainsi dire, l'idée que nous avons pu donner de la position du port, de ses accès, de ses avantages et de ses dangers, nous engageons les personnes qui ont pris intérêt à ce sujet, à se rendre, en descendant de la tour, au Musée du Havre, qui se trouve à quelques pas de ce vieil édifice.

Au rez-de-chaussée du Musée (salon de sculpture), à droite de l'entrée, ils reconnaîtront un plan en relief, et sur une assez vaste échelle, de la rade du Havre, des jetées, du port, etc. C'est le fond de la mer, moins la mer. Toutes les inégalités du sol que recouvrent les eaux, tous les hauts-fonds, tous les bas-fonds, y sont indiqués avec une précision remarquable, et chacun de ces bancs, de ces caprices du sol sous-marin, porte le chiffre de son élévation.

La ville a été heureusement inspirée en mettant sous les yeux de tous ce curieux travail, œuvre à la fois de patience et de science.

Nous ne terminerons point ce chapitre sans emprunter à un nouvel écrit de M. le baron J.-J. Baude, quelques judicieuses observations qui en seront le complément.

M. Baude a fait depuis longtemps, du littoral de la Manche, l'objet de ses impartiales et savantes études ; nous ne pouvons donc nous étayer d'une autorité plus puissante, plus écoutée, et personne ne lira sans un vif intérêt cette page que lui a inspirée l'aspect de la *Seine* maritime.

« Lorsqu'après une longue persistance des vents d'Est, les vents d'Aval (ceux qui soufflent de la pleine mer vers la terre) commencent à prendre le dessus dans la Manche, leurs premières bouffées sont saluées, sur les eaux de cette mer, par un long frémissement de joie, et comme les abeilles qui, chargées du butin de la journée, volent de tous les points de l'horizon vers la ruche où le repos les attend, les équipages qui luttent péniblement au large ou se morfondent dans les abris du canal, tendent leurs voiles et cinglent vers l'embouchure de la Seine. D'abord épars sur la vaste étendue de la mer, les navires se groupent à mesure qu'ils se rapprochent du but commun. L'atterrage leur est au loin signalé par le brusque affaissement des falaises du pays de Caux. Les escarpes éclatantes de blancheur que les érosions de l'Océan ont taillées, de la vallée de la Somme à celles de la Seine, dans le plateau crayeux, expirent au cap de la Hève, et le talus de leurs éboulements se couvre à Ingouville d'arbres touffus et de somptueuses habitations ; la plaine humide de Leure s'étend au pied du revers méridional du plateau, et la mobilité de ses rivages reproduit sous nos yeux les phénomènes maritimes qui en ont déterminé la formation. En tête de cette alluvion récente, le Havre appelle dans ses bassins hospitaliers, toutes les marines du globe, et l'on sent, dans l'élégance grandiose de ses aspects, le faubourg et le port de Paris. La Seine ouvre sa large bouche entre les hautes falaises de Caux et les collines verdoyantes du pays d'Auge. Celles-ci se prolongent jusqu'à la pointe de Beuzeval, au pied de laquelle s'épanchent les eaux dormeuses de la Dives. Une ligne de 24 kilomètres de longueur, obliquement tirée de la pointe de Beuzeval au cap de la Hève, est aux yeux du marin la limite de la Seine maritime, cette ligne est tracée sur le talus des sables que l'embouchure de la Seine reçoit de la mer et de l'intérieur des terres, et n'est franchissable aux grands navires que par les hautes mers de vive eau. L'indication de cette circonstance suffit pour faire sentir que si cette accumulation de sable s'exhaussait sensiblement, le Havre, n'admettant plus que des bâtiments d'un faible tirant d'eau, tomberait au rang des ports secondaires. Des travaux imprudents pourraient conduire à ce fatal résultat. »

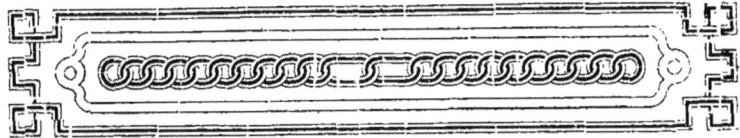

V.

LES BASSINS — L'ARSENAL — LE DOCK.

Le Havre n'est pas à son apogée — Ses rivaux — L'Avant-Port — Les Bassins — Leur surface — L'Arsenal — Dock-Flottant — Forme-Radoub — Dock-Entrepôt — Concurrence — Entrepôt libre — Bilan des Escomptes.

ES monuments les plus dignes d'intérêt au point de vue du commerce maritime, sont assurément les créations *hydrauliques* qui, successivement, ont fait du Havre le seul port et le *seul marché* de tout le Nord de la France. Cette position si bien assise peut-elle lui être disputée ? Aujourd'hui non ; quant à l'avenir, nul ne saurait en pénétrer les mystères ; mais cet avenir de décadence est bien éloigné encore, puisque la décadence ne vient qu'après l'apogée, et le Havre n'en est pas encore à son apogée.

« Le Havre, prends garde à toi, mon ami, Dieppe au Nord, Saint-Nazaire au Sud, se disputent ta couronne maritime, et le Havre se prend à rire quand on lui dit cela. »

Jetons un coup-d'œil rapide sur l'ensemble qui compose l'établissement maritime du port du Havre.

C'est d'abord l'*avant-port*, auquel viennent se souder directement ou indirectement les bassins; ces bassins sont au nombre de sept.

Le doyen est le *Vieux-Bassin* ou bassin du Roi, au Nord; c'est de tous ses confrères celui qui offre le moins de surface. Il est réservé aux steamers de la marine impériale et de la marine marchande.

Il accède au *Bassin du Commerce*, qui s'étend de l'Ouest à l'Est, et communique à son extrémité orientale avec le *Bassin de la Barre*, lequel se trouve dans la direction du Nord au Sud.

Dans sa partie septentrionale, ce bassin communique par une écluse avec le *Bassin Vauban*, qui se prolonge de l'Ouest à l'Est.

Le bassin Vauban, à son tour, donne passage au Sud au *Bassin de Leure*, le colosse des bassins offrant une hospitalité grandiose aux steamers transatlantiques et aux navires de fort échantillon. A l'Est du *Bassin de Leure*, une écluse le met en communication avec le *Bassin du Dock*; le frère cadet de tous les autres et d'une dimension très et peut-être trop modeste.

Ce même bassin de Leure communique également avec

notre *septième bassin* ; *la Floride*, née peu viable, quoique sa naissance ait coûté beaucoup d'argent à ses père et mère. Ces sept bassins, non compris l'avant-port, donnent une superficie de un million trois cent soixante-seize mille mètres ; et cet ensemble de bassins dont nous avons parlé peut recevoir et tenir à flot au moins 1,500 navires ! Et le Havre a raison de rire quand on lui montre, dans une perspective fatidique, Dieppe ou Saint-Nazaire.

A l'Ouest du Vieux-Bassin s'élève un édifice construit en 1669, sur l'emplacement de l'hôpital du Havre, et qui porte encore le nom fastueux d'*Arsenal de la Marine*, quoiqu'il ait perdu les 10 mille armes qu'il contenait à l'époque de sa création. Là se trouvent la résidence et les bureaux du commissariat général de la marine.

Sous le rapport de l'art, cet établissement n'a rien de remarquable, écrasé qu'il est d'abord par les grands noms de Jean-Bart, Duquesne, Tourville, Duguay-Trouin, qu'il porte écrits sur son front, et par celui de Colbert, qui en fut le fondateur.

Il stationne, à l'extrémité Nord du bassin de la Barre, un dock ou forme de carénage flottante, exploité avec de grands avantages pour les actionnaires, en vertu d'un brevet d'importation. C'est un moyen simple et ingénieux pour visiter et réparer les carènes sans qu'il soit besoin d'abattre les navires sur ponton ; mais les transatlantiques et d'autres navires de très fortes dimensions ne peuvent trouver place sur ce dock, et jusqu'à ce moment un bâtiment à vapeur, même de grandeur moyenne, est obligé de se rendre en Angleterre, à Southampton, pour faire visiter sa carène.

Le Gouvernement a compris combien cet état de choses était préjudiciable aux intérêts des armateurs et blessant pour notre amour-propre national. Aussi fait-il construire, à l'Est du bassin de Leure, une forme-radoub de 157 mètres de long sur 34 de large, avec porte de 30 mètres ; cette forme sera livrée cette année même au commerce.

Un dock-entrepôt était la conséquence nécessaire et de l'extension de la navigation et de l'accroissement du chiffre des marchandises importées au Havre : une

Compagnie s'est formée, à qui la ville, qui avait le privilége de l'entrepôt réel, a concédé ses droits légaux moyennant 30 pour cent des recettes brutes du magasinage.

Ce dock, situé entre les bassins Vauban et de Leure, a aussi son bassin particulier, et se relie au chemin de fer par des rails posés le long des hangars et des cours. — Il est pourvu d'une salle spéciale pour les ventes publiques. — Il occupe un terrain fermé de 234,000 mètres, non compris la superficie du bassin. « Le dock du Havre, a dit M. F. de Coninck dans une publication récente, sera ainsi, après achèvement, plus que du double du dock de Sainte-Catherine de Londres, et il atteindra presque les dimensions du *London Dock*. — Il pourra contenir 130,000 tonnes de marchandises. »

Un nouvel *entrepôt-libre* se crée en ce moment à l'Est du dock-entrepôt, — il a pour objet d'offrir au commerce, pour trois catégories de marchandises qui représentent les trois quarts de celles qui arrivent au Havre, des magasinages et des manutentions à bon marché, au-dessous du tarif trop élevé du dock-entrepôt. La Compagnie qui a établi cette concurrence possède un terrain de 120,000 mètres, qu'elle a déjà en partie couvert de constructions. Cette concurrence, il faut l'avouer, ne saurait manquer de contribuer au prompt développement commercial du Havre, dont il est facile déjà de prendre une idée juste en consultant le bilan de la succursale de la Banque de

France établie sur cette place, et qui porte le montant des escomptes d'une seule année, 1857, à cent cinquante-quatre millions trois cent quarante-huit mille sept cent cinquante-un francs.

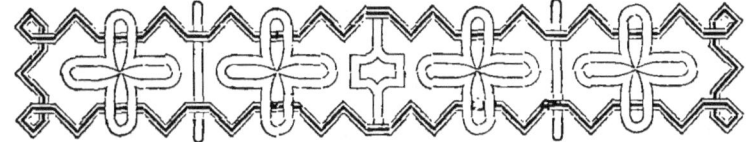

VI.

ÉTABLISSEMENTS INDUSTRIELS.

La première fumée d'un bateau à vapeur — Constructions maritimes — Industrie oblige — Les fils de leurs œuvres — Les bouteilles françaises et les vins anglais — L'Exposition régionale à Rouen.

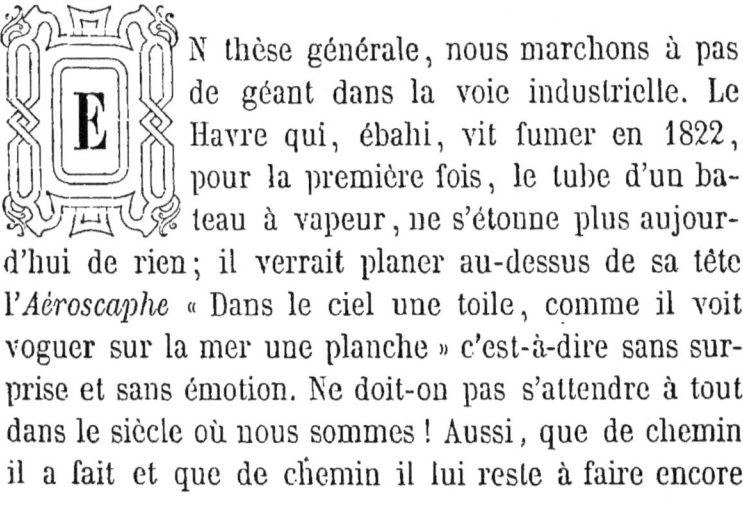N thèse générale, nous marchons à pas de géant dans la voie industrielle. Le Havre qui, ébahi, vit fumer en 1822, pour la première fois, le tube d'un bateau à vapeur, ne s'étonne plus aujourd'hui de rien; il verrait planer au-dessus de sa tête l'*Aéroscaphe* « Dans le ciel une toile, comme il voit voguer sur la mer une planche » c'est-à-dire sans surprise et sans émotion. Ne doit-on pas s'attendre à tout dans le siècle où nous sommes ! Aussi, que de chemin il a fait et que de chemin il lui reste à faire encore

dans cette même voie industrielle où il se trouve distancé par des villes moins richement dotées que lui, topographiquement parlant.

Esquissons rapidement, afin de ne pas perdre de vue notre titre de *Guide du Touriste*, l'état de cette même industrie, à la date que porte notre livre.

Il demeure entendu que nous ne mentionnerons ici que les grands établissements ; nous ne faisons point de statistique, mais nous puisons largement les éléments de cette notice dans une récente publication de M. J. de Coninck : *Le Havre — son Passé — son Présent — son Avenir*.

Sur la plage du Perrey s'étendent les vastes chantiers de *constructions maritimes* de M. Augustin Normand, qui datent de 1818.

C'est de là que sont sortis une infinité de navires de commerce, coques en bois ou coques en fer.

Les Gouvernements sont ensuite venus à lui.

La France lui a demandé le *Napoléon*, aujourd'hui le *Corse*, aviso de 120 chevaux, et le premier navire à hélice, construit en Europe, après l'*Archimède*, dont l'Angleterre fut le berceau ; les *Etoiles* n°s 1 et 2, le *Finistère*, le yacht impérial la *Reine-Hortense*, les canonnières de 1re classe la *Dragonne*, la *Fulminante*, l'*Aigrette* et l'*Avalanche*, les deux avisos le *Forfait* et le *Cassard*.

Le Roi de Prusse a suivi l'exemple de la France, il voulait un yacht modèle ; M. Normand lui a envoyé le *Grille*, à hélice, de 160 chevaux.

L'Empereur du Russie a fait construire un aviso.

L'Empereur du Brésil a eu recours à M. Normand pour deux canonnières de 1re classe.

Longue serait l'énumération des travaux de cet habile constructeur, qui trouvera dans ses fils plus que des continuateurs dignes de lui, des jeunes gens dont l'un a fait déjà ses preuves par des inventions que l'Exposition Universelle de 1855 a récompensées d'une médaille d'honneur, en même temps qu'elles étaient adoptées dans les arsenaux de la marine impériale. — On le voit, aussi bien que noblesse, industrie oblige.

Constructions de Machines. — C'est un sujet qui se rattache encore à la marine. — Ces ateliers appartiennent à une Société établie sous la raison Mazeline et Cᵉ, ils eurent pour créateurs MM. Mazeline frères, deux hommes d'une haute capacité. Simples serruriers d'abord, à force de durs labeurs et de persévérantes et intelligentes investigations, ils se sont élevés au premier rang des constructeurs de machines dont la France ait le droit de s'énorgueillir. Ces ateliers — tout un monde cyclopéen — ont déjà fourni à la marine impériale les moteurs de 34 bâtiments de guerre, dont quelques-uns de 800 chevaux. — Leur œuvre la plus récente, en même temps que c'est un chef-d'œuvre, est la machine qu'ils ont récemment livrée pour le yacht impérial l'*Aigle* : elle est de 500 chevaux, à roues articulées. — Ces ateliers couvrent, sur le canal Vauban, une surface de 4 hectares de terrain.

Un autre établissement de même nature et plus rapproché du Havre (quai Colbert) est celui de M. Nillus, également fils de ses œuvres; cette usine peut entreprendre même des machines de 1,200 chevaux : « Elle a fourni, dit encore M. J. de Coninck, des moulins à sucre en grand nombre, des moteurs hydrauliques, des appareils à distiller, plusieurs machines et chaudières pour la marine impériale, plus de vingt bateaux en fer pour la marine et pour l'État. — M. Nillus est assisté par ses deux fils, éminemment capables de continuer et de perfectionner son œuvre. »

Le Havre compte encore de dix à douze ateliers de mécaniciens, mais d'une importance beaucoup moindre de ceux de MM. Mazeline et Nillus.

Sous le titre de *Forges Havraises*, la raison Lestrange David et Ce, de Paris, et la direction de M. Guillemin, nous trouvons sur la même ligne un établissement auquel se rattachent plusieurs branches industrielles.

La fonte des minerais de cuivre de toute nature et des cuivres bruts des mers du Sud, des États-Unis;

Le laminage des cuivres rouges, des cuivres jaunes, la fonderie des clous à doublage en bronze;

Une usine spéciale de laminage du zinc, du cuivre rouge et jaune, du plomb, est établie sous le nom de Ch. Mercié, de Paris.

Après avoir visité la corderie Merlié-Lefebvre et Ce, nous aurons vu les principaux établissements qui se rattachent plus particulièrement à l'industrie maritime.

Les produits de cette corderie, mue par deux machines à vapeur, et qui s'étend sur une longueur de 350 mètres, ont été jugés en ces termes à la suite du rapport sur l'Exposition de Londres :

« Dans la personne de M. Merlié-Lefebvre, la ville du Havre a certainement remporté l'avantage qui pouvait le plus flatter un port français en concurrence avec la Grande-Bretagne. Les câbles et cordages de navires qu'il a présentés ont été jugés tellement supérieurs à ceux des étrangers, y compris les Anglais, qu'on n'a voulu décerner, pour cette industrie, aucune médaille à côté de celle de M. Merlié-Lefebvre. »

Que pourrions nous ajouter à un tel éloge et à une si honorable récompense ! Que M. Merlié-Lefebvre, venu d'Honfleur, où il était employé à une très modeste corderie, a su, comme MM. Mazeline et Nillus, conquérir dans sa profession une supériorité incontestable et incontestée.

Le Havre ne compte encore qu'une seule filature de coton avec tissage et qui déjà date de loin, et le touriste s'en étonnera et ne s'en affligera pas trop peut-être après avoir visité les belles vallées de Montivilliers, de Gournay, de Rolleville, qui, dans un temps plus ou moins éloigné, sont appelées à faire une rude concurrence aux vallées industrielles rouennaises de Maromme, Deville, Malaunay, Pavilly, etc. Cette filature, située à l'extrémité orientale de la ville, est la propriété de MM. J. Courant et Cⁱᵉ; elle compte 14,500 broches, 370 métiers à tisser, et occupe 550 ouvriers.

A peu près dans les mêmes parages se dressent les longs tubes d'une raffinerie de sucre très importante, celle de MM. Gevers et Cⁱᵉ, construite en 1852 d'après un système complet de procédés nouveaux : elle fond annuellement de 6 à 7 millions de kilog. de sucre, 100 ouvriers y sont continuellement employés.

Une seconde raffinerie, celle de MM. Cor Haentjens et Cⁱᵉ, construite en 1857, fond annuellement 8 millions de kilog. de sucre.

La raffinerie Clerc Kayser et Cⁱᵉ, située au côté nord de la Grande-Rue d'Ingouville, est la plus ancienne et la plus importante raffinerie du Havre; elle emploie 250 ouvriers, et sa fabrication annuelle s'élève à 12 millions de kilogrammes.

Outre ses raffineries, le Havre compte encore ce qu'il appelle des riseries. — Elles sont au nombre de trois.

L'une qui a pour objet la décortication et le nettoyage des riz ; elle pourrait livrer à la consommation 50 mille kilog. de riz par jour.

La seconde et la troisième sont d'une moindre importance.

Une verrerie à bouteilles s'est établie dans une ancienne aciérie, sur les bords du canal Vauban : elle produit par mois 100 mille bouteilles.

M. J. de Coninck, en mentionnant ce chiffre du produit, ajoute : « Un grand nombre de ces bouteilles sont importées en Angleterre. Envoyer des bouteilles en Angleterre semble, au premier abord, *porter de l'eau à la rivière ;* mais il faut savoir que les bouteilles commandées en France par les Anglais doivent porter, les unes le cachet du *Cognac*, et même de *Vieux Cognac*, et les autres avoir la forme et la couleur de *Bordelaises*, que les verriers anglais ne savent pas donner. Les premières sont destinées à être remplies, en Angleterre, de 3/6 anglais, étendu d'eau et coloré de plus ou moins de caramel, suivant que ce cognac doit être plus ou moins *vieux*. Les *Bordelaises* sont remplies de *Lafitte*, de *Larose*, de *Château-Margaux* et autres grands crus des caves de Liverpool et de Glascow. »

Une des plus importantes fabriques de France, et dont le Havre se trouve si heureusement doté, est celle de *bichromate de potasse*, de MM. Delacretaz fils et

Clouet. « Les perfectionnements introduits dans la fabrication, et dus principalement à la haute intelligence de M. Clouet, ont permis d'abaisser à 2 fr. ou 2 fr. 10 c. le kilog. un produit qui, il y a peu d'années encore, se vendait 4 fr. 50 c. le kilog., ce qui a augmenté la consommation à ce point que, tel établissement de teinture qui, il y a 15 ans, ne consommait pas 50 kilog. de bichromate de potasse, en a consommé 3,500 kilog. en 1858.

Ce produit, provenant en partie du minerai de chrome, qui se tire principalement de Baltimore (États-Unis), a remplacé l'indigo dans la teinture des draps noirs, et il est employé très largement dans les teintures *cachou*.

Une fabrique de *quinine* et *quinium*, par MM. Alf. Labarraque et Ce, auxquels ont succédé MM. Gerdret et Ce, donne à la consommation et à l'exportation 1,200 kilog. de sulfate de quinine, produits par 6,000 kilog. d'écorce de quinquina — ainsi que le *quinium*, fébrifuge nouveau.

La fabrique de suc de réglisse de M. Louis Vidal, produit avec le bois de réglisse, tiré d'Espagne et des îles Ioniennes, 100,000 kilog. par an, et peut doubler ce chiffre.

L'établissement de *moulins et boulangerie* de A. Campart et Ce, qui ont treize paires de meules, dont sept à Montivilliers, mûes par l'eau, et six au Havre, mûes par la vapeur, en mouture donne 15,000 kilog. de farine en vingt-quatre heures. — La farine étuvée de cette marque est placée au premier rang dans les Colonies, son biscuit de mer est très apprécié par la marine, et son pain, d'une excellente qualité, pétri à la mécanique et cuit dans trois grands fours aérothernes, est d'une excellente qualité.

Les brasseries de bière ont pris une grande importance. — Les principales sont, au Havre, les brasseries Louer, Saglio; à Montivilliers, la brasserie Bobée, la première par droit d'ancienneté.

Le Havre a une des plus belles manufactures de tabac que possède le Gouvernement, — elle fournit à la consommation de dix départements, et emploie 580 ouvriers, dont 150 hommes, 400 femmes et 30 enfants.

Nous ne faisons pas de statistique, avons nous dit; cependant, nous ne pouvons nous refuser le plaisir de constater ici l'opinion du jury rouennais, qui a prononcé sur le mérite des produits industriels faisant partie de l'Exposition régionale de notre chef-lieu, close le 20 novembre 1859, et les récompenses accordées aux exposants de l'arrondissement du Havre, dans sa séance solennelle de clôture.

Cette liste, que nous plaçons à la fin de notre livre, sera suivie des notes judicieuses dont M. Mouttet l'a fait précéder, en la publiant dans le *Courrier du Havre*.

VII.

ÉDIFICES RELIGIEUX.

LES ÉGLISES DU HAVRE.

Notre-Dame — Saint-François — Saint-Vincent-de-Paul — Saint-Nicolas-de-Leure
— Cultes dissidents.

A ville du Havre, si pauvrement dotée en édifices religieux, en est encore à attendre une église en rapport avec ses autres monuments de fraîche date, avec son opulence, disons le mot, et avec sa population. — Tout cela est si bien et si parfaitement compris, que l'Administration municipale, dans son exposé de situation du 2 novembre 1859, s'empressait de mettre en relief cette nécessité, et de faire entrevoir l'époque prochaine à laquelle cette satisfaction serait donnée aux chrétiens du culte catholique, en même temps que, dans les nouveaux quartiers de la ville, s'élèverait un temple destiné aux religionnaires protestants.

L'enceinte de la ville actuelle contient six Eglises : Sainte-Marie-de-Graville et Saint-Michel-d'Ingouville, où l'archéologie chrétienne n'a rien à voir, et dont nous ne parlerons pas — Saint-François, Saint-Nicolas-de-Leure, Saint-Vincent-de-Paul et Notre-Dame, la principale église. — Notre-Dame a pris la place de cette vieille chapelle de Grâce, élevée par la piété de ces quelques pauvres pêcheurs du rivage, dont les misérables cabanes ont précédé l'édification du port et de la ville de François Ier — « Fille des eaux, a dit l'abbé Cochet, cette chapelle, bâtie à une époque où les églises étaient de bois et les chrétiens d'or, tandis qu'aujourd'hui les églises sont d'or et les chrétiens de bois, cette chapelle, fille des eaux et couverte en chaume, recevait de temps en temps la visite de sa mère. Dans les grandes marées, les flots pénétraient sans façon dans le temple rustique, et s'avançaient jusqu'à l'autel pour lui baiser les pieds. L'officiant était alors obligé de monter sur un siége pour achever la messe, les chantres se plaçaient sur les stalles, et les assistants grimpaient comme ils pouvaient, soit sur les bancs, soit sur les chaises, quelques-uns même entendaient la messe à cheval et s'en retournaient en bateau dans leurs maisons.

» L'église actuelle fut commencée en 1574, et mise en l'état où elle est en 1605, époque où l'évêque de Damas en bénit les autels. C'est un temple grec, *d'ordonnance dorique*, avec les tempérances du style romain et du style ogival qui caractérisent la Renaissance. Le plus beau morceau de Notre-Dame, c'est le grand portail. Il

se compose de deux ordres d'architecture. Le premier rang compte huit colonnes ioniques, aux chapiteaux ornés de guirlandes; le second rang quatre colonnes corinthiennes canelées, surmontées d'une archivolte où l'on voit les roses, les feuilles d'acanthe et les bouquets briller comme des étoiles sur un beau ciel. Des ornements d'architecture ont été prodigués à ce portail. Une seconde partie, également digne d'attention, c'est le portail septentrional, dit de l'*Ave Maria*. La base est formée par quatre colonnes doriques qui soutiennent une corniche ; au second ordre ce sont des niches destinées à recevoir des statues. Le couronnement rappelle les traditions du moyen-âge : au milieu une rose dont les feuilles, formant une roue, sont soutenues par des anges. Au haut du triangle, un bas-relief représente le Père Eternel, appuyé sur des chérubins. Deux balustrades font saillie sur le portail : sur la première on lit le salut de l'ange : *Ave Maria gratiâ plena*. Ces lettres gothiques sont ici la dernière ligne empruntée à ces livres d'heures que l'imprimerie a fait disparaître, mais qu'elle n'a pu faire oublier.

« Le clocher de l'église Notre-Dame s'élançait autrefois majestueusement dans les airs ; malheureusement, il se rendit coupable de haute trahison. Cette tour oublia sa mission de paix pour accepter une mission de mort. — En 1562, on avait transformé la plate-forme du clocher en batterie. Des coulevrines y avaient été montées, et les Français, qui les avaient destinées à servir contre l'ennemi, eurent la douleur de les voir tourner contre eux-mêmes. Les Anglais, maîtres du Havre, les dirigèrent contre le camp du Roi de France, et firent ainsi

entrer dans une ligue protestante un clocher catholique.
— Le Havre repris, le clocher expia son apostasie : on le
découronna de sa flèche primitive, on abaissa sa tour
pour qu'elle ne pût plus nuire, et au lieu d'aiguille, on
le condamna à porter un hideux bonnet chinois, comme
un monument de sa félonie. »

L'intérieur de l'église Notre-Dame présente trois nefs,
et de chaque côté un rang de chapelles qui règne dans
toute la longueur.

La chapelle de la Sainte-Vierge occupe le fond de
l'église, qui se termine en abside polygone.

L'église, dans toute sa longueur, est soutenue par des
colonnes rondes, dont les chapiteaux sont décorés
d'oves. De longs pilastres doriques sont accolés contre
les piliers.

On travaille, et depuis longtemps déjà, à consolider les
différentes parties de Notre-Dame. — On a calculé que,
si on tenait compte des sommes dépensées pour toutes
les réparations qu'elle a subies, on eût pu, avec cet
argent, construire un édifice religieux plus vaste et
et d'une bien autre importance artistique que l'église
actuelle.

Après Notre-Dame, vient l'église de Saint-François,
c'est l'église de la Marine : « Placée dans une île et entourée de navires, on dirait une nef au milieu des flots. »
Le commencement de sa construction date de 1542, plus
de trente ans avant celle de Notre-Dame ; on ne connaît
pas le plan primitif de cette église, et avec ce qui reste,

il est difficile de dire ce qu'elle devait être. — Le clocher ne fut jamais qu'une œuvre avortée et provisoire, masse informe de cailloux noirs démolie en 1841. — Les murailles extérieures n'ont jamais été achevées : on peut s'en convaincre par le chœur, considérablement abaissé au-dessous de la nef, par les pierres d'attente du chevet des murs latéraux, et dans les tourelles tronquées du portail, ainsi que dans les contreforts qui attendent les clochetons et les aiguilles qui devaient les couronner.

Cette église de Saint-François n'a pas d'histoire — à diverses reprises elle a subi des réparations plus ou moins heureuses — une voûte en plâtre remplaça, en 1832, une voûte en planche traversée par des entrains — il est fâcheux que, pour cette opération, la Fabrique ait cru devoir aliéner les nombreux tableaux qui tapissaient la nef et dont quelques-uns n'étaient pas sans mérite : ces toiles provenaient des anciens Capucins du Havre.

Au bas du chœur, du côté de l'évangile, est placé le meilleur tableau de l'église, donné par le Gouvernement vers 1840. Le sujet est pris dans la vie de Saint-Thomas-de-Villeneuve. Le prélat, en grand costume d'église, fait aux pauvres la distribution de ses aumônes. Les personnages sont parfaitement drapés, les poses excellentes, les attitudes bien comprises ; mais l'artiste a dû faire un anachronisme à propos de la mitre du saint : le pieux archevêque de Valence mourut en 1555, et on ne devait pas alors, dit M. l'abbé Lecomte, porter la mitre haute en Espagne — ce n'est qu'une peccadille d'artiste.

Cette toile a coûté 5,000 francs.

La population du Havre, dans son rapide accroissement, s'est dirigée, comme à Paris, à Rouen, à Nantes, et sans qu'on puisse dire pourquoi, vers le côté Ouest de la ville, où elle a su se créer tout un quartier très habité aujourd'hui. Cette situation nouvelle a créé aussi des besoins nouveaux, besoins moraux, besoins de la vie matérielle. — Le quartier se trouvait éloigné des paroisses d'Ingouville et de Sanvic, il fallut pourvoir à l'édification d'une église : des collectes procurèrent les fonds nécessaires à l'acquisition du terrain et à un commencement de construction. — Le Havre pourvut au complément : aujourd'hui, le temple catholique est debout, et son clocher se dresse avec quelque fierté au milieu des habitations qui se sont groupées aux alentours. M. l'abbé Robert, l'architecte de ce monument, dans le style du XIe siècle, s'est inspiré des modèles que la Normandie lui a offerts, et entr'autres de Saint-Georges-de-Boscherville.

A l'autre extrémité de la ville, une église du même style s'est élevée naguère dans l'ancienne paroisse de Leure ; malgré la simplicité des matériaux employés à sa construction, et avec la modique somme de 133 mille francs, l'architecte, M. Fortuné Brunet-Desbaines, a su couvrir une surface de 764 mètres carrés, et conserver néanmoins à toutes les parties le caractère monumental qui lui convient. Comparé à plusieurs édifices du même genre, qui ont coûté beaucoup plus, celui-ci est un des rares exemples de l'emploi bien entendu des matières et des moyens financiers dont peut disposer un architecte intelligent. C'est, de plus, une preuve de ce que l'on pourrait faire dans l'espèce, sur une échelle plus étendue, dans un pays où les monuments n'abondent pas, il faut bien le reconnaître.

Le plan de l'église se compose : 1° d'un porche central surmonté d'un clocher; 2° de trois nefs; 3° d'un chœur et d'un sanctuaire; 4° de deux sacristies; 5° de quatre chapelles placées aux extrémités des basses nefs. — L'intérieur est voûté de pierres factices, composées de brique et de plâtre, qui présentent l'aspect d'une voûte en pierre.

Au Nord de l'église, on remarque un joli presbytère, construit par M. Emile Platel, architecte des entretiens de la ville.

Le culte réformé protestant a fait son temple d'une salle de concerts, rue d'Orléans, 89. — Il est en voie d'en édifier un plus vaste et plus convenable dans un des nouveaux quartiers de la ville. — Le temple protestant anglais est établi dans la même rue. — L'église américaine siège rue de la Paix, et le culte israélite a sa synagogue rue Dauphine.

VIII.

PREMIÈRE PROMENADE AU HAVRE.

LA RUE DE PARIS — LE BOULEVARD IMPÉRIAL.

Aspect général — Les Naturalistes — Le Papagaye — Requête à Louis XI — Le Portail de Notre-Dame — Le Prétoire — Le Marché Cannibale — Les Piloris et les mauvaises langues — La place Richelieu — La Machine à mâter — La place Louis XVI et ses Quinconces — Le Théâtre — La Bourse en plein air — Le Jardin Public — Le nouvel Hôtel-de-Ville — La Sous-Préfecture — Le Boulevard Impérial — La Caserne des Douanes.

OUTES les villes de province ont une rue privilégiée qui, presque toujours, porte le nom de Grande-Rue. C'est l'artère principale de la localité, la promenade favorite de la population flâneuse qui trouve là l'occasion naturelle de voir et de se faire voir. Les magasins les mieux assortis, les plus séduisants, ne manquent jamais, coûte que coûte, de se grouper, de se presser, même dans les rez-de-chaussées de la grande

voie — ils savent, pour affriander et piper le chaland et surtout la chalande, faire assaut de goût dans la disposition de leurs étalages.

Le Havre n'a point échappé à cet usage si généralisé : il a sa Grande-Rue, sa large et belle rue de Paris. Belle, non pas tant par l'élégance de ses constructions, que par son aspect et l'animation constante qu'elle présente à chaque phase du jour, et particulièrement encore le soir, où elle déploie son double cordon de becs de gaz, et l'éclairage parisien de toutes ses boutiques, pardon du mot.

L'extrémité Sud de cette rue se termine à l'avant-port ; c'est l'ancien quartier avec ses laides bicoques, qu'un replâtrage menteur n'a pas plus embellies, qu'une mise *à la dernière mode* n'embellirait une décrépite octogénaire ; dans ce bout de rue, se sont établis les marchands de coquillages, industrie qui ne date pas de vingt-cinq ans ; ces marchands qui s'instituent, quelques-uns à juste titre, naturalistes, *tiennent* aussi les oiseaux empaillés, les bêtes les plus innocentes, mais à côté babille et crie sans cesse le papagaye — le perroquet bien ou mal *éduqué*, le désespoir du voisinage — l'oiseau au franc parler, aux gros jurons. A l'époque où ces échos de mille sottises étaient encore inconnus en France, « Louis XI, a dit M. Adolphe d'Houdetot, fit saisir à Paris, chez les particuliers, les pies, geais, chouettes, et autres oiseaux dressés à répéter les vilains mots qu'on leur avait appris, par allusion à sa mésaventure de Péronne ; un peu plus tard, les bourgeois de la grande ville adressèrent au Roi une requête, dans laquelle il était dit que ce serait un plaisir pour eux et pour leurs filles d'élever des oiseaux, auxquels ils apprendraient maintes gentillesses et joyeusetés ; tandis que ceux achetés chez les oiseliers du Pont au Change (qui seuls avaient le droit d'élever et faire multiplier les oiseaux) avaient reçu une *déplorable éducation.* » — Droit fut fait à cette belle requête.

Edifices à part, il est peu de villes de l'Empire qui puisse disputer à la rue de Paris les avantages de son admirable position. Son extrémité septentrionale aboutit au Jardin Public ; elle a pour perspective l'Hôtel-de-Ville, et dominant cette édifice, la côte, les jardins, les pavillons et les ravissants cottages d'Ingouville, inondés de lumière par le soleil du midi, qui en met toutes les parties en relief.

A la partie orientale de la rue de Paris, se dessine le portail *historié* de l'église Notre-Dame, avec son square qui l'entoure sur trois côtés ; un peu plus loin le Vieux-Marché, au fond duquel se dresse, sur toute la largeur de la place, un édifice du xviii° siècle ; c'est le Palais-de-Justice, que le peuple continue d'appeler le Prétoire. Ce monument n'est pas dépourvu d'un certain caractère, il date de 1758, et fut construit par l'architecte Jacques-Martin Maurice. — On le jugerait plus avantageusement si la place qui le précède était dégagée, et peut-être la destination et la dignité du Palais l'exigeraient-elles, des hallettes qui l'obstruent ; c'est le marché au poisson, aux légumes, à la volaille, aux fruits, etc. — Cette place portait, avant la révolution, le nom de marché *Cannibale,* mot dont l'étymologie met encore à la torture les historiens havrais. — Cette même révolution a fait abattre deux poteaux *ornés* de carcans de fer, et qui n'étaient pas placés là pour rien. Ce pilori fonctionnait souvent : on y attachait pendant une heure ou deux, suivant la gravité du cas, les marchandes qui s'étaient permis, vis-à-vis de la pratique, quelques-uns de ces propos grossiers, obscènes ou blasphématoires, mal sonnants aux oreilles de la police de l'époque. Aujourd'hui, pas n'est besoin de ce violent et honteux moyen de répression. — Les marchandes ont renoncé à leur vocabulaire — elles ne lisent plus la grammaire des halles, les dialogues de Vadé, et en perdant la mauvaise habitude, elles ont perdu aussi le nom de poissardes, qui ne frappe plus ignominieusement leurs oreilles ; ce que c'est que les révolutions !!!.....

Nous arrivons à la place de Richelieu, qui a conservé le nom du ministre, auquel la ville était redevable d'une belle porte d'entrée principale, qui a disparu lors du premier et mesquin recul des fortifications du Havre. — Un peu plus loin, s'ouvre une de ces belles places qui impriment le cachet de la grandeur aux rares cités qui en sont dotées.

A droite, le vaste bassin du Commerce, avec sa forêt de navires, qui s'étend presque à perte de vue, bassin encadré dans des quais magnifiques, toujours mouvementés par les débarquements et les embarquements de marchandises; en tête de ce bassin, se dresse une énorme mâture, qui a l'inconvénient d'en interrompre et d'en gâter la perspective : laquelle machine à mâter, c'est le nom qu'elle porte, trouvera probablement à s'implanter ailleurs.

A gauche, la salle de spectacle, brûlée en 1843, et reconstruite sur les murs épargnés par l'incendie, en 1844. Ce temple des arts ne tardera pas à devenir insuffisant, si le chiffre de la population continue à suivre une progression ascendante ; de chaque côté de la façade du théâtre, des arcades, meublées de cafés, de restaurants et de boutiques de friandises ; devant ces arcades, des quinconces qui offrent, l'été, un ombrage salutaire aux promeneurs, et surtout aux personnes qui fréquentent la Bourse, car, nous devons le dire : le Havre n'a pas encore de Bourse. Les transactions commerciales s'y opèrent en plein air sur un large terrain bitumé ; cette négation d'un local digne d'une des premières places de commerce de France, met en belle humeur la verve des écrivains qui nous honorent de leur visite et d'un feuilleton. « Détail qui réjouirait M. Ponsard, imprimait irrévérencieusement, dans je ne sais plus quelle feuille, ce même M. Xavier Aubry, que nous retrouverons dans une de nos promenades à la Hève, le Havre n'a pas de temple pour loger le veau d'or ; le pauvre veau beugle en plein air. »

Nous voici devant la grille qui termine au Nord la rue de Paris, et donne accès au Jardin Public ; ce grand square, planté sur l'emplacement des fossés pestilentiels qui empoisonnaient, sans la défendre, toute cette partie de la cité, est planté en grande partie d'arbres verts, et entretenu avec beaucoup de soin ; deux fontaines jaillissent dans des vasques, au milieu d'un gazon anglais, et çà et là des statues bronzées emblèmes des quatre saisons. — C'est un but de promenade très agréable, le matin et le soir. — Il est à regretter seulement qu'une avenue de beaux arbres, qui eussent pu trouver place à l'Est et à l'Ouest, n'ait pas été créée, pour offrir, pendant l'été, un ombrage vainement cherché par les promeneurs.

L'Empereur ayant décidé, en 1853, l'annexion au Havre des villes d'Ingouville et de Graville, ainsi que d'une partie de la commune de Sanvic, l'Administration municipale, dirigée à cette époque par M. J. Ancel, député au Corps Législatif, fit fonder, le 11 avril 1855, l'Hôtel-de-Ville sur les fortifications de la place démantelée. — Le 2 septembre de la même année, le prince Jérôme Napoléon en posait la première pierre au-dessus du sol. Ce monument *édilitaire*, qui s'assied *sur sable*, est sans doute le plus grand spécimen de l'emploi de ce genre de fondation.

L'Hôtel-de-Ville présente trois corps de bâtiments, entourant de trois côtés la cour d'honneur.

Le corps principal a une longueur de 80 mètres sur 21 de largeur. Les deux ailes en retour sur la cour, chacune 32 mètres de longueur sur 12 de largeur. — L'ensemble des constructions couvre une superficie de 2,500 mètres carrés.

L'architecture de l'édifice rappelle l'époque de la Renaissance. Les détails en sont étudiés avec beaucoup d'élégance et une entente parfaite.

Les trois arcades du pavillon central occupent la hauteur du rez-de-chaussée et du premier entresol; au premier étage, au-dessus des arcades inférieures, trois fenêtres sont séparées par quatre colonnes engagées d'ordre composé, avec une frise sculptée. Au-dessus, un attique d'égale largeur, et orné de quatre pilastres, contient : 1º au centre, un cadran accompagné de deux figures bas-relief, personnifiant la *Loi* et la *Charité* ; 2º à gauche, le médaillon de François Iᵉʳ, fondateur de la ville ; à droite, le médaillon de Napoléon III, à qui le Havre doit son agrandissement.

Le fronton de l'attique est couronné par deux figures ronde-bosse, représentant les génies du *Commerce* et de la *Navigation*. Ces deux figures soutiennent un écusson aux armes de la ville, qu'accompagnent les écussons de François Iᵉʳ et de Napoléon III.

L'attique est surmonté d'un toit aigu, supportant un élégant beffroi, élevé de 42 mètres au-dessus du sol, et d'où l'on découvre le magnifique panorama de la rade, de la côte, de la Seine et de la ville.

La décoration du même ordre composé est reproduite par des colonnes accouplées sur la façade principale des ailes, et par des pilastres sur leurs façades latérales — ces colonnes et pilastres sont couronnés par les attributs du Commerce et de la Navigation.

Si nous pénétrons dans l'intérieur de l'édifice, nous le trouvons composé d'un grand vestibule central, percé de trois arcades sur chaque façade ; celle du milieu, affectée au passage des voitures, les deux autres à celui des piétons. Ce rez-de-chaussée contient les bureaux de divers services et un corps-de-garde, quatre escaliers de service montant de fond en comble, et un escalier d'honneur ; — sous le grand vestibule, deux larges perrons communiquent, à droite et à gauche, à deux galeries intérieures, situées au premier entresol, sur lesquelles s'ouvrent, vers l'Ouest, les caisses municipale, d'épargne, les bureaux de bienfaisance et de l'octroi — vers l'Est, les bureaux de l'état civil, une salle pour les mariages, d'autres salles affectées à diverses branches du service administratif, aux séances de la Société Havraise d'Etudes Diverses, de la Société d'Horticulture, etc. L'escalier d'honneur, à triple rampe, s'arrête au premier étage. A l'arrivée de cet escalier, une antichambre donne accès, par trois larges arcades à jour, dans une galerie intérieure, régnant dans toute la longueur du corps principal, et communiquant à toutes les parties de cet étage. En face de l'antichambre, un premier salon occupe le centre de l'édifice ; aux côtés de ce salon, deux grandes salles sont destinées, celle de gauche, aux réunions du Conseil municipal, celle de droite, aux réceptions officielles.

L'aile située à l'Ouest contient un appartement pour le Souverain. Dans l'aile orientale, les cabinets du Maire et des Adjoints, à proximité des bureaux du secrétariat, situés au Nord de la galerie intérieure. Une partie du deuxième entresol, qui règne au-dessus des pièces secondaires du premier étage, est réservée pour divers dépôts. L'étage, dans le comble, comprend les archives municipales et diverses autres dépendances.

En raison de sa position au pied de la côte d'Ingouville, et surtout du fond que ce monument devait produire au tableau qui se présente à l'extrémité de la rue de Paris, l'architecte comprenant que de ce point éloigné la partie inférieure de son œuvre devait être en partie cachée par le jardin et le boulevard qui le précèdent, a réservé le peu de richesse dont il pouvait disposer pour le premier étage, où se trouvent les appartements des réceptions officielles, et d'où l'on découvre le jardin public et la perspective de la rue de Paris. Aussi, cette conception aurait-elle produit tout l'effet calculé par son auteur, si le nivellement officiel, auquel il dût nécessairement se conformer, n'eût eu pour résultat d'enfouir le monument.

Quoiqu'il en soit, le Havre a droit de s'enorgueillir de son Hôtel-de-Ville, qu'un mot heureux de l'Empereur a baptisé du nom de PETIT LOUVRE, et qui n'a aujourd'hui son pareil dans aucune ville de province. Aussi, en en prenant possession le 29 septembre 1859, M. le Maire s'est-il rendu l'interprète de l'opinion de la cité, en déclarant publiquement « qu'il était juste de payer le tribut d'éloges qu'il mérite à l'habile architecte, M. Fortuné Brunet-Debaines, qui a mené à bonne fin une œuvre aussi capitale dans son ensemble, laquelle a valu à son auteur, de la part du Gouvernement, une récompense honorable et méritée. »

La façade de l'Hôtel-de-Ville est précédée d'une large voie plantée d'arbres, qui sépare cet hôtel du jardin public ; cette voie, qui s'ouvre devant la gare du chemin de fer du Havre à Paris, et se termine à la mer, porte le nom de Boulevard Impérial. Aucune ville de France ne pourra s'énorgueillir d'une aussi vaste et d'une aussi magnifique promenade, qui rivalisera avec les boulevards de Paris, lorsqu'une suite de beaux édifices en décorera l'un et l'autre côté ; c'est une affaire de temps. Mais l'empressement que les capitalistes ont mis à l'acquisition de ces terrains, les constructions qui déjà s'élèvent, font espérer qu'avant quelques années il ne restera pas sur cette ligne une place inoccupée ; le temps est de l'argent ; cet axiome, qui nous vient du Nouveau-Monde, est aujourd'hui parfaitement compris et mis en pratique dans l'ancien.

Au côté septentrional du cours, s'élève, devant une vaste place, l'Hôtel de la Sous-Préfecture, nouvellement construit en pierre et en briques, dans le style de Louis XIII.

Sa position, isolée de toutes parts, entre terrasse et jardin, permettra, dans un temps donné, de joindre facilement au bâtiment principal les annexes nécessaires à sa transformation en *Hôtel-de-Préfecture*.

Néanmoins, tel qu'il est aujourd'hui, cet édifice, tout récemment achevé, se recommande par une belle disposition intérieure, dans laquelle sont largement établis les services publics de la Sous-Préfecture et de la Voirie, l'appartement privé du Sous-Préfet, et l'appartement réservé pour les réceptions officielles.

Fondé sur le sable, dans les anciens fossés de la ville, il a été édifié en 1859, sur les dessins et sous la direction de l'architecte de l'Hôtel-de-Ville, M. F. Brunet-Debaines.

En suivant la direction du Nord-Est, on voit se dresser, à quelque distance du boulevard, de vastes corps de bâtiments qui dominent toutes les constructions du voisinage, c'est la Caserne modèle des Douanes.

Le Havre est la seule ville de France qui possède un système de casernement douanier, aussi grandiose, aussi convenablement approprié à sa destination.

Cet établissement, véritablement modèle à tous les points de vue, fut construit en 1847 par l'Administration des Douanes, pour réunir et grouper tout le personnel de son service actif, les familles des employés comprises.

Nous allons essayer de donner une idée de ce *phalanstère modifié*. La caserne comprend dans son ensemble : 1° une place fermée par une grille, pour les évolutions militaires ; 2° un corps de bâtiment principal ayant 170 mètres de longueur sur 33 mètres de profondeur ; 3° deux autres corps de bâtiment, ayant 37 mètres de façade sur 33 mètres de profondeur. Ces constructions sont élevées d'un rez-de-chaussée, d'un entresol et de trois étages carrés, surmontés d'un comble utilisable.

Le corps principal renferme cinq cours, autour desquelles viennent se grouper divers autres corps de bâtiment.

La cour du centre dessert le quartier des officiers et celui des préposés célibataires, qui sont logés par chambrée ; elle dessert également une cuisine, un réfectoire, un estaminet, une infirmerie, etc. Les quatre autres cours sont affectées au service de quatre quartiers distincts, dans lesquels trois cents ménages occupent des logements dont l'importance est calculée d'après le nombre de leurs habitants.

Les deux autres corps de bâtiments contiennent, au rez-de-chaussée et à l'entresol : 1° celui situé à l'Ouest, affecté aux filles, deux salles d'asile, trois classes, une cour couverte, deux salles de travail, et le logement de leurs institutrices ; 2° celui de l'Est, affecté aux garçons, comprend trois classes, une cour couverte, et le logement de leurs instituteurs. Les autres étages de ces deux corps de bâtiments sont occupés par 145 ménages, répartis dans autant de logements distincts. Des fontaines, des buanderies, un excellent système d'égouts et de fosses inodores, quatre grands réservoirs contenant 200,000 litres d'eau, à droite et à gauche de la place, au milieu de massifs d'arbustes et de gazon, présentent toutes les garanties d'hygiène et de salubrité qu'exige un établissement construit sur d'aussi vastes proportions, et qui comprend dans ses dépendances une population supérieure à bon nombre de nos villes de France. Devons-nous ajouter que cette caserne, sans précédent, est l'œuvre de M. Brunet-Debaines, déjà huit ou dix fois nommé, style de palmarès.

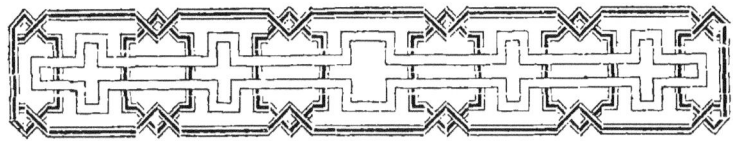

IX.

DEUXIÈME PROMENADE AU HAVRE.

LES TRANSATLANTIQUES.

Leur Mission — Leur Installation, sinon telle qu'elle est, du moins telle qu'elle devrait-être — Cabines — Salons — Bains — Moyens de tromper l'ennui à bord — Les Appétits féroces — Les Inconvénients d'un Steamer.

E voyageur parisien ou provincial qui visite pour la première fois un port de mer, le Havre surtout, semble, par une impulsion secrète, amené à se diriger d'abord vers les *vaisseaux* qui couvrent les bassins; ceux qui excitent le plus vivement sa curiosité sont naturellement les plus gros, et les plus gros ce sont les transatlantiques; à tout seigneur..... vous savez le reste. Dans les bassins de Leure et de la Floride, sont repostés ces géants de la mer, ces maisons flottantes plus ou moins hospitalières, selon le luxe ou la parcimonie qui a présidé à leur emménagement. On est admis à visiter l'intérieur de ces bâtiments, moyennant une légère rétribution au profit des pauvres.

Les transatlantiques ont pour mission d'accomplir un transport régulier, et non accidentel, d'une foule de passagers qui doivent trouver à bord tout le confortable possible, tous les genres de distractions qui peuvent abréger la durée d'une traversée, dans laquelle, quelque courte qu'elle soit, l'ennui joue un grand rôle.

Or, dans ces vastes prisons, bien tenues et bien famées, il faut qu'un passager puisse, suivant sa classe et son prix de passage, se trouver comme à terre, dans un bon hôtel.

Cabines : « L'ameublement des cabines, a dit un très honorable capitaine de la Compagnie des Messageries Impériales, est la première chose qui frappe le voyageur : voilà pour plusieurs jours, quelquefois bien longs, sa petite maison *à lui*, dans le village flottant qu'on appelle navire, il faut que les passagers des trois classes aient chacun dans sa catégorie ce qu'il doit et peut raisonnablement espérer y trouver.

» Ainsi, un passager de première classe se réjouira d'avoir sa cabine munie d'un bon lit, d'y voir commode, tiroirs, lavabo, porte-manteau, tapis de toile cirée, suivant la saison, descente de lit, rideaux, etc. Il se trouvera dans sa cabine comme chez lui. On a souvent besoin d'être seul en mer ; on s'isole quelquefois même avec bonheur, et quel meilleur endroit qu'une cabine qui n'est que pour vous seul !

» *Salons :* Après les cabines, le lieu de séjour le plus ordinaire des passagers c'est le salon, élégamment meublé avec luxe, et même avec beaucoup de luxe — On n'y épargne ni tapis, ni glaces, ni divan ; le jour, il est éclairé par de grandes claires-voies, la nuit, par des lampes, il a deux cheminées égayantes pour l'hiver, une bonne bibliothèque, un piano pour les dames, des jeux d'échecs, de domino, de cartes, enfin des jeux pour tous.

» *Bains :* Dans les chaleurs, les passagers aiment à prendre des bains : deux petites salles sont destinées à cet usage, la machine fournit l'eau chaude en abondance, le linge se blanchit et se lave à bord même du navire, car la même machine fait de l'eau douce en quantité par la distillation de l'eau de mer.

» Talleyrand disait que le ventre gouverne le monde : il domine surtout ce petit monde à part, isolé sur un navire en plein Océan.

» Une fois débarrassé du mal de mer, qui le tracasse plus ou moins les premiers jours, le passager devient *féroce* comme son appétit : une bonne table bien servie est le plus agréable et le plus pittoresque paysage que ses yeux puissent contempler ; il couve les plats des yeux : mais si l'on croit avoir une idée de la table d'hôte à bord par celle d'un hôtel à terre, on se trompe ; à terre, on a ou l'on peut avoir ce qu'on veut, et puis tous les convives sont dans leur état normal : mais que ces mêmes personnages soient sur mer, eussent-ils meilleure table qu'à terre, au bout de quelques jours ils ne s'en contentent plus. A la mer, le caractère des passagers change comme la lune et comme le temps, et comme l'ennui, nous l'avons dit déjà, y joue un grand rôle, pour le distraire, ils pensent à manger, bien qu'ils n'aient pas faim ; on désire des fruits, des légumes frais, du lait, que sais-je ?

» Cet ennui, qui occasionne tant de petits désagréments à bord, vient en partie de l'oisiveté ; quelques passagers d'élite savent s'y soustraire, s'ils sont amateurs de l'étude, ou en se livrant à une occupation quelconque. Ce qui rend la vie plus facile en mer aux marins, ce sont leurs occupations constantes et obligatoires qui, bien que pénibles parfois, les délivrent de cet ennui inséparable du *far niente*. »

Si l'intérieur d'un transatlantique réunit habituellement le luxe et le confortable, et séduit de prime abord, il n'en est pas ainsi des formes extérieures du navire qui, au point de vue de la grâce, de la majesté même, doit baisser pavillon devant son frère aîné, encore aujourd'hui son vieux camarade et quelquefois son émule, le superbe et majestueux trois-mâts à voile.

Sous un autre rapport, celui-ci a pour le passager, sur son fameux rival, des avantages incontestés. Ecoutons M. Victor Pavie :

« Naviguez sur un steamer, et c'est d'abord une vapeur de charbon qui vous presse la tempe d'un cercle plus pesant qu'une couronne de roi, tandis que des flots d'huile, dont les ressorts sont baignés, s'élève dans l'atmosphère une masse tiède et grasse qui vous retombe sur le cœur. C'est le mouvement des palettes, dont les soubresauts monotones, sans action apparente sur le reste du corps, vous labourent sourdement la poitrine ; c'est le mode de secousse qui doit infailliblement résulter du conflit de deux forces étrangères l'une à l'autre : l'impulsion de la machine et l'oscillation des eaux. Le navire à voiles, qui tire du souffle de l'air sa puissance locomotive, exploite à son profit le rapport des deux éléments, dont il simule aux yeux l'amour et l'harmonie : appuyé sur la vague par cet agent capricieux qui, tour-à-tour la gonfle et la déprime, et possède le secret de son sourire et des colères, il l'étreint de ses flancs, et Centaure maritime, s'assimile étroitement tous les mouvements de sa monture. L'autre, qui puise au fond de lui-même la force de son déplacement, poursuit, avec un brutal égoïsme, son sillon rauque et morne au travers de la lame et du vent, tantôt choquant dans le plein, tantôt cabriolant dans le vide; monstre aux yeux sans regards, aux pulsations sans cœur, aux allures sans volonté, et qui roule sur l'abîme avec un trébuchement sinistre... »

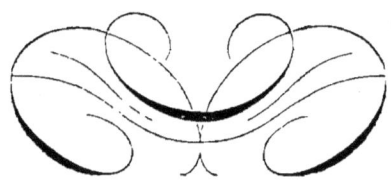

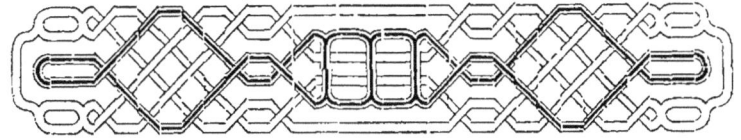

X.

LA BOURSE.

La Bourse légale — Le Marché au Poisson à la criée — La véritable Bourse — Bourse vide.

A l'Ouest de la place des Pilotes ou de François Ier, un modeste édifice, dont la date n'est pas très ancienne, est affecté à ce qu'on appelle la Bourse légale. C'est-à-dire le local exigé par la loi pour que les ventes publiques de navires ou de marchandises aient un caractère régulier.

On aura peine à croire que la première ville et le premier port de commerce de France sur l'Océan manque encore, nous ne dirons pas d'un palais, mais d'un édifice convenable, où puissent se réunir commodément et quotidiennement les intéressés aux immenses transactions qui ont lieu sur notre place. Ce qu'on appelle légalement la Bourse, est un bâtiment hors de proportions avec le nombre des négociants, armateurs et capitaines de navires, que les exigences de leur profession obligent à se réunir, à jour et à heure fixes, pour conférer de leurs affaires, et ces affaires n'ont pas une médiocre importance, puisqu'elles se résument chaque année en plusieurs centaines de millions. La Douane en sait bien quelque chose, elle qui, dans un laps de temps qui embrasse le cours de ces trois dernières années, a vu entrer dans ses caisses une somme de cent vingt-huit millions et demi.

Donc, la Bourse actuelle est un bâtiment mesquin, insuffisant sous tous les rapports, car il ne contient qu'une salle de réunion au rez-de-chaussée, au midi de laquelle quelques ormes rabougris abritent, vaille que vaille, le marché au poisson à la criée. Cette salle a de plus l'inconvénient de se trouver située à l'extrémité Ouest de la ville, près de la porte du Perrey, et adossée aux froides et humides murailles qui formaient l'ancienne enceinte de la ville.

La véritable Bourse se tient en plein air sur la place du Théâtre : elle a le ciel pour plafond et l'asphalte pour parquet. Combien de temps doit durer cet état de choses, c'est une énigme, dont l'avenir a seul encore le secret. Tout porte à croire cependant que nous touchons au terme des hésitations... Que manque-t-il pour que le commerce soit doté d'un monument digne de sa destination ? De l'argent ! Rien que cela.

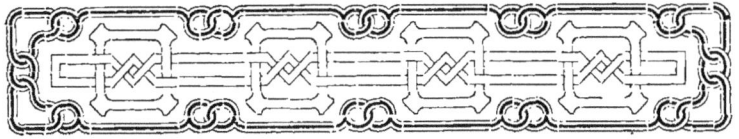

XI.

MUSÉE - BIBLIOTHÈQUE.

L'ancien *Logis du Roi* — Le triple assassinat — Les frères Raulin — Tragique épisode — Vicissitudes d'une épitaphe — Le Musée — Les statues de David — Intérieur du Musée — Sculpture — Peinture — Archéologie — Histoire naturelle — Le cap de la Hève — Le grand Pourvoyeur de fossiles — La Bibliothèque publique — Sa Formation — Ses Accroissements successifs — Ses Manuscrits — Ses Autographes — La Galerie de l'Est — Ses Curiosités archéologiques.

SUR l'emplacement occupé aujourd'hui par le Musée-Bibliothèque, se dressait piteusement encore il y a une quinzaine d'années, une vieille et maussade construction en pierres et cailloux noirs jusqu'au premier étage, en bois aissanté d'ardoises au-dessus. Chacun des angles de la façade était flanqué de deux tourelles. L'édifice était précédé d'une cour d'honneur enclose d'une muraille basse, grise et moussue.

C'était chose triste à voir que cet ancien Hôtel-de-Ville, théâtre, sous le règne de Henri IV, d'un tragique épisode que nous ne saurions passer sous silence.

En 1599, trois jeunes gens, très sympathiques à la population havraise, occupaient dans la garnison des grades militaires ; tous trois, gentilshommes, avaient le titre d'écuyers. Le premier était Isaïe Raulin, seigneur de la Reynardière, cornette de la compagnie des gens à cheval du marquis de Villars, gouverneur du Havre ; le second Pierre, seigneur de St-Laurent, lieutenant d'une compagnie de gens à pied, et Jacques, seigneur de Rogerville, enseigne dans la même compagnie ; ils étaient fils de Robert Raulin, avocat en Parlement.

Villars avait au Havre pour lieutenant un capitaine nommé Goujon, qu'on appelait l'âme damnée du gouverneur ; c'était un homme éminemment haineux. Jaloux de son autorité et de la faveur dont ils jouissaient auprès du marquis, les trois Raulin lui portaient ombrage, non-seulement en raison de la *grande estime* qu'on avait au Havre pour leur famille, estime justifiée par le talent et la sévère probité du père et par la bravoure et l'aménité des jeunes officiers, mais encore parce que Goujon était devenu, par ses vexations incessantes, un objet d'aversion pour tous les habitants de la cité.

Le lieutenant de Villars ne cherchait qu'un prétexte pour sévir contre les trois Raulin ; il les fit venir, le 16 mars, à l'hôtel du Gouvernement, et, sans leur donner aucune autre explication, il leur demanda leur épée, déclarant qu'ils étaient ses prisonniers et qu'ils eussent à se laisser conduire à la Tour de François Ier où, sans doute, les attendaient ses sicaires. Ils le prièrent, tous ensemble, de ne pas leur faire cette indignité, vu qu'ils étaient gentilshommes, que n'ayant mérité aucune punition, puisqu'il ne justifiait ni d'une faute dans leur service, ni d'un grief personnel, ce serait attenter à leur honneur et causer à leur père un vif chagrin. Goujon ne tint compte de cette supplique. Alors ils voulurent se retirer, mais sur un signe du lieutenant, des soldats se jetèrent sur eux et cherchèrent à les saisir. Se voyant chargés à coups de dagues et de hallebardes, ils tirèrent aussi leur épée et frappèrent où ils purent; cette résistance fut leur péril sans doute; mais ce fut aussi leur honneur à tous trois, car leurs épées se brisèrent contre ces hommes nombreux, excités par leur chef, et bardés de fer.

Cette scène sanglante se passait dans une salle de l'ancien Hôtel-de-Ville, populairement connu sous le nom de *Logis du Roi*, depuis le séjour qu'y fit Henri II. Une fenêtre s'ouvrait sur un corridor qui régnait sur un des côtés de la salle (*). Déjà deux des frères avaient succombé sous le fer des assassins, non sans disputer intrépidement leur vie, car un capitaine avait péri dans la mêlée et quelques-uns des satellites de Goujon avaient reçu de graves blessures; mais un troisième, Pierre, luttait encore contre les poignards et les épées; il se précipite à travers la fenêtre; déjà il a franchi la moitié de la longueur du corridor; mais les mesures

(*) C'est sur l'emplacement de ce vieil et caduc édifice qu'a été élevé le Musée-Bibliothèque du Havre.

avaient été prises avec une perfide habileté; une haie de hallebardes l'arrête dans sa course désespérée et l'accule dans un recoin obscur de ce même corridor; là sont apostés d'autres assassins qui le percent de part en part et lui *lardent le corps*, suivant l'énergique expression d'un témoin oculaire, impuissant à défendre cette troisième victime.

Pierre expire en répandant, par ses mille blessures, des flots de sang sur le pavé; on en voyait encore les murs rougis et maculés soixante ans après cette horrible catastrophe.

Le soir, avec l'autorisation courageuse et *tacite* de maître Jacques Martel, religieux, carme, docteur en théologie et huitième curé du Havre, les corps des trois Raulin furent secrètement transportés à Notre-Dame, et déposés dans la chapelle Saint-Sébastien, pendant que l'on creusait leur sépulture dans le sol même de l'église.

A minuit, le père des victimes, couvert d'un manteau de deuil, fut introduit dans la chapelle; on enleva le suaire qui enveloppait ces restes, si effroyablement mutilés qu'il ne put les reconnaître qu'avec les yeux de son cœur; ce fut alors qu'il fut saisi de la douleur la plus affolante : Ah! s'écria-t-il, en étreignant leurs cadavres de ses embrassements paternels! « Morts pour leur pays, je ne les eusse point pleurés peut-être; mais égorgés lâchement comme de vils pourceaux! » On fut obligé de l'arracher à cette scène de désolation.

Aussitôt répandue en ville, la nouvelle de ce triple égorgement y excita une rumeur et une indignation universelles. L'extrême jeunesse des trois frères, leur bravoure incontestable, la considération que leur père, avocat intègre, s'y était acquise, augmentaient l'horreur de ce crime et provoquaient un sentiment de vive compassion pour le père et de tendre et douloureuse pitié pour ses enfants; des cris de vengeance furent poussés par la population dans divers quartiers; mais la garnison était forte, dévouée à Goujon et prête à tout. Ces clameurs restèrent impuissantes; l'infortuné père demanda au Parlement justice du sang de ses fils.

Et cette justice ne fut point faite, les intrigues de Cour étouffèrent le cri de *vengeance légale* poussé par la ville entière. Goujon et ses complices furent acquittés et sur ce triple assassinat et sur leurs résistances opiniâtres et audacieuses aux envoyés du Parlement de Rouen, auxquels ils avaient refusé l'entrée de la ville, quoiqu'ils y eussent une mission juridique à remplir. Le soir même de la nouvelle de ce monstrueux déni de justice, le père de ces trois braves gentilshommes expirait dans les bras de ses amis : ses dernières paroles furent : « Je vais demander là-haut la justice qui m'est refusée ici bas. »

Nous avons dit que les trois Raulin avaient obtenu la sépulture chrétienne dans l'église de Notre-Dame; un peu plus tard il fut permis, à prix d'or toutefois, à une main amie, de placer sur le pilier de la chapelle

Saint-Sébastien, voisin du lieu où reposait leur mortelle dépouille, l'inscription suivante :

> Icy reposent les corps de Isaye Raoulin Chr Sr de la Regnardière vivant cornette de la compaignie des gens à cheval de feu Monsr de Villardz vivant admiral de France et gouverneur pour le roy en la ville de Grâce, de Pierre Raoulin Chr Sr de St Laurens vivant lieutenant en une compaignie de gens de pied entretenus par le roy en Normendie et de Jacques Raoulin Chr Sr de Rogerville vivant enseigne de la dite compaignie de gens de pied, fils uniques de Robert Raoulin Escuyer advocat en parlement, décedez en ceste ville du Haure de Grâce le seize jour de mars mil cinq cent quatre vingt dix neuf en une mesme heure. — Priez Dieu pour leurs âmes.

Cette épitaphe, gravée en creux sur la pierre, était surmontée d'une tête d'ange au-dessous de laquelle on avait dessiné *trois larmes ;* à droite et à gauche étaient deux écussons aux armoiries de deux des Raulin ; on se demande pourquoi, les trois frères étant gentilshommes, la pierre ne porte pas un troisième écusson ? — question d'épigraphie insoluble.

Lorsque l'église de Notre-Dame devint, aux jours de la Terreur, le *Temple de la Raison,* la vue de cette pierre révolta le patriotisme des membres ardents de la

Société populaire du Havre. Les trois emblèmes qu'elle portait, l'ange et les écussons, étaient peu propres à lui faire trouver grâce aux yeux de ces républicains exaltés. D'abord on se borna à faire disparaître les signes féodaux, c'est-à-dire les écussons, puis le républicanisme étant devenu *plus pur* encore, la pierre elle-même fit peur; on la descella et on la jeta non loin du temple *qu'elle souillait*. Acte d'inconséquente stupidité que cette expulsion profanatrice; car enfin cette pierre, malgré son laconisme, plus éloquent peut-être qu'une oraison funèbre, ne laissait-elle pas lire ces mots « *décédés en une même heure ?* » quelle protestation plus significative contre le despotisme des *tyranneaux* de la fin du XVIe siècle !

Or, il arriva qu'en ce temps on construisait une fontaine publique dans la rue des Viviers. Le maçon ramassa dans le cimetière la pierre vouée à l'exécration républicaine, en scia un des côtés pour la faire entrer dans son œuvre, et pendant soixante-trois ans, noyée dans le béton, il ne fut plus question de l'épitaphe. Un jour pourtant, la fontaine, démolie à son tour pour le nivellement d'un trottoir, mit à nu la partie intacte de la pierre funéraire. Recueillie et *restaurée*, la pierre, ainsi rendue à la lumière, fut incrustée, non plus sur le pilier de l'église Notre-Dame, où peut-être elle devait reprendre sa place près des ossements des trois victimes, mais sur le premier pilier de droite de la galerie du rez-de-chaussée du Musée-Bibliothèque.

Par une singulière coïncidence, l'épitaphe se trouve aujourd'hui sur le lieu même où se commit, en 1599, l'assassinat des trois Raulin ; sans doute cette considération aura milité en faveur du non-remplacement de la pierre sur le pilier de l'église catholique.

Le Musée a été construit, en 1845, sur un terrain isolé de trois côtés, et d'après les dessins et sous la direction de M. Fortuné Brunet-Debaines, architecte de Paris.

Les trois façades, dont l'architecture rappelle le style romain, présentent, au-dessus d'un étage en soubassement, deux ordres superposés de colonnes ioniques et corinthiennes engagées, simples ou accouplées, divisées par de larges baies carrées ou cintrées, et couronnées par une balustrade surmontée des statues ronde-bosse de la *Peinture*, de l'*Histoire*, de la *Science* et de la *Sculpture*.

Au centre de la façade principale s'élève un édicule en attique, percé d'un cadran, accompagné de deux figures bas-relief, le *Commerce* et la *Navigation*. L'éclairage au gaz du cadran est d'un effet simple et magnifique. Ce système est de l'invention d'un ingénieux havrais. Au milieu de la grille qui entoure le parvis, les statues de bronze de Bernardin-de-Saint-Pierre et de Casimir Delavigne, œuvre de David, d'Angers.

Pénétrons dans l'intérieur du monument : il comprend, à chaque étage, une vaste salle, placée au centre de l'édifice et enclavée entre quatre galeries. Au rez-de-chaussée, cette salle, séparée seulement des galeries latérales par de larges arcades à jour, présente un très beau vestibule, qui permet de saisir en entrant tout l'ensemble de cet étage. Grâce à cette ingénieuse disposition, la lumière, qui n'arrive qu'à travers les galeries latérales affectées aux collections d'histoire naturelle, éclaire parfaitement ce vestibule, orné de belles colonnes doriques, de statues, de bustes et de bas-reliefs moulés d'après l'antique.

Deux statues modernes, de marbre, données par le Gouvernement, y ont également pris place :

Une Madeleine à demi-couchée, de Gayrard, et une Psyché, d'Oudiné.

Cette salle contient encore :

Deux petits modèles en plâtre, l'un du Musée, l'autre du pavillon central du nouvel Hôtel-de-Ville; quelques bustes de même matière, cinq pierres tumulaires, un sarcophage, des débris d'ornements religieux en pierre, provenant de l'ancienne église de Leure.

Un bénitier ou baptistère, portant à son pourtour de curieuses figures sculptées sur la pierre.

A droite en entrant, incrustés dans le mur, un bas-relief, provenant d'une église de l'arrondissement, et représentant le miracle des trois croix.

A côté, la pierre des trois Raulin, dont vous connaissez la fin tragique.

Un vase mexicain, qui n'est pas sans intérêt.

Le plan en relief du fond de la rade du Havre et d'une partie de l'embouchure de la Seine, d'après les relevés hydrographiques de 1853.

HISTOIRE NATURELLE.

Les deux galeries affectées aux collections d'objets relatifs à l'histoire naturelle s'ouvrent à droite et à gauche du rez-de-chaussée; elles sont ornées de deux bustes *en plâtre,* en attendant le marbre. L'une est celle de l'abbé Dicquemare, naturaliste de la fin du XVIIIe siècle, l'autre, celle de Charles Lesueur, naturaliste, dessinateur, intelligent et savant collectionneur, tous deux nés au Havre.

Ces galeries renferment de belles et riches collections dans toutes les branches de la science. Comme rareté, c'est une baleine, échouée et prise il y a quelques années sur les rivages même du Havre, une *Spongia Patera,* ayant la forme d'un vase antique, arrachée du fond de la mer des Indes, par un nègre plongeur qui faillit laisser sa tête au centre du *vase*, qu'il ne détacha du rocher sous-marin, auquel il était adhérent, qu'avec de longs et pénibles efforts ; les dimensions de cette spongia sont supérieures à celles de toutes les espèces possédées par les musées européens. Aussi, M. Valenciennes, le digne successeur de Geoffroy-Saint-Hilaire au musée de Paris, après s'être extasié devant cette monstrueuse éponge, ne put-il s'empêcher de s'écrier : « Est-ce que le Musée du Havre nous enlèvera tous les géants et ne nous laissera que les fœtus !

Le cap de la Hève a fourni les plus beaux et les plus curieux échantillons géologiques (fossiles).

Tout récemment encore, à la grande marée de mars 1860, le conservateur du musée d'histoire naturelle trouva, à un mille au Nord des phares, une tortue fossile *testudo imbricatula* d'une très grande dimension, et dont les analogues ne se rencontrent plus vivants que dans l'Asie et à la côte occidentale d'Afrique.

Signalons, avant d'entrer dans de plus grands détails, les coquilles vivantes, de la collection Lesueur, premier conservateur du Musée du Havre, que ses neveux se sont plu à enrichir du produit de ses curieuses explorations. Enfin, une des plus riches collections de coléoptères, donnée au père de M. Gustave Lennier, conservateur actuel du cabinet d'histoire naturelle.

GÉOLOGIE — PALÉONTOLOGIE. — Collection nombreuse, classée par terrains. — Les espèces les plus remarquables sont dans les terrains secondaires :

Trois espèces de Trilobites (crustacé fossile).

Les genres spirifer, Gonotularia, productes et orthocéralite (fossiles d'Amérique et de la Nouvelle-Zélande, rapportés par Lesueur).

Les terrains jurassiques méritent une mention particulière, pour bien expliquer toutes nos richesses et attirer l'attention des visiteurs sur les ossements d'ichthyosaure et de pleiausaure, recueillis à la Hève, et une grande quantité d'autres ossements restés indéterminés, car, dans leur forme, rien ne se rapproche des animaux décrits.

Les terrains tertiaires sont représentés par les espèces fossiles du bassin de Paris, et une collection d'échantillons de ces terrains.

COQUILLES.— Jolie collection. — Cône Cedonulli — Volute Pavillon — Un Oscabrion (coquille nouvelle non décrite, de la collection Lesueur) — Une collection d'Unios de la Nouvelle-Zélande et d'Amérique, la plus riche qui soit en Europe. Cette collection a été donnée au Musée par M. Lesueur.

REPTILES. — Boa Contrictor — Python de Séba, du Sénégal — Elaps tener — Ophilobor boyli — Eutaenia radix — Eutaenia sertalis — Echidna arietans (vipère la plus dangereuse de l'Afrique).

Parmi les Cheloniens, les espèces remarquables sont : Chelis matamata, Emys reticulata — Emys concentrica — Testudo forca — Testudo clausa — Testudo ribroni — Trionyx serpentina — Trionyx tuberculata — et beaucoup d'autres espèces rares de l'Amérique et de la Nouvelle-Zélande.

Sauriens. — Crocodiles du Nil — Iguanos d'Amérique — Caïmans et Allégator.

Batraciens.— Grenouilles taureau, et de nombreuses espèces du Brésil.

POISSONS.— Collection d'Amérique, d'Europe et d'Afrique.

Les espèces remarquables sont : Lépisostée platistome — Chironectes antennarius — Un Silure non décrit — Deux Squales spatule — Enfin, toutes les espèces, genre Squale, de la Manche.

OISEAUX. — Deux Condors d'Amérique — Un Serpentaire — Arahyacinthe — Gallirallus — Un Perroquet et un Manchot, espèces nouvelles non décrites.

MAMMIFÈRES. — Quadrumanes. — Un Orang-Outang — Trois Chimpansés — Un grand Singe de la même famille, rapporté du

Gabon il y a vingt ans ; ce dernier Singe est resté indéterminé, vu son mauvais état. C'est le seul de cette espèce connu en Europe.

CARNIVORES. — Un Loup, tué à St-Romain — Guépard du Sénégal — Le Lion — La Panthère — Le Jaguard — Le Gougouard — Deux Ours blancs des mers glaciales.

BIDELPHES. — Plusieurs espèces de Sarigues — Un Kangaroo géant — Anomalure Geoffroy-St-Hilaire — Phalanger volant.

RONGEURS. — Echymys hispidus, et des espèces de Rats-Taupes d'Amériques.

EDENTÉS. — Ai à collier noir — Ai à dos brûlé — Deux Fourmiliers tamanoirs — Deux Ornithorhynques.

PACHYDERME. — Un Tapir.

SOLIPÈDE. — Un Zèbre.

RUMINANTS. — Un Chevrotin — Un Cerf de Virginie — Cerf Axir — plusieurs espèces d'Antilopes — Des Chèvres — Des Moutons du Sénégal — Une Girafe.

CÉTACÉS. — Delphinus globiceps — Delphinus delphis — Delphinus phocœna.

AMPHIBIES. — Phoque commun — Deux Morses ou Vaches marines — Trois espèces d'Otaries ou Lions marins.

INSECTES — COLÉOPTÈRES. — Riche collection.

Les espèces rares sont : Mamolyce phillode de Java — Chrysochroa — Buqueti — Catoyantha (nouvelle espèce des Indes Orientales) — Jacodis spectabilis — Caladema Kirlyi d'Australie — Alaus (espèce nouvelle de Madagascar) — Phanœus, héron de Cayenne — Euchirus longimanus — Goliathus drurgi — Odontalabres Delesserti — Macrodentia Cervicornis — Titanus giganteus — Psalidognatus — Omacantha gigos.

SPONGIA PATERA. — Nombreuses espèces d'Eponges et de Polypiers.

ZOOPHITES. — Oursins — Asteries — Scutelle, etc...

Au fond du vestibule, un grand escalier à triple rampe dessert le premier étage. Au palier de repos, le modèle en plâtre d'une statue de François Ier, par Dumont, prolonge la perspective, qui commence au seuil de la porte d'entrée. Les parois de la cage de cet escalier sont tapissées de trophées d'armes et d'ustensiles de la Polynésie. — Un des panneaux, celui qui surmonte la statue du fondateur du Havre, est décoré d'un plafond de Clément Boulanger, la mort de Socrate.

La salle centrale de ce premier étage est affectée au musée de peinture, éclairée par le haut et ornée des bustes en marbre de Napoléon III et de l'Impératrice, par Auguste Barre.

Cette salle contient un nombre encore assez restreint de tableaux, parmi lesquels on remarque les *Vendeurs chassés du Temple*, et la *Vision de Judas*, d'Yvon, — sept autres dessins de cet artiste (*les sept péchés capitaux*) sont exposés dans la galerie de l'Est (*). Troyon y

(*) M. Adolphe Yvon, qui a passé une partie de sa jeunesse au Havre, où son père occupait un emploi honorable dans l'administration des Douanes, a fait hommage au Musée de la reproduction photographique de ses deux dernières œuvres : la *Gorge de Malakoff*, et un épisode de cette grande lutte retraçant le moment où le général Bosquet reçoit une grave blessure. M. Yvon a accompagné ces deux œuvres remarquables d'une gravure reproduction de la *Prise de Malakoff*, qui a valu à cet artiste la grande médaille d'honneur au Salon de 1857.

Qu'il nous soit permis d'exprimer ici un regret que partage la partie éclairée de la population du Havre. Pourquoi n'a-t-on pas confié au savant pinceau de M. Yvon une ou deux de ces grandes toiles comme il sait les faire, et dont le sujet eût été puisé dans les annales de cette cité ? Quel magique effet n'eussent-elles pas produit dans un des grands salons du nouvel Hôtel-de-Ville ? Est-il trop tard pour émettre ces regrets et formuler un vœu qui dote ce monument de la seule ornementation artistique qui lui manque ? Nous ne le pensons pas.

compte trois paysages — Mozin, l'entrée du port d'Honfleur, et Louis XVI se rendant à Cherbourg par la voie du littoral — Muller, une Jeune Fille à la Chèvre — Célestin Nanteuil, une Tentation — Eugène Cicéri, un Intérieur d'écurie ; — une vue du port du Havre et une vue du port de Nantes. Nous en passons et des meilleurs peut-être, mais nous ne dressons pas ici un catalogue ; disons, pour en finir, que l'on a placé dernièrement dans cette salle un grand tableau, copie du combat des amazones de Rubens.

Le salon de peinture est entouré, dans trois de ses côtés, par les galeries affectées à la Bibliothèque publique, à la collection numismatique et au musée (naissant) d'archéologie.

BIBLIOTHÈQUE.

La Bibliothèque municipale est ouverte au public tous les jours de la semaine, le jeudi et le dimanche exceptés, le matin, de onze heures à quatre heures, le soir, de six heures et demie à neuf heures et demie ; elle est close du 15 août au 30 septembre, et dans la semaine de Pâques.

Son catalogue se résume par un chiffre de 30,000 volumes, parmi lesquels on compte près de 3,000 doubles. La théologie entre pour un dixième au moins dans le nombre de son avoir. L'origine de la Bibliothèque explique cette exubérance d'une de ses parties ; formée des ouvrages ayant appartenu à des établissements religieux, supprimés à l'époque de la Révolution, elle y a trouvé ses premiers éléments. Des acquisitions et des donations successives ont amené son accroissement dans les diverses branches des connaissances humaines.

Lors du partage de ces dépouilles bibliographiques, Rouen eut le meilleur lot, à titre de chef-lieu sans doute. Les manuscrits lui furent donnés avec une telle libéralité, que les Bibliothèques d'arrondissement en furent presque totalement privées. On jugera par sa liste des ouvrages de ce genre, si recherchés par les amateurs, de la stérilité de notre fond-*manuscrits*.

MANUSCRITS ANCIENS.

Majus chronicon Fontanellæ, etc., format petit in-folio. Ce volume, écrit en partie sur vélin, en beaux caractères avec initiales coloriées, une vignette représentant Saint-Wulfrain, etc., et en partie sur papier, est de différentes mains et de parties écrites à diverses époques, depuis le VIIIe ou IXe siècle jusqu'au XVIe ou XVIIe siècle.

Compendium historiæ regalis, santæ que Fontanellæ in Normania, même format. Ce manuscrit, connu sous le nom de la Petite Chronique, est le fruit des recherches du frère Alexis Bréard, moine de la Congrégation de Saint-Maur, 1685.

Novum testamentum, même format, manuscrit sur vélin, ayant appartenu à la Bibliothèque de l'abbaye de Fécamp. Il manque quelques feuilles.

Vitæ sanctorum, manuscrit sur parchemin, de la Légende dorée, terminé en 1322, format grand in-4°.

Quelques ouvrages de liturgie, tels que *Fragmenta libri de ritibus et divinis officiis; Exorcinis et Benedictionis cum orationibus aquæ lustralis*, etc.

MANUSCRITS MODERNES.

Mémoires de la fondation, et origine de la ville Françoise-de-Grâce, composés pas Me Guillaume de Marceilles, conseiller du roy, et son premier procureur en ladite ville, un volume in-32.

Un volume sur vélin, format petit in-folio, reliure en peau commune, au dos, le titre *Missale*. En dedans, sur papier, est écrit *Fontanellense Missale*. Sur les premiers feuillets en vélin, un calendrier avec l'indication des fêtes, en rouge et bleu. Les initiales, dans tout le courant du manuscrit, sont également coloriées et ornées de dessins ; quelques marges des feuillets portent aussi des ornements et rinceaux. Plusieurs feuillets manquent, quelques-uns ont souffert de vétusté, d'autres paraissent avoir été coupés ou gâtés exprès.

Un *Atlas de Géographie* manuscrit, format petit in-folio, contenant treize cartes sur vélin, coloriées, les noms des pays et toutes les légendes, écrites en espagnol (XVIe siècle). Sur ces cartes sont dessinés les vues des villes, le portrait des Souverains, les animaux qui habitent les différentes contrées du globe, etc.

Etat de la Marine Française en 1687, manuscrit sur vélin, de 126 pages, format in-18.

Etat abrégé de la Marine du Roy, en 1765, manuscrit sur papier, format in-12, de 65 pages.

Manuscrits de Bernardin-de-Saint-Pierre, 21 cartons, format in-folio.

Estats de France assemblez à Tours l'an mille quatre cent quatre-vingt-trois, au mois de Janvier, du règne de Charles VIIIe, âgé de treize ans, un volume in-folio.

Il n'existe que quatre manuscrits semblables, dont l'un a servi à l'impression des documents sur l'Histoire de France.

La Bibliothèque du Havre est aussi peu riche en imprimés curieux qu'en manuscrits rares.

Pour connaître le petit nombre d'ouvrages des premiers temps de l'imprimerie, le mieux est de consulter, à la Bibliothèque même, le catalogue qui est à la disposition de tous les lecteurs.

La galerie de l'Ouest de la Bibliothèque renferme une collection d'autographes, créée il y a deux ans, et qui offre déjà quelques spécimens intéressants.

SALLE DES MANUSCRITS ET GALERIE DE L'EST

Une galerie, qui met en communication au Sud les deux salles de la Bibliothèque, renferme des vitrines où sont exposés des instruments de musique, des armes, des chinoiseries, et d'autres objets curieux recueillis en Asie, en Afrique et dans l'Océanie ; les panneaux sont ornés de panoplies, ayant la même origine.

Deux bustes de bronze, achetés à la dernière exposition havraise, représentent avec une vérité frappante un Abyssinien et une Abyssinienne — c'est une heureuse acquisition.

Cette galerie nous conduit dans la salle orientale, également destinée au service de la Bibliothèque, mais qui ne renferme encore que les grands ouvrages donnés par le Gouvernement, ou successivement acquis au moyen des allocations municipales. — Là se trouvent les vingt-et-un cartons contenant les manuscrits de Bernardin-de-Saint-Pierre ; c'est là aussi, et la ville l'a compris, que devaient trouver place les œuvres inédites ou imprimées de l'auteur des *Harmonies de la Nature*.

Dans les vitrines du centre, une nombreuse collection de vases gallo-romains, en terre ou en verre, et la plupart contenant encore des cendres et des ossements calcinés. — Presque toutes ces reliques, plus ou moins païennes, proviennent des fouilles exécutées par M. l'abbé Cochet, un enfant du Havre, qui a savamment et laborieusement exploré, en excellent archéologue qu'il est, nos cimetières gallo-romains et mérovingiens, d'où il a extrait des haches, des bracelets, des bagues, des boucles de ceinturon, et une infinité d'et-cœtera....

C'est à la vue de ces exhumations qu'un poète s'est écrié :

> Mon bâton n'a jamais sous les marbres fouillé
> Aux curieux, malheur !.....
> Les morts ne peuvent plus sommeiller en repos,
> On disperse leur cendre, on emporte leurs os,
> Les ossements sacrés des cendres sépulcrales.
> Leurs lampes, leurs trépieds, les urnes lacrymales,
> Vont se suspendre aux murs de grossiers amateurs,
> Les héros sont en proie à des profanateurs,
> Rome fait un musée avec ses catacombes
> Et notre vieux pays perd le respect des tombes,
> Des nains sous les menhirs, volent, guerriers d'Arvor,
> Vos haches de silex et vos bracelets d'or.

Cette même vitrine contient, en outre, des objets très disparates.

Par exemple :

Une collection de boulets, bombes et autres projectiles russes provenant de la glorieuse campagne de Crimée.

Un disque magique chinois.

Une statue mexicaine en pierre.

Un groupe de sculptures péruviennes de même matière.

Un dolium gallo-romain en terre grise.

Poursuivons :

La ligne de la paroi gauche de la galerie se trouve brusquement interrompue par une vaste cheminée construite en bois, et dont les panneaux sont ornés de peintures de la fin du xvie siècle. Au-dessus de la partie qui donne accès au foyer, un tenture de laine verte cache un vide provenant de la suppression d'un portrait équestre de Charles IX qui, en 1792 ou 93, aura été l'objet d'une immolation, regrettable seulement au point de vue de l'art, si tant est que l'art fut pour quelque chose dans l'exécution de cette image de l'auteur de la Saint-Barthélemy.

Cette cheminée occupait une des salles de l'ancien *Logis du Roi*, sur l'emplacement duquel a été édifié le Musée-Bibliothèque actuel.

Deux croix, œuvres du moyen-âge, l'une ayant appartenu pense-t-on à l'ancienne abbaye royale de Montivilliers, et qui se voit au-dessus du foyer de la cheminée, l'autre, dont l'origine est inconnue, figurent également dans cette salle.

Vis-à-vis de la cheminée, un beau meuble de Boulle, qui ayant servi longtemps de bureau aux employés de l'octroi, avait, dans cet étrange service, subi de nombreuses détériorations. La ville en a confié la restauration à un artiste parisien, qui s'est acquitté de sa tâche avec habileté et intelligence, et l'a *remis à neuf*, ou *a vieux*, dans l'état où nous le voyons aujourd'hui.

La seconde vitrine, moins peuplée que la première,

renferme quelques statuettes en terre, en biscuit, en bronze, quelques groupes de terre cuite de Graillon, encore un normand qui, de l'humble échoppe du cordonnier, a su, à force de pétrir la glaise, s'élever à la dignité d'artiste et même de grand artiste dans sa spécialité; — il a trouvé un émule, encore à distance toutefois, dans un jeune ouvrier du Havre, M. Cuquemel, qui a commencé par copier un peu Graillon, mais qui, aujourd'hui, marche sans lisière et n'en marche pas plus mal.

Nous ne dirons rien, puisque nous avons parlé ailleurs des *sept péchés capitaux* d'Yvon, des autres gravures, tableaux ou dessins qui tapissent provisoirement les murailles de cette galerie; faisons exception en faveur d'une charmante terre cuite de Clodion, qui mérite l'attention, l'admiration même de l'amateur. C'est encore une des heureuses acquisitions de la ville; ah ! pourquoi toutes ne méritent-elles pas le même éloge ! Mais n'oublions pas, qu'en matière de collections, les commencements sont difficiles, et que notre Musée est encore dans les langes. — Qu'est-ce que douze ou quatorze années d'existence pour un établissement qui exige, de la part de ceux qui en ont la haute direction, tant de discernement, de connaissances et... tant d'argent, sans tenir compte des chances plus ou moins favorables.

Au côté Sud de cette galerie, le buste en plâtre de Casimir Delavigne; au côté Nord, le buste en marbre d'Ancelot.

Le pourtour des grandes vitrines est surmonté d'un médailler. Commencé il y a quelques années seulement par le conservateur actuel de la Bibliothèque, il compte aujourd'hui plus de six mille monnaies et médailles, françaises et étrangères, grecques, romaines, etc. — Un grand nombre de Havrais ont généreusement contribué à la prompte formation de cette collection numismatique. L'un de ces donateurs a été et est encore M. l'abbé Herval; son nom, qui constelle la plupart des vitrines, témoigne assez du nombre et de la valeur de ses libéralités.

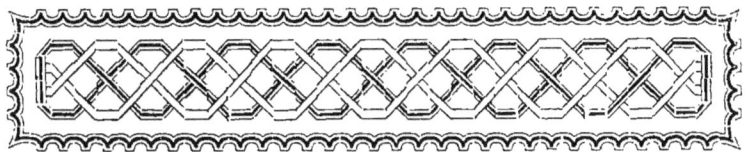

XII.

LA JETÉE DU HAVRE.

Les défunts Trains de Plaisir et les petites Parisiennes — La Mer de la Porte Saint-Martin — Les Naufrages — Une Brochette d'Homme — Affiches d'une Tempête — La dernière Bourrasque — Le Départ et l'Arrivée — Souvenir Historique — L'Amiral Anglais capturé — Dévoûment sublime..... et oublié — Pourquoi la Mer est salée — Les Photographes — La Jetée ne périra pas.

A première visite du Parisien au port du Havre est pour la jetée du Nord, dont la réputation, non usurpée, est parfaitement établie dans la capitale de la France et dans *mille autres lieux.*

Les trains de plaisir, lorsque train de plaisir il y avait, nous apportaient chaque dimanche, de Paris, des *wagonées* de curieux et de curieuses, qui laissaient souvent aux habitants du Havre une belle revanche à prendre, à propos des petites moqueries que les Parisiens n'épargnent guère aux provinciaux, hospitalité très peu généreuse de leur part.

Donc, aux heures de marée, on se coudoyait sur la jetée du Nord, à l'extrémité de laquelle se faisaient souvent les plus ébouriffantes conversations et les questions les plus abasourdissantes, pour qui a l'oreille un peu familiarisée avec le langage et les habitudes d'un port de mer. Les petites Parisiennes, surtout celles qui n'avaient jamais quitté la banlieue de la grande ville, étaient étonnantes de simplesse et de naïveté.

— Ce n'est que ça, la mer, disait l'une d'elles, au bras d'un Monsieur ; mais c'est la Seine un peu plus large, voilà tout ; ça valait bien la peine de se déranger. Nous aurions mieux fait d'aller à Meudon ou à Asnières. J'aime mieux la mer à la Porte Saint-Martin, à l'Ambigu ou à la Gaîté ; au moins, ça grouille, ça se remue, et puis il y a des naufrages, — ici on ne voit rien, les *vaisseaux* qui entrent, glissent comme un patineur sur le grand bassin des Tuileries, c'est peu amusant — allons-nous en — j'aurais pourtant bien voulu voir un naufrage — est-ce qu'il n'y aurait pas moyen..... — D'en commander un, — n'est-ce pas, fit le Monsieur — ma bonne amie, tu déraisonnes. — Et puis, dans les vrais naufrages, les navires (ne dis pas les vaisseaux, — ça fait rire à côté de nous) — dans les vrais naufrages, les navires se brisent, — les hommes se sauvent, ou on les sauve quelquefois, — et souvent ils périssent. — Eh bien, reprit la jolie petite femme (elle était jolie), ça donne des émotions.

Ah ! le bon petit cœur ! Ne faudrait-il pas qu'il se noyât dix ou vingt personnes pour donner une émotion à Madame ou à Mademoiselle. — Décidément, on a bien fait de supprimer les trains de plaisir — puisque c'est ce plaisir homicide que les Parisiennes de certaine classe venaient nous demander.

Heureusement pour l'humanité, les tempêtes désirées sont ici l'exception, et la belle promenade maritime de la jetée n'a pas moins de charmes et de séduction, que la mer soit pure et calme comme les eaux d'un lac, que le ciel soit d'azur, l'atmosphère transparente, l'entrée du port animée par des centaines de navires, les uns venant des contrées lointaines, les autres suivant leur destination, sur tous les points du globe, depuis les grands transatlantiques surtout, ces villes mouvantes et fumantes comme le cratère d'un volcan, jusqu'à ces sveltes clippers, qui se font lentement haller par ces hommes de peine, que madame Talma appelait une brochette d'hommes, et qu'un de nos spirituels confrères a baptisés par antiphrase, du surnom de *zouaves de Durécu*.

Durécu est le capitaine de ces soldats, qui marchent au pas de tortue, et ce capitaine, dont vous voyez la maisonnette portant pour légende : *Bureau de Tabac*, ce capitaine, disons-nous, a sauvé dans le cours de sa vie, plus de naufragés que notre jolie parisienne n'eût voulu sans doute se donner l'amusement d'en voir périr.

Puisque certains amateurs sont si friands de tempête, pourquoi nos maîtres d'hôtel ne font-ils pas afficher à Paris ces quelques lignes, au moment d'une bourrasque :

Parisiens, venez voir la mer : il y a tempête aujourd'hui, il y aura peut-être naufrage sur le grand Poulier du Havre.

Certes, un tel avis, donné à propos, amènerait la foule. Par exemple, s'il eût été placardé du 31 octobre au 2 novembre dernier, les curieux en auraient eu pour leur argent, et n'auraient pas manqué de revenir à une seconde ou à une troisième représentation.

« Le spectacle que présentait hier la mer à la marée de une heure, a écrit un témoin oculaire, était d'une terrible magnificence : des lames, hautes comme des montagnes, déferlaient par dessus les forts et retombaient dans l'avant-port en cascades grandioses qui interceptaient complètement le passage du pont Saint-Jean. Quelques rares et intrépides curieux parvenaient seuls à atteindre, sur la jetée du Nord, le mât de pavillon, limite extrême qu'il y eût eu grand danger à tenter de franchir, car des paquets de mer venaient s'abattre sur la jetée, en laissant s'échapper d'énormes galets soulevés de la grève. Un étranger et sa femme, qui s'étaient aventurés à quelques pas du mât de pavillon, ont été brutalement renversés par une vague, et les vêtements de la pauvre dame, *soulevés, déchirés, mis en loques* par le vent, l'ont laissée dans une position des plus critiques. C'est avec les plus grandes peines, qu'aidés de plusieurs témoins de l'accident, les deux aventureux excursionistes ont pu être arrachés aux efforts du vent, qui menaçait de les précipiter à la mer! »

Oh ! que n'étiez-vous là, actrice ou spectatrice de ce dramatique épisode, notre jolie Parisienne ! En eussiez-vous eu de l'émotion !

Pendant ce coup de vent, les curieux *qui avaient tenu bon,* ont pu admirer sur la jetée l'intrépidité de trois bateaux-pilotes, qui sont entrés à sec de toile, ou seulement avec une voile de cap ; ces sloops élancés paraissaient, comme des Alcyons, se jouer au milieu de la tempête.

Dans l'avant-port et dans quelques bassins, les amarres cassaient comme des brins de fil ; le vaste bassin de Leure, entr'autres, méritait bien le nom de *petite Mer Noire,* que lui ont donné les marins ; la nappe liquide était soulevée avec une telle force, que les vagues couraient battre les murs de quai presque comme dans l'avant-port.

Mais il n'y eût point de naufrage ; nous eussions pu en composer un, c'est si facile, avec un peu d'imagination et les belles descriptions imprimées que possèdent nos recueils maritimes ; mais nous avons voulu rester dans le vrai. A ce point de vue là, nous sommes demeurés purement et simplement narrateurs... réalistes.

Oui, cette jetée du Havre, quelque temps qu'il fasse, est étourdissante à la pleine mer, au départ des navires. Là, parents, amis, armateurs, négociants, matelots, familles de marins, se font de la main le dernier signe d'adieu ; ceux-là crient et pleurent, tandis que la brise emporte au loin le dernier vœu que leur bouche puisse proférer, « le bon voyage, l'heureuse traversée, le prompt retour ; » d'autres regardent et calculent froidement la marche du navire. Quel qu'il soit, ce spectacle ne cesse pas d'être captivant, même pour ceux qui y assistent tous les jours !

La jetée a aussi ses souvenirs historiques :

Le 18 avril 1796, l'amiral Sydney Smith, qui stationnait sur la rade du Havre avec la flottille anglaise, donnait à dîner aux officiers de sa flotte ; échauffé par le champagne, il fit le pari de se rendre maître d'un petit corsaire français, à l'ancre entre les deux jetées du Havre : c'était le *Vengeur,* de Dunkerque, à bord duquel tout l'équipage dormait paisiblement. Sydney l'escalade avec quelques matelots anglais, mais étourdis par le vin qu'ils avaient bu, les capteurs ne tardent pas à dormir à côté des capturés. Un jeune marin seul veillait, c'était Pierre Lallemant, du Havre ; il saisit une hache, coupe le câble qui retenait le *Vengeur*, et le corsaire, emporté par le flot, prend le large ; Pierre donne l'alarme, chacun se réveille à bord, un combat s'engage à la pointe du Hoc, où le brave marin succombe après une héroïque défense ; mais l'amiral est prisonnier, il débarque sur la jetée au milieu d'une population calme, quoique un peu narquoise. On dépose Sydney à l'Arsenal de la marine, puis on l'expédie sous bonne escorte à Paris, d'où la trahison le fait évader de la Conciergerie.

Pourquoi la mer est-elle salée ? C'est encore une question de touriste, question à laquelle Rabelais va répondre ; Rabelais, qui fut curé de ce Meudon où voulait retourner la jolie parisienne :

« Au temps que Phébus bailla le gouvernement de son chariot lucifique à son fils Phaëton, ledit Phaëton mal appris en l'art, et ne sçavant en suivre la ligne écliptique entre les deux tropiques de la sphère du soleil, varia de son chemin, et tant approcha de la terre, qu'il mit à sec toutes les contrées subjacentes, brûlant une grande partie du ciel..... A donc la terre fut tant eschauffée qu'il lui vint une sueur énorme, dont elle sua toute la mer qui, parce est salée, car toute sueur est salée. »

Si cette explication mythologico-rabelaisienne, dont Pantagruel semblait assez satisfait, ne sourit pas à nos lecteurs, nous les invitons à en demander une autre à M. Babinet, de l'Institut ; peut-être, mais remarquez bien que ce n'est qu'un peut-être, le savant académicien ne vous en apprendra pas davantage. Il est des secrets que la nature cache avec autant de soin que certaines pénitentes cèlent leurs péchés mignons à leur confesseur. — « Oh ! ces femmes, s'écriait un bon curé, il faut leur arracher des aveux avec des crochets ! »

La jetée du Havre, émaillée de photographes, au premier rang desquels se compte le numéro 1er (Warnod), est en tout temps, en toute saison, et à toute phase du jour et de partie de la nuit (les couchers de soleil et les pleines lunes y sont si splendidement magnifiques), la promenade favorite de la population havraise et des fractions de populations qui lui arrivent du dehors. Supprimez la jetée, et tout le Havre est pris de marasme, de spleen. Mais on ne supprimera jamais la jetée !

XII.

LES BAINS DE MER — LA PLAGE

Doyen et cadet — Frascati — Bains de Sainte-Adresse — Bains de la Plage — Efficacité des bains et de l'air maritimes — Divers aspects de la mer — Madame de Ludre.

CETTE anse si gracieuse, qui commence à la jetée du Nord et dessine sa courbe jusqu'au village de Sainte-Adresse, est un des côtés de cette vaste cuvette dans laquelle viennent périodiquement faire leur ablution saline, non-seulement les étrangers, mais les habitants et habitantes du Havre, très friands de ces bains de mer dont ils ont le privilége de jouir presque sans déplacement.

Tout ce littoral compte plus de cinq établissements à la disposition des amateurs. Les deux principaux sont *Frascati*, le doyen, et son cadet l'*Hôtel-Bains de Sainte-Adresse*, au pied de la falaise.

Frascati dresse orgueilleusement, jusqu'au bord de la mer, ses deux pavillons, qui ont abrité des Majestés, des Rois, des Reines, des Princes. — Frascati est à la fois un hôtel, un casino — là se donnent les fêtes somptueuses, les concerts, les bals — que sais-je, il n'y a que l'hospitalité qui ne s'y *donne* pas : quoiqu'elle ne s'y vende pas plus cher que dans certains hôtels du Havre : c'est donc un établissement aristocratique, avec son beau jardin, ses riches salons, et ce qui est plus beau et plus riche encore, son admirable situation, d'où la vue jouit du plus magnifique spectacle maritime que puissent présenter les rivages océaniques de la pittoresque Normandie.

Les bains de Sainte-Adresse ont été créés pour la plus grande satisfaction des nombreux baigneurs qui, chaque année, peuplent les pavillons et les villas de cette délicieuse résidence ; ils ont cet avantage sur les autres, c'est d'être abrités contre les vents de Nord-Ouest ; quant à l'hôtel, si, tirant parti de son heureuse position, son *édificateur* eût fait moins parcimonieusement les choses, la vogue eût été certainement assurée à toujours à cet établissement. — Mais ce qui n'a pas été fait peut se faire. L'or est un si habile prestidigitateur.

Les autres bains n'offrent ni hôtel, ni casino à ceux qui les hantent ; mais ils sont pourvus de cabanes convenables, de baigneurs braves, honnêtes et vigilants qui présentent toute sécurité aux personnes qui usent de leurs pénibles et très appréciables services.

Les bains de mer conviennent aux natures faibles, délicates ; aux femmes, aux vieillards, aux enfants ; aux constitutions primitivement débiles ou consécutivement affaiblies par des travaux excessifs, par de longues maladies, par des souffrances de cœur et d'esprit, par l'abus des plaisirs, par toutes ces choses enfin qui usent la vie et qui pullulent aujourd'hui dans notre société déclassée, avide d'émotion.

Dans cette nomenclature des maladies que peuvent guérir les bains de mer, il en est une que le docteur Aubert a oubliée : voici ce que Madame de Sévigné écrivait à sa fille, en 1671 : « Madame de Ludre est allée à Dieppe, sur le conseil de ses médecins, pour se guérir de la morsure d'un chien enragé. Elle a été plongée dans la mer : la mer l'a vue toute nue ; sa fierté s'en est augmentée : j'entends de la mer, car pour la belle elle en est fort humiliée. »

En Angleterre, où les affections catharrales des voies aériennes sont positivement endémiques, on a remarqué que les femmes et les enfants qui gagnent leur vie et passent leur temps à ramasser des coquillages sur le bord de la mer sont, comme par une sorte de privilége, presque tous affranchis de ce tribut général.

Enfin, l'air de la mer, toujours renouvelé par le mouvement des vents, accélère la transpiration et provoque souvent des crises radicales que les plus habiles médecins avaient en vain demandées aux sudorifiques les plus énergiques de la pharmacie.

Les aspects de la mer nous offrent des scènes ravissantes, qui varient le jour et la nuit. — Le jour, c'est une masse écumante ou placide qui, des bornes de l'horizon, roule sur nous des flots incessants.

Tantôt son choc est impétueux et menaçant, et les vagues, en se couvrant, apparaissent au loin comme des montagnes de cristal. Le cœur bondit à ce spectacle, et frémit, si à la tempête des eaux se joignent les colères du ciel, ouvrant lui-même ses cataractes et répondant à cet immense tapage par des torrents de pluie et de grêle, par ses demi-jours affreux, par ses ténèbres, par ses éclairs et par ses tonnerres.

Tantôt, au contraire, la marche de la mer est lente et uniforme; elle s'avance, et moutonnant sur les plaines de sable fin et doré qui forment la plage, comme si elle voulait prendre sur ce lit de repos sa part aussi au banquet de la vie, son onde est limpide et pure comme de l'eau de roche, et l'on dirait qu'elle se fait douce pour nous baiser les pieds. Sa voix, naguère hurlante, n'est plus en ce moment que caressante et plaintive. Mais bientôt, comme une coquette regrettante, elle se retire au loin dans son reflux et elle disparaît à la vue, laissant à sec quelques coquillages qu'elle abandonne comme une aumône sur un tapis de sable, promptement envahi par la foule attentive et ravie.

C'est alors qu'il est curieux d'assister aux métamorphoses de la plage; elle, qui naguère frémissait voluptueusement sous les étreintes de Thétys, dont elle se croyait la compagne intime, devient tout-à-coup, et par un brusque revirement, un parquet, une route, où de bouillants cavaliers, entraînés par des chevaux fougueux, caracolent en riant autour de jolies femmes qui, à pied ou dans de brillants équipages, s'emparent aussi de cette scène fraîchement ouverte; à côté d'eux, de jeunes enfants, timides comme de petits anges, s'instruisent en folâtrant aux douces leçons de la nature; mais comment vous dire la chronique et tous les mystères de la plage. Là se prononce en galopant un serment solennel, qu'on trouve submergé le lendemain; là on flâne, on babille, on se déshabille.

La mer, si magnifique le jour, et toujours majestueuse comme la divinité dont elle raconte les merveilles, la mer est peut-être plus impressive encore pendant la nuit; ses images prennent alors le caractère d'une sublime épopée, qu'une main habile aurait seule le droit d'esquisser.

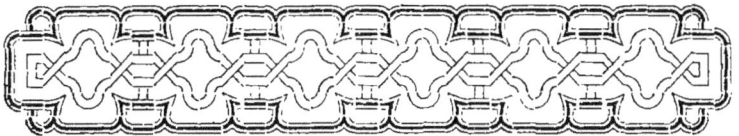

PROMENADE AUX ENVIRONS DU HAVRE.

I.

SAINTE-ADRESSE.

La Fille de Talma — Le Vent du Nord — *Hamlet* — Le Chalet Royal — La pauvre servante Marie Talbot — L'Ermitage d'Alphonse Karr — Un Parrain sympathique — Le Vallon il y a six siècles — Le Château — Le Seigneur de Noirpel de Vitanval.

N service d'omnibus, régulièrement établi et stationnant le long des arcades Nord de la place Louis XVI, conduit directement le touriste de cette place à la presque extrémité du vallon de Sainte-Adresse, à l'angle de ce qu'on peut appeler la grande rue de cette jolie commune et du chemin, un peu montueux, qui conduit aux phares de la Hève. C'est une charmante promenade, qu'on la fasse pédestrement ou dans le véhicule que nous venons de signaler.

La rue d'Etretat, que l'on parcourt en moins de quinze minutes dans toute sa longueur, n'offre rien de remarquable, si ce n'est l'irrégularité dans les alignements des maisons qui en bordent les deux côtés. Le carrefour des Quatre-Chemins franchi, on remarquait naguère au-dessus d'une porte, gravés en lettres d'or sur une plaque de marbre, deux fémurs en sautoir supportant une de ces têtes qui font pâlir plus d'une jolie femme, et quelques hommes aussi... C'est le tableau indicateur du cimetière des protestants. C'est là que repose la dépouille mortelle de la fille du Roscius français. Climat rigoureux du Havre, tu lui fus contraire; souffle impétueux du Nord, tu as fané cette plante délicate qui ne comptait encore que quatre printemps. Ainsi, Talma perdit l'enfant qu'il affectionnait le plus, parce que c'était l'enfant de sa vieillesse; elle expira baignée de ses larmes, le père infortuné poussa un long et douloureux gémissement, et quelques mois après il allait rejoindre sa fille bien aimée. Nous avons encore présents à la mémoire ces quelques mots que nous répondait le célèbre tragédien, avant de faire son entrée dans *Hamlet* : « Mon ami, le vent du Nord la tuera. » C'était le 5 mars 1826.

Après avoir passé la limite qui sépare le Havre de Sainte-Adresse, on gravit sur une montée à pente douce et que domine le fort inachevé, construit en vue de la défense de la rade. Au point culminant de cette montée, à droite, se dresse fièrement, et un peu témérairement peut-être, le pavillon édifié par M. Huchon, pour la Reine douairière d'Espagne, qui, en 1859, l'a inauguré en famille par un séjour de quelques semaines ; l'emplacement est parfaitement choisi pour jouir du magnifique aspect de la rade, de l'entrée du port et d'une partie de la ville du Havre.

Le plan topographique de ce charmant village est assez curieux ; la disposition de ses rues a tout-à-fait la forme de la moitié d'une échelle double, dont le côté le plus large s'ouvre vers la mer et le plus étroit se termine à l'extrémité du vallon. Les rues transversales représentent les échelons ; une de ces rues, la première à peu près, porte un nom dont l'illustration n'a trouvé place encore dans aucun dictionnaire biographique ; mais la reconnaissance lui a consacré un souvenir impérissable, comme la gloire du grand écrivain qui, dans les mémoires de sa vie, a buriné quelques pages en l'honneur de Marie Talbot, une pauvre servante ! Ecoutez comment en parle celui qui reçut dans sa jeunesse tant et de si touchantes preuves de son dévoûment. Ecoutez Bernardin de Saint-Pierre : « Après un long exil, je touchais la terre de la patrie, c'était revivre ; cédant au désir de revoir les lieux où j'avais été enfant, je partis pour le Havre, où j'arrivai à onze heures du matin, le 20 novembre 1766. Au premier aspect, je ne reconnus rien : la ville me sembla plus petite, les maisons moins hautes, les rues moins larges. A peine avais-je quitté la voiture publique, que je m'étais dirigé vers la rue qu'avait habité mon père (*). Je la parcourais avec une tendre inquiétude, cherchant en vain à ressaisir les traits des gens du voisinage ; je ne reconnaissais personne, personne ne me reconnaissait. Le cœur serré de mon isolement dans le lieu même de ma naissance, je reprenais tristement le chemin de mon auberge, lorsque mes yeux s'arrêtèrent sur une vieille femme qui filait devant la porte de sa maison ; ses traits, effacés par l'âge, me rappelèrent cependant ceux de Marie Talbot, de cette bonne fille qui avait pris soin de mon enfance. Frappé de cette ressemblance, je m'approche pour lui adresser la parole ; mais à peine a-t-elle entendu le son de ma voix, qu'elle me regarde et s'écrie avec un accent de surprise et de tendresse que rien ne peut rendre : « Ah ! mon maître ! Est-ce bien vous que je revois ? » Et avec une vivacité inouïe à son âge, elle jette sa quenouille, renverse son rouet, et se précipite dans mes bras. Je l'embrasse, je la presse contre mon cœur, et je crois un moment avoir retrouvé avec cette bonne vieille toutes les joies de mon enfance. Mais que cet éclair de bonheur fut rapide ! La pauvre Marie, devenue plus tranquille, me disait tristement : « Ah ! Monsieur Henri, les temps sont bien changés ! Votre père est mort ! Vos frères sont allés aux Indes ! Je suis seule, seule ici ! — Et ma sœur, vous a-t-elle aussi abandonnée ? — Votre sœur a quitté la ville pour se retirer à

(*) La rue de la Corderie. — La maison où est né l'auteur des *Études* porte une inscription commémorative.

Honfleur, dans un couvent sur les bords de la mer. Cela est triste, car elle est si jolie et si bonne ! — Mais est-il bien vrai, Monsieur, que je vous revois ! Vous avez été si loin ! Comment avez vous pu revenir ? Chaque jour je priais Dieu pour vous ; je lui demandais de vous revoir avant de mourir. — Bonne Marie, je n'ai pas fait fortune, mais j'ai toujours eu le désir de vous faire du bien. — Oh ! je n'ai besoin de rien, Dieu merci, le bon Dieu ne m'a jamais abandonnée, et je ne suis pas si pauvre que je ne puisse aujourd'hui vous offrir à dîner. » Puis, de ses mains laborieuses et tremblantes, elle prit le bras de celui qu'elle appelait son jeune maître, et dit, en me guidant vers sa maison : « Ici, il n'y a plus que moi pour vous recevoir ! Pourquoi avons-nous perdu votre bonne mère ; c'était à elle de vivre et à moi de mourir ; elle eût été si heureuse de revoir son fils ! » En disant ces mots, elle ouvrit la porte de sa pauvre demeure. Un lit de paille, une table, un vieux coffre et deux mauvaises chaises, composaient tout son ameublement ; il y régnait cependant un air de propreté qui écartait l'idée de la misère ; j'y entrai avec un sentiment de joie et de respect que mon cœur n'avait point encore éprouvé. Ma bonne vieille me fit asseoir, et, nouvelle Baucis, elle s'empressa de ranimer le feu et de couvrir sa table d'un linge blanc, mais un peu usé :

Il ne servait pourtant qu'aux fêtes solennelles. »

On eût dit, à son zèle, à son activité, qu'elle avait recouvré sa jeunesse, et je croyais la voir encore aller et venir dans la maison de mon père. Cette petite scène me rappela les jours de mon enfance ; je me mis à la questionner pour savoir comment elle se trouvait dans un pareil délaissement. « Oh ! ce n'est pas la faute de Monsieur votre père, dit-elle, il voulait que je restasse à la maison ; mais je ne pouvais m'y résoudre à cause de la nouvelle femme, ça me faisait trop de mal de la voir à toutes les places où j'avais vu ma pauvre maîtresse. Un jour, je demandai mon compte et je vins ici ; voilà que dans les commencements j'étais si triste que je ne pouvais me tenir au travail : je passais et repassais tous les jours devant la maison, comme si les pierres avaient pu me parler. Le reste du temps je ne faisais plus que pleurer, j'en avais presque perdu les yeux ; mais maintenant, grâce à Dieu, je ne pleure plus. » Et en prononçant ces mots, elle essuyait, avec le coin de son tablier de serpillière, de grosses larmes qu'elle ne pouvait retenir, et j'avais bien de la peine à lui cacher les miennes. Du sein de la plus profonde misère, elle remerciait la Providence de ses bienfaits. Jamais je n'ai vu une âme aussi tranquille dans une situation si malheureuse, et son exemple m'a été plus utile que celui de nos prétendus sages ; ses paroles si simples m'en ont plus appris que tous les livres des philosophes.

Après quelques minutes d'entretien, Marie Talbot posa sur la table un morceau de gros pain, puis une cruche de cidre, une omelette et un peu de fromage. Ensuite, elle ouvrit son coffre et en tira un verre ébréché, qu'elle posa doucement auprès de son hôte en me disant : C'est celui de votre mère. Je le reconnus en effet, et cette vue me remplit d'une telle émotion que je ne pouvais manger. Alors, voyant que Marie se tenait debout pour me servir, je lui dis de se mettre à table à côté de moi ; mais ce ne fut pas sans peine que je parvins à l'y décider. Enfin, elle prit une chaise, et nous commençâmes à manger en parlant des temps passés. Peu à peu les idées s'égayèrent ; mille traits charmants revenaient à la mémoire de Marie Talbot : la vie de son petit Henri était comme une partie de la sienne ; elle me rappelait mon admiration pour les hirondelles, ma fuite dans le désert pour me faire ermite ; comment j'aimais les livres et comment je les perdais — « Oui, ma bonne Marie, lui dis-je, je les perdais et vous m'en achetiez de votre argent, je ne l'ai point oublié. — Dame, M. Henri, vous étiez si joli, si caressant, et vous aviez un si bon cœur. Lorsque je vous menais à l'école, vous n'étiez encore qu'en jaquette, si nous rencontrions un malheureux, vous me disiez : Marie, donne lui mon déjeûner, et quand je ne le voulais pas, vous vous fâchiez contre moi. Un jour, vous vous avançâtes d'un air menaçant et en fermant le poing, contre un charretier qui maltraitait son cheval ; c'est que vous alliez l'attaquer tout de bon ! Un autre jour, vous vouliez vous battre avec une troupe d'enfants qui avaient cassé la jambe d'un pauvre chat, et j'eus bien de la peine à les tirer de vos mains. »

Cette bonne fille ramenait insensiblement ma pensée vers une époque que le souci de vivre avait presque effacée de ma mémoire, c'étaient les premières émotions de mon enfance et les mouvements si purs d'une âme encore innocente. Au milieu de l'agitation de mes pensées, cédant tout-à-coup au sentiment qui me pénètre, j'embrasse cette pauvre fille avec une grande effusion de cœur, et prends l'engagement de ne jamais l'abandonner : — « Je n'ai besoin de rien, répond Marie Talbot ; je gagne six sous par jour, et je puis encore faire de petites économies !! »

L'auteur des *Harmonies de la Nature* pressa la vieille sur son cœur, et en lui disant adieu, il ne put retenir ses larmes.

Qui n'a pas pleuré comme lui ? Qui n'a pas éprouvé ces doux tressaillements dont la nature fait palpiter le cœur, lorsqu'après une longue absence nous revoyons les lieux chéris où nous avons reçu les caresses de nos mères et où, pleins d'une joie pure et naïve, nous entreprîmes en folâtrant la tâche pénible de la vie ?

C'est à M. Alphonse Karr qu'est venue la bonne pensée de donner à cette rue le nom qu'elle porte aujourd'hui. Tous les grands cœurs sont sympathiques.

Non loin de cette rue *Marie Talbot*, fière de son glorieux parrain, les grands arbres qui ombragent l'ermitage artistique, où l'auteur des *Guêpes* passa quelques-unes des belles années de sa vie, cultivant tour-à-tour son jardin, la littérature et..... la pêche.

Depuis quatre ans, cette demeure si fréquentée par les pèlerins, hommes de lettres, peintres, sculpteurs, grands seigneurs même, a changé de possesseur... Mais on l'appelle encore, et longtemps encore on l'appellera, le pavillon d'Alphonse Karr !

Voulez-vous savoir ce qu'était, il y a six siècles, ce vallon si charmant, ce village si plein de suave coquetterie, avant que l'art civilisateur l'eût orné, la nature aidant, de toutes les attrayantes séductions ! Écoutez, ou bien passez deux de ces pages si vous vous sentez peu d'inclination pour les revues rétrospectives.

Ce vallon, entouré de tous côtés par des collines qui le sauvegardent contre les vents du Nord, de l'Est et de l'Ouest, était, au XIIIe siècle, la propriété d'une famille de Vitanval ; son chef *Noir-Pel* (peau noire) de Vitanval, avait construit, au centre de la vallée, un petit château-fort, dont les ruines se retrouvent dans une cour de ferme, lequel château était encore assez logeable au XVIe siècle, puisqu'il reçut Charles IX et Catherine de Médicis, sa digne mère, à l'époque de la reprise du Havre sur les Anglais.

Toutes les collines environnantes étaient couvertes de bois. Ajoutez à ce paysage agreste et presque sauvage un moulin, mû par l'eau qui découlait abondamment alors du sommet du vallon, moulin *faisant de blé farine*, et dont le bruit frais et monotone troublait seul le silence de cette solitude ; quelques chaumières éparses çà et là, une vingtaine de cabanes de pêcheurs groupées sur le rivage, et vous aurez quelqu'idée de cette vallée seigneuriale.

Mais le petit castel de Vitanval, mal gardé ou mal défendu, servait souvent de retraite, soit dans les guerres civiles, soit dans les guerres étrangères, aux ennemis de la France, qui, maîtres de ce point, faisaient sans cesse des excursions sur le pays voisin, qu'ils pillaient et ravageaient à plaisir.

Las de ce brigandage, les habitants d'Harfleur s'armèrent et renversèrent les fossés du manoir de Vitanval, puis ils se retirèrent devant Charles, *aisné filz du Roy de France, duc de Normandie, et dalphin de Viennois*, qui leur en octroya pardon dans une charte de décembre 1360, laquelle contient quelques autres faits assez curieux, et que nous allons brièvement rappeler en rajeunissant le style de ce précieux document : « Les bourgeois et habitants de notre bonne ville d'Harfleur nous ont fait exposer humblement que, quoique ce fût pour le bien de la chose publique et la sûreté et défense de leur ville et de tout le pays de notre duché de Normandie dans les parties du pays de Caux, dont cette ville est la clef du côté de la mer, et afin que la forteresse et les gens chargés de la garde de cette cité ne pussent être grévés en cas d'assaut ou autrement par les ennemis de Monseigneur et les nôtres qui, étant alors à Honfleur, et pouvaient à chaque marée descendre à terre au chef de Caux et à Leure, et lorsque l'amiral anglais vint en Seine avec un nombre considérable de navires de guerre qu'il fit entrer dans les ports de Leure et du chef de Caux, se présenta devant Harfleur pour assurer sa défense, notre lieutenant et les capitaines de cette ville firent brûler plusieurs maisons de ses faubourgs et abattre la chapelle de Notre-Dame-de-la-Fontaine, située devant une des portes de cette place et si près qu'elle touchait à ses remparts. — Ils firent abattre aussi partie du château d'Orcher et en détruisirent le fort parce qu'il était sans garde et pouvait ainsi servir de refuge à l'ennemi, — mirent le feu aux maisons attenant au château et usèrent ainsi du prieuré de Graville et rasèrent les fortifications et abattirent les portes du manoir de Robert de Vitanval.

» Craignant, lesdits habitants d'Harfleur, que les faits relatés ci-dessus ne donnent recours contre eux, ils nous ont fait humblement supplier que nous veuillions les pourvoir de *gracieux remède*.....

» Pourquoi nous voulons que eux ou aucun d'eux ne puissent être inquiétés ni poursuivis présentement ni dans l'avenir en considération des bons et agréables services qu'ils nous ont loyalement rendus. »

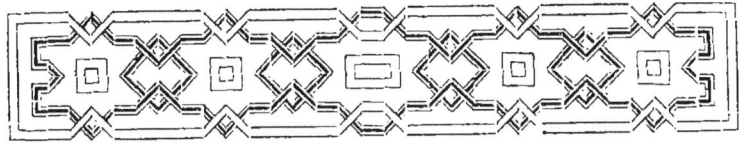

II.

LE CAP DE LA HÈVE.

Les deux voies — Noces et Festins — Le chant du Poète — Le Pain de Sucre — Fondation humanitaire — Le Général naufragé et sa Veuve — La chapelle de Notre-Dame-des-Flots — La Bannière — Les lieux de pèlerinage — Singulier vœu — Sainte-Adresse prend la place de Saint-Denis — L'Église engloutie — Catastrophe — La Mer fait des siennes — La Propriété et la Science jouant à qui perd gagne — Où finit la Terre — Les Phares jumeaux — Aspects de la Mer — Les Êtres vivants qu'elle renferme.

EUX voies conduisent au cap de la Hève : l'une, convenable ou à peu près, se trouve presque à l'extrémité du vallon : elle est encaissée entre deux talus et n'offre aucun des aspects pittoresques que présente à chaque pas l'autre, qui longe le littoral et se dessine en zigs-zags jusqu'au sommet de la falaise ; cette route là, c'est celle que nous allons suivre. Elle commence en longeant une espèce de terrasse flanquée

de deux pavillons où se font déjeuners, noces et festins : c'est un restaurateur qui s'est implanté là, de longue date, et qui exploite assez avantageusement cette situation ravissante.

Si nos lecteurs aiment autant la belle poésie que les paysages poétiques, nous emprunterons au pinceau si coloré de notre ami Gustave Mathieu, quelques-unes des inspirations qu'il a si heureusement rencontrées dans le sentier montueux que nous allons parcourir.

> Scandons les prochaines collines
> Pour saluer le beau lointain,
> De petites voiles latines
> Etoilé du soir au matin.
> Pour bien voir, il faut qu'on s'élève,
> Tirons du côté de ces feux,
> Qui les nuits, du cap de la Hève,
> Font l'alentour tout lumineux.
>
> Quel panorama magnifique !
> Changement des flots et du ciel,
> Spectacle vivant et magique.
> C'est le mouvement perpétuel.
>
> Voici le Havre et sa jetée,
> Son mât de signal et son feu,
> Sa vieille tour diamantée,
> Aux pavillons toujours en jeu...
> La cité n'a pas de tourelles,
> De clochers et de clochetons,
> Finement taillés de dentelles,
> Ni colonnades, ni fronton.
>
> Soir et matin le port s'avive,
> De clairs pavillons dans le vent,
> Bleus, blancs, jaune d'or, pourpre vive;
> Et dans les clartés du levant,

On voit jaillir des noirs cordages.
Les blancs mâts, vergues en travers
Immobiles sous les nuages
Dardant leurs flèches dans les airs ! ! !

Les noirs vapeurs vont et reviennent,
Tout de fumée empanachés,
Traînant les voiliers qui se tiennent
Les uns aux autres attachés —
Le soir tout l'alentour s'allume
De petits feux, de grands feux clairs,
De voiles grises dans la brume,
S'entrecroisant en sens divers.

Mais que vois-je. Oh la bonne affaire
Plus de fossés plus de remparts,
Et l'ancienne ville de guerre
Va s'agrandir de toutes parts.
Adieu donc muraille inutile
Où les citadins autrefois,
Sur le minuit rentrant en ville,
Rencontraient visage de bois.

LA FALAISE.

Là les falaises tourmentées
Par les subits éboulements,
Des grandes vagues agitées
Semblent subir les mouvements.
Tout le sol ravagé s'étage
Jusqu'aux cimes où les ormeaux,
Tordus de tronc et de branchages,
Au vent d'aval font le gros dos.

Tandis qu'en bas sous le lierre,
Le toit moussu piqué d'iris,
Se dissimule, humble et ras terre,
Empanaché d'un tamaris.

Dans le cours de cette ascension où l'œil s'égare souvent sur la vaste *plaine liquide* qui mugit à ses pieds, si le ciel est pur, si la mer scintillant en réfléchit l'azur, c'est pour le touriste une de ces bonnes fortunes qui permet de surprendre l'Océan en beauté : mais somnolente ou colère, sieste ou agitation, il serait difficile que ce tableau immense, au cadre digne de lui, perdît de sa majesté.

Ciel! s'écrie M. Xavier Aubryet, quel est cet imposant pain de sucre raffiné qui se campe fièrement sur un piédestal et s'entoure d'une grille sévère! serait-ce un lieu de pélerinage pour le corps de l'épicerie? Ce monolithe, qui est d'un grain blanc et serré, serait-il plutôt la protestation de la canne contre la betterave! Non! c'est un mausolée élevé à la mémoire d'un général célèbre, et cette entière blancheur est un point de repère pour les navigateurs :

Une inscription ; lisons :

A LA MÉMOIRE
DU GÉNÉRAL COMTE LEFEBVRE-DESNOETTES
NÉ EN 1773
MORT DANS UN NAUFRAGE SUR LES COTES D'IRLANDE
LE 22 AVRIL 1822
—
LA VEUVE DU GÉNÉRAL
PRÉOCCUPÉE DU SORT DES NAVIGATEURS
ET DE LEURS FAMILLES
A ÉLEVÉ CE MONUMENT SUR UN POINT
OU IL PRÉVIENT DES MALHEURS
EN SIGNALANT DES DANGERS

A quelques pas au-dessus de ce monument se dessinent sur la falaise les deux clochetons d'une chapelle, tout récemment érigée. Au mois de septembre dernier, en présence d'une foule immense accourue du Havre et de ses environs, le curé de Sainte-Adresse inaugurait et bénissait la chapelle qu'il a édifiée, à l'aide de nombreuses souscriptions, sur le versant septentrional de la côte qui se termine au cap de la Hève. L'architecture de cette chapelle, avec ses deux tourelles, rappelle en petit l'extérieur de Sainte-Clotilde, de Paris.

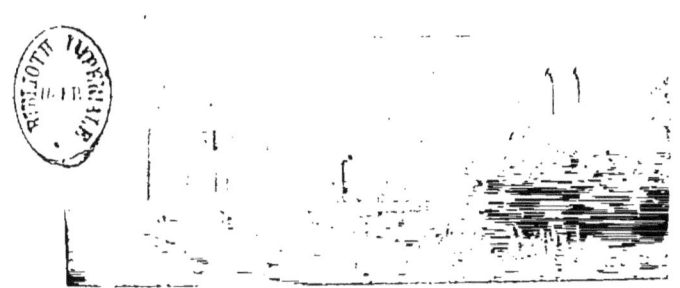

Au milieu du cortége s'élevait une bannière du XVIᵉ siècle, en tapisserie de Beauvais et toute en soie. « Ce bijou du siècle de Louis XIV mérite, a dit la *Revue des Beaux-Arts*, une mention toute particulière: le fond en est rouge damassé, de la teinte la plus fine que l'on puisse voir. Le médaillon ovale qui en fait le motif principal est orné d'une guirlande de fleurs attachées par des nœuds de rubans blancs et bleus, qui retombent en capricieuses grappes; du fond se détache la Sainte-Vierge en pied, tenant son divin enfant. A droite Saint-Joseph, drapé dans un splendide manteau bleu.

« Cette bannière, unique en son genre, provient d'une de nos plus riches cathédrales, pillées pendant la Révolution. Elle a été restaurée avec un goût exquis par la donatrice, Mme Saulière, de Paris. »

L'architecte qui a construit cette élégante petite chapelle est un artiste de Sainte-Adresse, M. Huchon, auteur du chalet de la reine Christine.

« Les lieux de pèlerinage ont un aspect indéfinissable, un je ne sais quoi de mystérieux et de consolant tout à la fois, qui s'empare de l'âme et où la raison n'a point de part. Quand tout manque ici bas, quand tout secours est impuissant et que la science humaine a dit son dernier mot, c'est là, qu'à bout de voies, l'on vient se jeter, et demander la guérison des maux du corps, ou le remède pour les blessures de l'âme, plus incurables encore. Les grandes peines appellent la grande foi; que ce soit à Notre-Dame-de-Grâce, au haut de cette ravissante colline qui domine Honfleur, et d'où l'Océan, resserré par les deux rives, prend l'aspect d'un beau lac; que ce soit à Notre-Dame-de-Fourvières, au haut de la sainte montagne d'où la patronne de Lyon étend ses deux bras sur sa cité bien aimée; que ce soit à la Sainte-Baume, au milieu des rochers et des précipices, où la Madeleine marchait pieds nus; que ce soit dans une plaine aride comme à la Délivrande, ou bien au milieu d'un mélancolique paysage, comme Sainte-Anne-d'Auray, jamais, même le plus incrédule, n'entrera dans un de ces sanctuaires vénérés, sans se sentir pris involontairement et de respect et d'émotion. Tant de genoux ont plié sur ces dalles, tant de fleurs ont été suspendues à ces autels, tant d'offrandes à ces murs!.... Tout cela ne nous dit-il pas la longue et invariable histoire des souffrances de l'humanité, cercle inexorable dans lequel l'homme se débat pour toujours revenir au même point. »

La Vierge, toujours la Vierge, soutien et consolation du marin dans ses longues pérégrinations, dans ses jours d'épreuve et de souffrance.

Toujours la Vierge! non, il est même parmi les marins certaine absence de sentiment religieux qui ne revient pas au milieu des plus grands périls; mais, hâtons-nous de le dire, ce n'est là qu'une exception.

Le capitaine Corbière, qui commandait sous la Restauration un gros navire sucrier d'une marche lente, fut assailli, dans les parages de la Martinique, par un coup de vent si violent, que son *Royal-Sabot* (*) faillit n'arriver jamais à sa destination. Cependant, il aborda. A peine

(*) Le *Royal-Louis*.

débarqué à Saint-Pierre, deux de ses matelots vinrent le prier de leur avancer une gourde (5 francs).

— Que voulez-vous faire de cet argent ?

— C'est, capitaine, répondit le plus osé, que mon camarade et moi nous avons fait un vœu.

— Un vœu ! vous deux chenapans qui n'avez fait que jurer et blasphémer au plus fort de la tempête.

— Oui, capitaine, un vœu.

— Et peut-on savoir.....

— Durand, mon camarade, et moi, nous avons fait vœu de manger une poule si nous débarquions heureusement, et nous voici à terre, capitaine.

Corbière avança la gourde. Il en eût donné deux pour entendre en mer ce vœu formulé par ces mécréants.

Parvenus au point culminant de la Hève, avant de jeter un coup-d'œil sur le magnifique spectacle qui se dresse devant nous, à côté de nous, faisons, s'il vous plaît, un peu d'histoire, quoique Malbranche ait écrit quelque part qu'il faisait aussi peu de cas de l'histoire que des cancans des vieilles femmes de son quartier.

Ce cap ou promontoire sur lequel nous posons en ce moment se prolongeait, il y a cinq siècles encore, au loin dans la mer et protégeait ainsi le port du chef de Caux.

Quelles catastrophes successives ou rapides et spontanées ont lentement ou d'un seul coup décapité ce vieux chef, comme le fut son glorieux patron Saint-Denis ? C'est ce que nous ignorons parfaitement : ce qu'il

LE CAP DE LA HÈVE.

y a de véritablement historique, c'est que sur ce chef, que les flots ont roulé et éparpillé çà et là sur ces rivages, se dressait l'église paroissiale de Sainte-Adresse : nous en avons la preuve dans une charte, octroyée au bois de Vincennes, par le roi Charles V, le 4 janvier 1373, titre soigneusement conservé au précieux dépôt des archives impériales. Voici un extrait de cette pièce :

« Charles, etc., savoir faisons à tous présens et avenir que nous oye l'umble supplication des habitants de la ville du chief de Caux, sur la mer, contenant que par la fortune et force de la mer, la terre sur laquelle sevit l'église parrochial avec le cimetière de ladicte ville a esté tellement gastée que la dicte église est cheue en icelle mer, et que la place là ou iceulx cimetière et église souloient estre regorge aucune fois l'eaue de la dicte mer.

» Et pource, Robert de Noire-Pel dit de Vistenval, escuier, meu de dévotion, a donné ausdicts supplians, à perpetuel héritage et en aumosne à tous jours, une demie acre de terre qui bien souloit valoir quarante solz parisis de rente par an, que il avoit seant en la dicte ville.....

» Aus dicts supplians avons amorti et amortissons, la dicte demie acre de terre pour y faire la dicte église parrochial et le cimetière à ce appartenant sans que les dicts supplians ou autres soient tenus à nous ou à nos successeurs, roys de France, payer aucune finance, etc. »

Le fait, si authentiquement consigné, ne laisse aucun doute sur l'envahissement de la mer, qui, depuis, n'a cessé, l'obstinée qu'elle est, de ronger traîtreusement la base du cap de la Hève, dont elle finira par avoir raison quelque jour. Qu'est-ce que ce cap a donc fait à la mer, qu'elle ne cesse de le mordre et de le déchirer ainsi à belles dents !

Mais si la propriété perd à ces envahissements successifs, la science y trouve son compte. Les éboulements des terres qui en résultent mettent souvent à nu des fossiles dont elle s'enrichit et fait sa proie. Quand on lit tout ce que les savants ont écrit sur les époques géologiques et sur les mutations de sol et d'êtres vivants, c'est un des plus vifs regrets de l'esprit que de n'avoir point assisté à quelqu'une de ces solennelles représentations dont notre globe a été le théâtre.

Le cap de la Hève est situé à deux milles environ au Nord-Ouest du Havre, et forme la pointe Sud-Ouest des falaises crayeuses qui terminent la plaine de Caux.

Sa hauteur au-dessus de la mer est de 121 mètres ; il est taillé à pic depuis son sommet jusqu'à la moitié de sa hauteur, et son pied est encombré par les débris de ses éboulements, confusément entassés.

Au sommet de ce cap, non loin de la crête de la falaise, sont les deux phares lenticulaires et à feu fixe de la Hève. Leur élévation au-dessus du niveau des hautes mers est de 141 mètres, et leur lumière en temps clair a 20 milles de portée.

Les tours des phares, bâties à 83 mètres de distance l'une de l'autre, sont élevées de 20 mètres au-dessus du sol.

Le phare méridional est le plus rapproché de la mer. Les phares ont été établis pour indiquer, pendant la nuit, la position du Havre et de ses mouillages ; mais on prétend que, malgré la hauteur à laquelle ils sont placés, ils sont très souvent cachés par la brume, et que dans beaucoup de circonstances on les voit moins distinctement que le feu de la jetée du Havre.

De l'extrémité de ce cap, où finit la terre, où l'Océan commence, la vue plonge à gauche sur l'embouchure de la Seine, à droite sur un horizon sans fin ; la mer ! spectacle sublime « qui attriste souvent et ne console jamais, parce que la mer donne l'idée de l'immensité, et l'immensité l'idée de l'éternité » (*).

La mer est un tableau qui change de couleur et de sentiment à chaque minute du jour et de la nuit. — Le vent retient-il son haleine, le ciel est-il pur, l'atmosphère transparente, le soleil radieux, la mer semble rouler alors des étoiles en fusion, ou c'est un semis

---

(*) « J'arrive, a dit l'écrivain que déjà nous avons cité, aux phares jumeaux qui semblent se regarder d'un œil jaloux, en se partageant la place sur la pointe extrême du cap. Parvenu à la plate-forme circulaire qui supporte la lanterne d'une de ces tourelles rivales, j'ai ouvert les yeux... La vue, prise des phares de la Hève, est une des bonnes fortunes où l'on puisse le plus constamment surprendre l'Océan en beauté; à gauche, au bas d'une longue succession de plans inclinés, le Havre, qui se rapetisse, se resserre et a l'air d'une ville à genoux au pied d'une montagne; puis la vaste embouchure de la Seine, qui conserve sa nuance sinueuse dans le vert plombé de l'eau salée. Devant soi, l'Océan un peu coupé au Havre reprend sa plénitude : les coulisses ne masquent plus le fond du théâtre de l'immensité.

» Quant à la perspective de l'Océan, je n'en sais guère qui ait plus de diversité. A peine si l'œil a le temps de suivre ces innombrables colorations, ces nuances fugitives, ces étranges harmonies du ciel et de l'eau, ces caprices d'ombre et d'éclat, ces teintes douces ou terribles. C'est le kaléidoscope liquide que l'Océan. Tantôt sur un ton d'un glauque mat, les navires se détachent en silhouette noire, tantôt ils s'absordent dans un foyer lumineux, tantôt ils errent çà et là, fantômes grisâtres qui ressemblent à des débris de nuages tombés. Les plus positifs rêvent devant cette double poésie grandiose : ondulation qui berce le regard, bruissement qui berce l'oreille. Les plus persifleurs retrouvent le sens du respect en face de cette majesté solennelle.

d'argent et de pierreries sur un tapis d'azur. — La brise vient-elle à s'élever,

> L'Océan convulsif tourmente en même temps
> Le navire à trois ponts qui tonne avec l'orage
> Et la feuille échappée aux arbres du rivage.

Ses vagues fatiguées, si le vent d'Ouest souffle avec violence en *brise carabinée*, comme disent les marins, ses vagues jouent à saute-mouton et grimpent sur le dos les unes des autres, afin de venir se reposer sur la terre ferme, où leur blanche écume ourle le rivage, tandis qu'au loin on voit moutonner sur les vagues cotonneuses les nombreux et mythologiques troupeaux de Neptune.

Le soir, le spectacle, d'émouvant et grandiose qu'il était, devient tout-à-fait sublime : la mer reflète toutes les splendeurs qui entourent le soleil couchant, dont les derniers rayons colorent les légers nuages qui lui font une auréole, des tons les plus chauds : l'or, la pourpre, n'ont rien de plus riche, de plus éclatant — la mer a l'aspect d'un lac de punch enflammé !

La nuit, l'été, c'est un changement de décor ; elle devient phosphorescente, et les navires qui la sillonnent laissent autour d'eux de longues traces de feu !

« Il y a, dit Georges Sand, des gouffres remplis de clameurs dont vous ne pouvez vous représenter l'effroyable variété : tous les sanglots du désespoir, toutes les imprécations de l'enfer s'y sont donné rendez-vous ; on entend dans la nuit ces voix de l'abîme qui tantôt rugissent une bacchanale sans nom, tantôt chantent des hymnes sauvages, encore redoutables dans leur plus grand apaisement. »

Mais notre admiration ne s'est arrêtée jusqu'à ce moment que sur la surface; qu'elle ne serait-elle pas si, fouillant les profondeurs de ces abîmes, elle se reportait sur les mystérieux phénomènes de la création qu'ils recèlent dans leur sein, sur les plantes marines d'une si étonnante conformation, sur les poissons, sur les crustacés, dont le nombre et la variété effraient même la science et défient les études des plus intrépides naturalistes.

Le capitaine Scoresby a calculé qu'il ne faudrait pas moins de 80,000 personnes, travaillant sans relâche pendant 6.000 ans, pour compter les êtres vivants que renferment 2 milles cubiques d'eau de mer, tant la vie animale est abondamment répandue sur notre globe, terre et mer comprises.

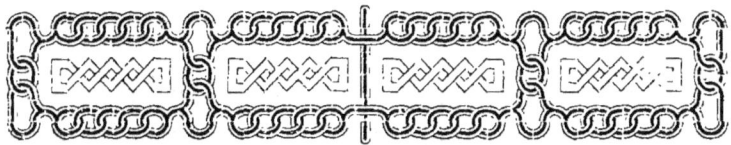

III.

LEURE.

L'ancienne Paroisse — Transformation — Le Parc aux Huîtres — Les Abattoirs — Les Anglais — Destruction de la vieille Église — Mutilations — Le vieux Château — Le Havre de Leure — Prospérité et Décadence — La Flotte et *la Navire du Roi* — L'artillerie — Colère du Poëte — Droits de la Prévôté de Leure — La Chapelle des Neiges — Naufrage du vaisseau *le Rouen*.

E N sortant de l'enceinte du vieux Havre, par la porte Vauban, on arrive à la ligne de quais qui borde à l'Est le bassin de Leure ; si l'on suit la direction du Sud, après avoir dépassé les vastes constructions du Dock, on a l'entrée d'une rue qui conduit à l'ancienne paroisse de Leure, transformée aujourd'hui en un quartier du Havre, sur lequel s'élèvent chaque jour de nouvelles constructions. Il y a quelques années, ce village était un cloaque, exposé, pendant l'hiver, aux inondations, pendant l'été, aux fièvres paludéennes. On l'a doté tout récemment d'une église dont nous avons parlé ailleurs.

A deux cents mètres de l'église de Leure, sur le rivage de la mer, à quelque distance des bassins du parc aux huîtres, M. Brunet-Debaines a élevé, dans la situation relative la plus convenable, un abattoir qui, au dire des connaisseurs, réunit tous les perfectionnements connus jusqu'à ce jour : un système d'égouts, parfaitement entendu, s'emplissant et se vidant à chaque marée, permet d'assurer dans toutes ses parties la salubrité si nécessaire dans un ensemble qui comporte les services les plus insalubres. Ces sortes d'établissements ont ordinairement dans leur aspect quelque chose de sinistre et de repoussant. Il n'en est pas ainsi du nouvel abattoir, l'entrée, fermée d'une grille, de chaque côté de laquelle s'élèvent deux pavillons, donne accès à une vaste cour entretenue avec la plus extrême propreté, et rien ne semble indiquer la destination réelle d'un édifice dans lequel s'opèrent chaque jour de si nombreuses et de si sanglantes immolations.

Une digue, rompue en 1811, causa la ruine presque totale de la partie de Leure la plus voisine de la mer, et fit abandonner par leurs propriétaires les charmantes et luxueuses maisons de campagne qu'ils y avaient édifiées à une époque où il n'était pas encore de mode de bâtir ses villas sur la côte d'Ingouville.

Sous Charles IX, les Anglais, maîtres du Havre, avaient

construit un fort à Leure ; ils y tinrent deux ou trois jours, mais, forcés à la retraite, ils ne se retirèrent qu'après avoir détruit la vieille église, brisé ses statues et profané ou mutilé ses tombeaux !

En suivant le littoral, toujours dans la direction de l'Est, on arrive, après une demi-heure de marche par une route bien connue des botanistes, qui y font ample moisson, et des chasseurs qui, toute l'année, y poursuivent les oiseaux de mer, on arrive, disons-nous, aux ruines à raz-de-terre d'un château dont la construction était bien antérieure à la fondation du Havre ; ce château servait à protéger le port de Leure, dont l'importance maritime s'accrut en proportion de l'encombrement du port d'Harfleur. C'est ainsi qu'une chétive bourgade, qui n'avait été dans l'origine que l'avant-port d'Harfleur, commença à supplanter une cité célèbre dans les fastes de la province.

Au commencement du xive siècle, la marine militaire avait pris dans toute la Normandie une véritable prépondérance. Aux Etats normands de 1338, la conquête de l'Angleterre fut résolue. La province promit bon nombre de nefs, lesquelles réunies à *la Navire du Roy* devaient servir à transporter les futurs conquérants sur les terres britanniques.

Les préparatifs de cette expédition se firent à Harfleur et à Leure ; il sortit du port de Leure 34 nefs ; ce fut une nef du port de Leure, nommée *la Riche,* et commandée par Guillaume de Grosmenil, qui commença cette funeste bataille dans laquelle la flotte française fut complètement défaite par Edouard III, dans une anse près de l'*Ecluse*. Sur cette flotte (2 juillet 1338) eut lieu pour la première fois l'emploi de la poudre à canon, date certaine du commencement de l'artillerie moderne en France.

Cette invention excita fort la bile d'un poète normand, Robert Le Rocquez, qui, dans son poème, aujourd'hui fort oublié, du *Miroir de l'Eternité*, exhale ainsi son indignation :

> En ce temps et trop malheureux an
> Un très méchant et sustil alleman
> Fust moine ou lay par art diabolique
> En son esprit inventa la pratique
> D'entre-mesler les salpêtres et soulphres
> Avec vin-aigre et en faire des pouldres
> Pour ruyner par son artillerie
> Par lui forgée en fureur et brairie
> Mainte cité, maint chasteau et muraille
> Qui résistaient aux assauts de bataille.

Leure avait des chantiers de construction pour ses navires ; c'était un port *riche et considérable*, dit un chroniqueur, riche en dépit des exactions de sa prévôté, qui percevait des droits énormes sur les marchandises, sur les produits de la pêche et même sur les personnes qui traversaient la Seine. On en jugera par le court extrait du tarif prévôtal :

Le bateau de pêche qui entrait dans le port, n'eût-il que douze maquereaux, devait les apporter et les laisser en l'hôtel de la prévôté.

S'il rapportait des harengs, il en devait un cent au prévôt; s'il péchait un esturgeon, un saumon, le pauvre pêcheur devait l'envoyer pour la table dudit prévôt, etc.

Le même prévôt percevait un droit de passage sur les personnes, denrées et marchandises qui traversaient la Seine; un homme payait un peu plus qu'une femme, une femme un peu plus qu'un âne ou un lapin, un aveugle ne payait rien, le borgne n'était soumis qu'au demi-droit, le saltimbanque faisait une parade devant le prévôt, partant quitte, de là peut-être le proverbe *payer en monnaie de singe;* le marchand verrier devait un verre au prévôt, mais à son tour, le prévôt devait remplir de vin le verre présenté, et le marchand en avaler le contenu d'un seul trait, sinon, il fallait qu'il donnât deux verres au lieu d'un ; or, le fiscal prévôt avait soin de remplir le vase d'un vin si impossible, si grattant au gosier, que le pauvre marchand aimât mieux donner tout de suite deux verres que de se soumettre à l'ingurgitation d'un liquide qui lui cautérisait le palais.

Il ne reste aujourd'hui, de ces féodales exactions, que le souvenir, et du « riche et considérable » port de Leure, que cinq ou six chaumières isolées et les débris de deux tours à peine élevées de quelques pieds au-dessus du sol. Tout près de là fut érigée, en 1294, une chapelle qui s'appela d'abord *la Quesnée,* du nom de son fondateur. Lorsque le sable et le galet eurent envahi et comblé le port de Leure, on changea le nom de cette chapelle en celui de *Notre-Dame-des-Perrés;* elle fut désignée plus tard sous celui d'*Hospice des Neiges*. Ce n'est aujourd'hui ni un hospice, ni une chapelle, c'est la demeure d'un fermier qui, chaque année, promène sa charrue où fut une ville florissante *ubi Troja fuit;* en creusant le sol à quelques pieds, on met à nu des tombes de pierres calcaires, renfermant des ossements.

L'opinion la plus généralement établie est que l'emplacement occupé par ces ruines, qui s'étendent au loin vers le Nord-Est, était autrefois une île où les hommes du Nord venaient déposer, dans les VIIe et VIIIe siècles, le butin qu'ils rapportaient de leurs excursions en France par la Seine. Ce qui donne du poids à cette assertion, c'est qu'on a exhumé, non loin de là, en creusant le canal qui communique du Havre à Harfleur, plusieurs embarcations absolument semblables à celles dont se servaient les Danois, plus connus sous le nom de Normands (hommes du Nord), qui, si souvent, ravagèrent notre patrie sous les faibles successeurs de Charlemagne.

A quelque distance, à l'Est des ruines du château de Leure, se trouve le *Hoc,* qui, en saxon, signifie crochet; on a élevé sur cette pointe un lazaret, dont la destination était de recevoir les équipages des navires soumis à une quarantaine de rigueur.

C'est près du Hoc que se perdit, en 1671, le vaisseau le *Rouen*, construit au Havre pour la Perse. Plus de vingt ans après le naufrage, on apercevait encore au-dessus des eaux l'extrémité de son grand mât.

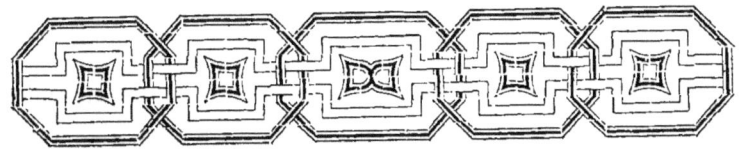

IV.

GRAVILLE.

Le Prieuré — La Terrasse — Admirable point de vue — Les Chanoines épicuriens — Recette pour devenir centenaire et plus — Henri V — Les Seigneurs de Graville plus nobles que les Rois de France — Sainte-Honorine de Mélamare — Ses Miracles — Son Tombeau — Jupiter tonnant — L'Abbaye — La Croix de *Robert-le-Diable* — Les Paysagistes — Le Cimetière — La Tombe d'un Poète — Le Fondateur du nouveau Graville — Trois Marbres funéraires — Une Épitaphe par Victor Hugo.

E N sortant du Havre, par l'extrémité Nord de la rue de Paris, et contournant la partie Est du Jardin public, on arrive à ce qu'on appelait, il y a peu de temps encore, avant son mariage avec le Havre, le *Bourg d'Ingouville*. Alors se déploie aux yeux du spectateur une longue et large rue bien bâtie, et dont il est impossible de voir le terme ; cette rue se soude à son milieu avec une autre rue de même largeur à peu près, appartenant à l'ancienne commune de Graville, en partie englobée aujourd'hui dans la circonscription du territoire du Havre.

Cette voie est bordée, à droite et à gauche, de jolies maisons, dont la monotonie est rompue par des jardins et d'élégants pavillons, le côté septentrional est dominé par les coteaux d'Ingouville et de Graville, que nous avons déjà eu l'occasion de signaler à l'admiration de nos lecteurs.

Après un parcours d'environ quatre kilomètres, rendu facile par un service d'omnibus, on ne tarde pas à découvrir, à demi caché dans le feuillage, un clocher qui surgit au milieu d'un bouquet d'arbres, c'est l'ancien prieuré de Sainte-Honorine de Graville, auquel on accède par un chemin montueux, bordé de haies vives, et terminé par une soixantaine de marches de granit, au sommet desquelles est situé, en face du portail, à gauche, une tour quadrangulaire et tronquée.

En suivant un sentier opposé à la tour, on parvient à une terrasse d'où le point de vue est admirable, et qui a servi de station d'études à plusieurs paysagistes ; à l'extrémité de cette terrasse, quelques bâtiments ayant fait partie du prieuré, plus connu dans le pays sous le nom d'abbaye.

Des chanoines réguliers de la congrégation de France y furent appelés au commencement du XIIe siècle ; ils y restèrent jusqu'à la Révolution. Ils y étaient au nombre de cinq ou six, jouissant d'un revenu de 40,000 francs, et vivant en épicuriens, si l'on en juge par cette lettre qu'écrivait un de ces bons pères à un sien ami, âgé de quatre-vingts ans :

« Mon cher frère,

» J'ai aujourd'hui cent quatre ans, et vous écris à la lueur de ma lampe ; j'ai vécu noblement, et je vous recommande de suivre le régime que j'ai adopté à votre âge. Ajoutez chaque jour à votre ordinaire une bouteille de bon vin, et que Dieu conserve des jours si utiles à votre troupeau.

» Tel est, mon cher Jules, le vœu bien sincère de votre frère,

» Pierre Lejardin. »

Henri V, roi d'Angleterre, logea au prieuré de Graville, lorsqu'il débarqua au Hoc, près d'Harfleur, en 1415, avec une nombreuse armée, destinée, mais impuissante, à conquérir le territoire français.

Guillaume Mallet, seigneur de Graville, vaillant capitaine, gentilhomme fort riche et possédant de grands biens, tant en Normandie qu'en Angleterre, fut, vers la fin du XIIe siècle, le fondateur de ce prieuré.

En parlant de l'antique noblesse des Mallet de Graville, Wulson de la Colombière s'exprime naïvement ainsi : « Ceux de cette maison prétendent que Jules César leur donna la qualité de *sires*, d'où on a dit : « Il y a eu *plus tôt un sire de Graville* qu'un roi en France. »

« L'an de Jésus-Christ 303, dit le savant abbé Cochet, dans son histoire des *Églises de l'Arrondissement du Havre,* Honorine de Mélamare fut martyrisée par les païens de Juliobona (Lillebonne), à la naissance de la vallée de Tancarville ; de cet endroit, son corps fut jeté dans la Seine, qui, pieuse messagère, le transporta doucement jusqu'à son embouchure ; elle le déposa respectueusement dans la crique de Leure. A cette époque où la cruauté de l'homme se plaisait à torturer les serviteurs de Dieu, les éléments semblaient se soumettre à leur puissance.

» Ainsi échoué sur le rivage, le corps de Sainte-Honorine fut recueilli par des mains pieuses, qui le déposèrent dans un sarcophage qu'elles cachèrent soigneusement dans le flanc de la colline. »

Quoique confondu avec d'autres sépultures, le tombeau de Sainte-Honorine ne tarda pas à être distingué des autres par de nombreux miracles; son culte grandit au milieu même des ténèbres de l'idolâtrie, qui semblait avoir porté ses derniers pas dans cette partie extrême du pays de Caux. L'église de Graville s'éleva bientôt sur le sarcophage vide de sa Sainte, dont le corps avait été transporté à Conflans, en 840, pour le soustraire aux sacriléges profanations des hommes du Nord.

L'emplacement du sépulcre de Sainte-Honorine se voit à peine dans l'épaisseur du mur septentrional de son église, parce qu'il est recouvert d'un lambris en planches. On n'aperçoit qu'un cintre, sous lequel était, dit-on, une ouverture ronde; c'est par là que les pèlerins passaient la tête pour se guérir de la surdité. Toutefois, une chose fort curieuse reste encore derrière cette boiserie : c'est un débris d'une statue de pierre grossièrement travaillée : la tête, qui est celle d'un vieillard, est chauve et nue, sa barbe épaisse et touffue couvre sa gorge; des jambes passées sur les épaules descendent jusque sur la poitrine; les mains jointes tiennent un long bâton, sur lequel le pèlerin semble appuyer ses vieux ans. Les uns en on fait le Bon Pasteur qui ramène sa brebis égarée, d'autres un Jupiter tonnant, qui lance la foudre, ce qui, toutefois, ne se ressemble guère; avec le peuple, nous en ferons tout bonnement un Saint-Christophe, qui porte Jésus-Christ sur ses épaules.

L'église de Graville a la forme d'une croix latine ; son aspect sévère et son architecture grave, sont en rapport avec le paysage au milieu duquel elle se trouve. Le cachet dominant de l'architecture est le caractère romain, qui a subi quelques modifications ; la partie la plus riche de l'église, ce sont les croisillons ou transepts, surtout celui du Nord. Le clocher, jeté sur ces transepts, est un corps carré qui finit brusquement; sur chaque pan de mur, on voit deux rangées de fenêtres cintrées ; la tour du clocher a une élévation de 33 mètres. La nef est une des plus curieuses que l'on puisse rencontrer ; elle présente un des plus beaux types de l'architecture du XIe siècle. Les chapiteaux de ses arcades représentent des bas-reliefs ornés de figures fantastiques, ceux du côté Sud sont très riches et très variés.

A gauche du portail de l'église, à l'entrée du cimetière qui s'élève sur le côteau, est un morceau véritablement curieux : c'est une croix de pierre dont les bras sont ornés d'un élégant grènetis. Le croisement des branches est entouré d'une rose formée avec un chapelet de pierre ; cette pierre, le temps l'a brunie et la mousse en a rempli les creux, ce qui lui donne un aspect très pittoresque. Aussi, point de paysagiste qui ne l'ait sur sa toile ou son album. On assure même que les peintres décorateurs du Grand-Opéra n'en ont point trouvé de plus belle pour le troisième acte de *Robert-le-Diable*. Mais parcourons ce cimetière agreste, où les souvenirs de la destruction sont adoucis par les beautés de la nature.

Là, à demi voilée par les branches d'un arbre funéraire, une pierre, sur laquelle sont gravés ces quatre vers :

> Vous m'avez fait, Seigneur, une rude carrière ;
> Mais si vous exaucez ma plus chaude prière,
> Et si je ne suis pas de vous abandonné,
> Je reviendrai mourir aux lieux où je suis né.

C'est la tombe de Léon Buquet, l'auteur de la *Normandie poétique* et de plusieurs œuvres dramatiques et littéraires ; Léon Buquet souffrit toute sa vie comme Gilbert, et mourut jeune comme Millevoie. Ces vers, plusieurs fois arrosés de ses larmes, il avait exprimé le désir de les voir gavés sur sa tombe — ses vœux sont accomplis.

Sur un tertre plus élevé, se dressent trois marbres entourés d'une grille de fer, abrités par les rameaux d'un sicomore ; ces marbres recouvrent la dépouille mortelle d'un père et de ses deux jeunes enfants.

Le père, ce fut le fondateur du nouveau Graville et de l'église de Sainte-Marie. Un barde célèbre, ami de cette famille infortunée, est venu jeter sur le cercueil de ces deux enfants une couronne poétique, impérissable comme la mémoire de leur père.

Lisons :

> Vieux lierre, frais gazon, herbes, roseaux, corolles,
> Eglise où l'esprit voit le Dieu qu'il rêve ailleurs,
> Mouches qui murmurez d'ineffables paroles
> A l'oreille du pâtre assoupi dans les fleurs ;

GRAVILLE.

Vents, flots, hymne orageux, chœur sans fin, voix sans nombre ;
Bois qui faites songer le passant sérieux ;
Fruits qui tombez de l'arbre impénétrable et sombre ;
Etoiles qui tombez du ciel mystérieux,

Oiseaux aux cris joyeux, vagues aux plaintes profondes ;
Froids lézards des vieux murs, dans les pierres tapi ;
Plaines qui répandez vos souffles sur les ondes ;
Mer où la perle éclôt, terre où germe l'épi.

Nature d'où tout sort, nature où tout retombe,
Feuilles, nids, doux rameaux que l'air n'ose effleurer,
Ne faites pas de bruit autour de cette tombe,
Laissez l'enfant dormir et la mère pleurer.

VICTOR HUGO.

Après avoir abandonné, à l'agrandissement de la ville du Havre, la partie la plus populeuse de son territoire, la commune de Graville s'est résignée à n'être que rurale, et a pris, sur la carte de France, le nom de Graville-Sainte-Honorine.

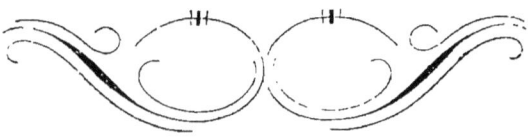

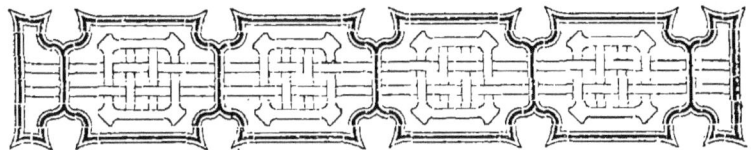

V.

HARFLEUR.

Les prairies du Hoc — Le Lazaret — Une belle page de l'histoire d'Harfleur — Sa splendeur éclipsée — Invasion anglaise — Henri V — Ses tyrannies — Incendie des chartes — Expulsion de 1,600 familles — Vingt années d'occupation étrangère — Réveil patriotique — Héroïsme des Cent-Quatre — L'Anglais expulsé — Les coups de cloche commémoratifs — Les boulets de pierre — Charles VII à l'abbaye de Montivilliers — Délivrance définitive — Décadence — L'église Saint-Martin — Tombeaux et Objets d'art.

EN sortant du prieuré de Graville, nous retrouvons la route impériale qui, en une demi-heure de marche, nous conduit, non plus aux portes, mais à l'entrée de la petite ville d'Harfleur. A droite, nous voyons se dérouler les prairies du Hóc, qui bordent la Seine, et le Lazaret, où se mettent rarement aujourd'hui en quarantaine, aux grands regrets du gardien de l'établissement, les navires destinés au port du

Havre et arrivant de contrées affligées de maladies plus ou moins contagieuses.

Harfleur, jadis le *souverain port de la Normandie*, est bien déchu aujourd'hui de sa splendeur passée. Au XIVᵉ siècle, cette ville, traversée par la Lézarde, était le rendez-vous des Portugais, des Espagnols, des marchands de Majorque et de l'Aragon, qui se pressaient dans son port. Une guerre de cent ans porta un premier coup à cette prospérité, dont le règne de Charles V marque l'apogée. L'héroïque résistance que ses habitants opposèrent, en 1415, à Henri V d'Angleterre, en arrêtant pendant quarante jours 30,000 Anglais avec 400 défenseurs, est une page glorieuse des annales de cette ville.

Laissons raconter à une plume amie et patriotiquement normande ce glorieux épisode d'une cité déchue et qui ne fait plus d'histoire aujourd'hui :

« Le 17 août 1415, dit M. Viau, Henri V, roi d'Angleterre, débarqua de nuit au port du Hoc, entre Harfleur et Honfleur, avec 1,600 vaisseaux, tous chargés de gens de guerre : ils prirent terre, dit de la Motte, sans effusion de sang, et après qu'ils furent tous descendus, le Roi se logea au prieuré de Graville ; sa suite prit position dans les environs. L'armée anglaise se composait de 30,000 hommes, qui assiégèrent Harfleur, la clef sur mer de toute la Normandie : il n'était entré dans cette ville que 400 hommes d'armes choisis, parmi lesquels était le seigneur d'Estouteville, capitaine de ladite ville de par le roi Charles VI, de Blainville, de Bacqueville, d'Hermauville, Gaillard de Bos, de Clève, de Becton, d'Avranches, de Bréauté, de Gaucourt, de Lisle-Adam, Jean Toustain et plusieurs autres vaillants chevaliers qui résistèrent puissamment à l'ennemi : mais le Roi de France n'ayant pu leur venir en aide, Harfleur fut remis aux Anglais, le jour de Saint-Maurice : la résistance avait duré quarante-quatre jours contre une armée !

» Henri, victorieux, descendit de cheval à la porte de la ville, et s'en vint, pieds nus, remercier Dieu dans l'église de Saint-Martin. Une partie de la garnison d'Harfleur s'était opposée à la capitulation et s'était renfermée dans les tours de la Chaîne, qu'elle conserva encore pendant dix jours : ce n'avait été qu'en forçant la porte que Henri avait pu pénétrer dans la ville ; aussi, dans sa fureur, il fit d'abord brûler au carrefour de la place publique les archives, les chartes, priviléges et franchises, papiers et registres héréditaires des malheureux habitants; chassa les nobles, les prêtres et 1,600 familles, ne laissant à chacun que cinq sous et quelques vêtements : il prit leur nom, les fit jurer sur leur foi qu'ils se rendraient à Calais devant la Saint-Michel, confisqua tous leurs biens et déclara qu'aucun homme, s'il n'était Anglais, ne tiendrait héréditairement maison à Harfleur.

» Durant vingt ans ils restèrent maîtres de cette ville, les soldats de Henri V : ils lancèrent leur parti dans la contrée, et ce fut un grand bien, car, désolant et castels et chaumières, ils tirèrent nobles et vilains de leur indolence, aguerrirent la population des campagnes par des escarmouches continuelles, l'exaltèrent par d'intolérables vexations, et préparèrent cette grande rébellion de Caux et la journée de triomphante mémoire où nos pères intrépides rendirent Harfleur à la France.

» Quelques habitants, que leur misère avait protégés contre la rapacité et les soupçons de Henri V, étaient restés, en 1415, dans Harfleur : on les tolérait sur leur sol natal ! Mais ces braves et pauvres gens nourrissaient dans leur cœur le saint amour de la patrie et la soif de venger leurs concitoyens lâchement empoisonnés à Calais, par ordre du Roi d'Angleterre. Ils entretinrent des intelligences avec les révoltés, et les engagèrent à s'approcher dans la nuit, tandis que le maréchal de Rieux tiendrait la campagne avec ses 4,000 chevaux. Puis, le 4 novembre 1435, au point du jour, les sentinelles aperçurent, du haut des remparts, le faubourg de *Porte-de-Leure* enveloppé dans les flammes. Les Anglais sortirent à la hâte pour éteindre l'incendie : c'était leur dernier jour... A ce signal, se précipitèrent du haut des buquets Le Carnier et Jean de Grouchy avec les Cauchois : les cent quatre conjurés de la ville se joignirent à leurs libérateurs. La brèche, ouverte autrefois par Henri, est escaladée : le massacre est affreux, le combat acharné, mais enfin la bannière anglaise tombe, et Guillaume Viennois, gouverneur de la ville pour Henri VI, n'a plus à remmener dans leurs foyers que 400 soldats dont les vainqueurs ont épargné la vie. Jean de Grouchy, que ceux de Caux nommaient leur père, et quarante de ses compagnons, restèrent morts sur ces murs reconquis. L'histoire, dédaigneuse, a laissé dans l'oubli ces hommes sans blason : mais dans nos cœurs plébéiens ne périra jamais la mémoire des Cent-Quatre ; ils n'ont pas laissé d'autre nom. »

On perpétua le souvenir de cet acte héroïque par un usage qui s'est maintenu longtemps ; chaque matin, 104 coups de cloche rappelaient aux habitants le dévoûment de leurs pères.

Si vous parcourez les rues, aujourd'hui solitaires, de cette Carthage normande, vous remarquerez çà et là, servant de bornes à des maisons silencieuses, des blocs de pierres arrondies de formes diverses, ce sont les projectiles de siége dont on usait encore au commencement du XVe siècle. Voici une pièce assez curieuse conservée aux archives locales, et qui constate le lieu d'extraction de ces boulets et l'usage qu'on en faisait alors :

« Henry (VI) par la grâce de Dieu, roi *de France* et d'Angleterre, à nostre amé et féal Thomas Blount, chevalier trésorier et général gouverneur de nos finances en Normandie, salut et dilection : nous, par l'advis et desliberation des gens de nostre grand conseil, voulons et vous mandons que par nostre bien amé Jehan le Sac, grenatier de Vernon, soyt en toute diligence fait traire de la carrière de Vernon jucques à 200 pierres, pour faire pierres de canon qui aient chacune 26 pouces de hault et les fasse esboschier et envoier très-hastivement au siège de Louviers, auquel lieu nous les ferons parfaire et arrondir, en payant les ouvriers qui en ce seront employez.....

» Donné en nostre ville de Rouen, le 28ᵉ jour d'aoust, l'an de grâce 1431 de notre règne le neufviesme. »

Les Anglais, plus tard, voulurent reprendre possession de cette place; d'abord ils échouèrent; mais, en 1440, ils y entrèrent de nouveau. Dix ans après, les clefs en étaient remises à Charles VII, qui, pendant le siège, s'était établi à l'abbaye de Montivilliers. Ce fut après sa délivrance définitive que Harfleur éleva la tour de son église, dont l'étranger admire encore la hardiesse. La tradition en attribue à tort la construction aux Anglais, erreur que Casimir Delavigne a répétée dans ces vers :

> C'est le clocher d'Harfleur, debout pour vous apprendre
> Que l'Anglais l'a bâti mais n'a pu le défendre.

Bientôt se manifestèrent des atterrissements qui de plus en plus entravèrent l'accès du port d'Harfleur, envahi par les sables, au point que les navires marchands d'un tonnage un peu fort, ne purent y pénétrer ; une seconde cause, non moins active, non moins puissante, détermina l'anéantissement du souverain port: la fondation du Havre par François Iᵉʳ, qui absorba en peu d'années toute l'activité maritime et commerciale. Dès lors, Harfleur s'effaça de l'histoire. A cette petite ville, il ne reste plus aujourd'hui de son ancienne splendeur, que son clocher, un site délicieux et de glorieux souvenirs.

Ce beau clocher couronne l'église de Saint-Martin, et pour la ville, dit M. l'abbé Cochet, cette église n'est pas seulement un lieu de méditation et de prière, c'est aussi un livre et un musée. C'est là que chacun peut suivre pas à pas l'histoire de ses pères, dans les tableaux, sur les pierres tombales et jusque sur le pavé des nefs. Les années l'ont noircie au dehors, les marguilliers l'ont blanchie au-dedans, la pluie a crevassé ses voûtes, la foudre à renversé sa flèche : n'importe, elle est toujours belle pour ses enfants, et pour eux elle conserve une éternelle jeunesse.

Le portail latéral de Saint-Martin est un des plus jolis porches que l'on puisse rencontrer — pour le bien faire connaître, un crayon vaudrait mieux qu'une plume.

L'ouverture extérieure est une charmante accolade toute tapissée de feuilles de vignes. Trois rangs forment la voussure : le premier de feuilles de vignes et de grappes de raisins, les deux autres de feuilles de chardon presque aériennes. Les angles ressortants, les saillies sont couvertes de panneaux simulés à pinacles, avec des renards, des rats, des crapauds, des lézards qui y grimacent, qui s'agitent, qui sautillent. Sous le porche sont des niches dentellées, bordées de crochets, couronnées d'accolades.

Le portail intérieur a deux compartiments, chacun séparé par des niches. La grande est couronnée par un dais magnifique : le socle du dais renferme cinq petites statuettes mutilées. Les portes, en anses de panier, sont revêtues de feuilles de vigne et de chardon. Au milieu de l'entrée est une statuette du xvie siècle, qui tient dans ses mains un rameau de vignes de vendangeurs. — En 1819, un curé de la paroisse se mit à l'œuvre pour détruire ce ravissant chef-d'œuvre ; il fallut, pour arrêter le marteau démolisseur, le bras et l'influence d'un conseiller municipal.

L'église renferme un grand nombre de pierres tumulaires — tout le pavé du chœur est formé de belles dalles, anciennes tombes dont l'inscription est effacée ; la plus intacte sert de marche au maître-autel : c'est une superbe incrustation qui représente un portail de cathédrale ; au pied des marches, une pierre travaillée dans le style de la Renaissance. Longue serait l'énumération des tombeaux et objets d'art qui décorent cette église, dans laquelle, il y a peu de temps encore, on voyait une jolie statue équestre en marbre d'un guerrier armé de toutes pièces, qu'on s'accordait à regarder comme le bienheureux Saint-Martin. On l'a volée dans sa niche même.

Mais son clocher, véritable géant de pierre qui commande la Seine, est encore une des parties les plus dignes d'attention. Pour le voyageur, c'est la seule chose qui le frappe et le seul souvenir qu'il en emporte. Nous regrettons, pour le touriste, qu'il ne puisse ajouter à ses tablettes l'*esquisse historique et archéologique* que M. Viau publia en 1840, et dont malheureusement on ne saurait se procurer aujourd'hui un seul exemplaire.

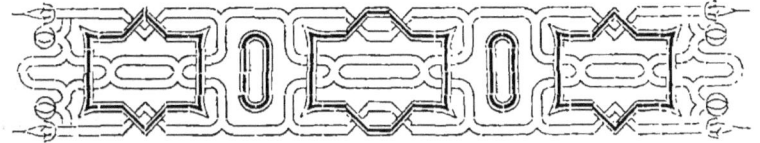

VI.

ORCHER.

Le Château de Bainvilliers — Les trois Basnage — Henri IV et le Curé — Le Château d'Orcher — La Terrasse — Le Point de Vue — Le Parc — La Fontaine pétrifiante — La Flore — Les Vignes Normandes — Émeutes — Colère et vengeance des Buveurs — Le Vin jaune.

UNE charmante promenade, en sortant d'Harfleur, c'est une excursion sur la côte qui domine, à l'Est, la vieille cité normande. Aux piétons, nous devons dire : laissez la route impériale aux équipages, escaladez un petit sentier bordé d'arbres et de haies, à travers les claire-voies desquelles vous aurez sans cesse quelques échappées de vue de la Seine, qui déploie à votre droite le vaste bassin de son embouchure, et, en moins d'une demi-heure, si deux ou trois stations le long de ce délicieux sentier n'ont point arrêté votre marche, vous arriverez au sommet de cette petite montagne.

Aux touristes qui suivent la voie impériale, nous montrerons, après avoir franchi la côte d'Harfleur, sur la plate-forme, à gauche, une maison qui se dessine à quelque distance, au milieu des ormes et des pommiers : c'est la *ferme* de Bevilliers, Beivilliers ou Bainvilliers, propriété de M. de Mortemart. Cette ferme est un joli petit château de la Renaissance, ses cheminées et quelques parties des montants des portes qui donnent accès à l'intérieur, ont conservé des traces de sculpture d'une grande délicatesse.

Ce château fut habité longtemps par un des trois frères Basnage ; Basnage dit de Bellemare, qui, réfugié en Hollande, ainsi que ses frères, par suite de la révocation de l'édit de Nantes, y accepta un grade militaire qu'il abandonna parce qu'il aurait fallu *qu'il fît son service.* Il rentra au giron de l'église catholique et dans ses propriétés, fixa sa résidence à Bainvilliers, où il tenait un grand train de maison, menant la vie de gentilhomme, qui est, suivant son expression, la vraie vie de *l'honnête homme.*

L'emplacement de cet édifice au milieu d'un beau paysage, les souvenirs historiques qu'il rappelle, son état de presque parfaite conservation à l'extérieur, en feraient, dans les mains de quelque riche propriétaire, la plus agréable résidence de tous les environs.

On y montre encore la chambre, aujourd'hui nue et dépouillée, où coucha Henri IV, lorsqu'il vint au Havre. Le Roi, devant y passer la nuit, fit dire au curé de la paroisse de venir partager son souper, et là, *inter jocos et pocula,* lui demanda quelle distance il y avait d'un paillard à un gaillard. — « Sire, la table, répondit le curé, qui faisait vis-à-vis au prince. »

Cette chambre sert aujourd'hui de grenier à la ferme de Bainvilliers.

Mais voici un autre château moins digne de notre attention, c'est le château d'Orcher, assis sur le haut d'une falaise, à l'extrémité orientale d'une terrasse qui longe les rives de la Seine. Le point de vue dont on jouit de cette terrasse est peut-être un des plus splendides que puisse offrir la Normandie fluviale et maritime : à gauche, le fleuve se déroule majestueusement jusqu'à la pointe de la Rocque ; à droite, la mer, ou mieux la rade du Havre ; à vos pieds, Harfleur ; en face, sur la rive gauche de la Seine, Honfleur et ses collines, qui se perdent à l'horizon.

Dans la belle saison, les habitants du Havre et des environs se rendent en foule à Orcher : l'aristocratie dans la semaine, le populaire le dimanche et les jours de fête. Autrefois, les propriétaires de ce domaine laissaient libéralement aux promeneurs la jouissance du beau parc qui en fait partie ; une hospitalité mal reconnue les a obligés à mettre une restriction à cette faveur, et à n'en permettre l'entrée que sous la responsabilité du garde, auquel la surveillance en est confiée. — Immédiatement au-dessous du château, à vingt mètres au-dessus du niveau de la mer, coule, à travers les rochers, une fontaine limpide, qui incruste de sédiments calcaires les menus objets qui sont quelque temps en contact avec ses eaux; elle porte le nom de fontaine pétrifiante.

La flore des petites vallées boisées qui découpent le territoire d'Orcher, est riche et variée ; ample moisson est promise aux botanistes, dans la famille des orchidées principalement. Orcher et orchidées, beau thème pour des étymologistes.

Lorsqu'on arrive au Havre par le chemin de fer de Paris, la vue n'est plus égayée par les pampres verts qui tapissent si pittoresquement le penchant des collines qui bordent la Seine jusqu'aux limites de l'ancienne Normandie. La vigne, qui commence à la source du grand fleuve, lui est infidèle à partir des environs de Gaillon, et les côteaux de la Seine-Inférieure sont privés, vous le voyez ici, de ces vignobles qui jouent ailleurs un si beau rôle dans le paysage. Vers le milieu du règne de Louis XIII, la Normandie tout entière poussa un long et large cri d'alarme, sa vaine clameur de haro ! Un mouvement extraordinaire agita toutes les populations des villes, des bourgs et des hameaux. L'Anglais avait-il, une fois encore, envahi les côtes de la vieille Neustrie, brûlé ses ports, ravagé ses châteaux et ses cités, incendié ses chaumières ? La grêle avait-elle haché ses moissons ? La peste désolait-elle ses habitants ?

Le cours de la justice était-il suspendu ? Les procès rendus impossibles, véritable calamité pour des Normands ! Rien de tout cela n'était arrivé ; il était advenu pire chose encore ; car ces Anglais on les eût battus, on connaissait le procédé ; la grêle n'avait pu causer que des désastres partiels, et la justice jugeait bien ou mal, comme toujours ; mais elle pendait haut et dru, preuve que la justice ne chômait pas. Et pourtant, des lamentations plus bruyantes que celles du prophète Jérémie, qui ne l'étaient pas mal, puisqu'elles sont venues jusqu'à nous, sortaient de toutes les poitrines. Le mot, enfin ? Le mot, le voici ! Un droit exorbitant, de 60 sous par poinçon de vin, venait de frapper, et de frapper à mort, *ex-abrupto,* tous les domaines normands de Jean Raisin. A cette époque, jugez de la désolation ! Le vin jaune, le cidre, si mieux vous aimez, ce bâtard renié de Bacchus, n'avait encore conquis droit de bourgeoisie et fait élection de domicile que dans quelques contrées à demi-sauvages de la province.

Rouen était le centre du mouvement populaire ; on s'ameutait sur les places, aux carrefours et même sur le vieux pont de bois ; mais les rassemblements les plus nombreux, les plus turbulents, se tenaient entre Beauvoisine et Bouvreuil, autour d'un vignoble appelé la *Vigne du Pocheron,* où siége aujourd'hui la foire de Saint-Romain.

Le Meeting avait ses orateurs au teint fleuri, à la rouge trogne, au nez diapré de rubis, et la foule les écoutait et battait des mains à chaque *speech*. L'un, monté sur un tonneau vide, voyez l'à-propos, disait à peu près ceci :

« Pourquoi boirions-nous de l'eau, sommes-nous des grenouilles ? Envoyons les percepteurs de l'impôt boire un coup dans la Seine, et buvons du vin, morbleu ! »

Un second orateur, plus modéré, voulait qu'on envoyât au roi et au cardinal-ministre un placet réclamateur et une bouteille de vin du crû, pour leur faire déguster la piquette qu'ils imposaient au double des vins d'Espagne.

Un troisième orateur ouvrait la bouche, quand un soldat de la maréchaussée, appuyé d'une cinquantaine de ses camarades, la lui ferma d'un coup de poing, et le traîna en prison, ce qui coupa court à d'autres harangues.

L'émeute n'était plus possible dans ces conditions-là ; mais, savez-vous ce dont s'avisèrent ces Normands, pour ne pas payer l'impôt et faire niche à S. M. Louis XIII ? Sur cet appel d'un de leurs poètes :

> Brisons nos vignes d'un triquot
> Aussi menu que l'on fait de l'oseille
> Puisque l'impôt en a le meilleur lot,

ils détruisirent leurs vignobles, depuis assez loin en amont de Rouen jusqu'à l'embouchure de la Seine, et l'exemple devint partout contagieux. Mais ce ne fut pas sans verser d'abondantes larmes qu'ils se résignèrent à ce douloureux sacrifice.

Il ne resta guère, de cette Saint-Barthélemy, que la vigne d'Argence, aux environs de Caen ; mais elle resta comme une protestation vivante; elle a bravé deux siècles, cinq rois, trois empereurs et deux républiques, et, de nos jours, elle proteste encore, en produisant le plus détestable nectar qui puisse égratigner un palais humain.

De ce moment date le triomphe du pommier.

Adieu ce beau pampre vert et riant qui tapissait les côteaux de la Seine-Inférieure ; adieu les grappes plus ou moins vermeilles et rougissantes, comme le front d'une jeune fille pudique ; adieu les joyeuses vendanges qui, lorsque les derniers soleils, sur les côtes vineuses, achèvent de mûrir les grappes paresseuses, appelaient sur les rives du fleuve les danses et les chansons ; adieu aussi la verve normande ! Une boisson engraissante, apoplectique, maussade, abêtissante, remplaça chez le populaire le vin nouveau, impatiemment attendu chaque année, et qui, de la Saint-Martin à Noël, *agaillardissait* la table et le coin du feu.

Le cidre et l'eau ardente ont usurpé la place du clairet dans la chaumière et dans la mansarde. O toute-puissance délétère d'un impôt ! Le vin, c'est la santé, c'est la vie, c'est la bonne humeur, c'est l'inspirateur des gais propos. — L'alcool, c'est trois fléaux en un, la guerre, la peste et la famine.

Le cidre... ! Un normand, fanatique de cette boisson, Gabriel Droyn, a publié, en 1615, sur le cidre, un volume intitulé *le Royal Sirop de Pommes, antidote des passions mélancholiques.*

Et ce livre menteur n'a pas été lacéré et brûlé par la main du bourreau, sur les marches de tous les palais de justice de France !

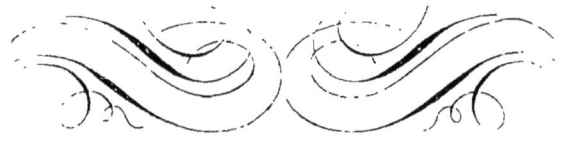

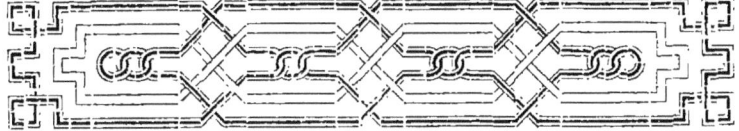

VII.

MONTIVILLIERS.

Colmoulins — Gournay — Les Vallées — Le Monastère du hameau — L'Abbaye — Place aux Dames — L'Abbesse royale — Il relève de Madame — Visite pastorale — Les ceintures de pierreries et les petits couteaux des nonnes — Industrie éteinte — Invasion anglaise — Ecole professionnelle — Bibliothèque publique — Halles et marchés — Vallées d'Epouville — Les eaux de Sainte-Clotilde — Le château du Bec-Crespin — Sources de la Lézarde — Manéglise.

ORSQUE l'on sort d'Harfleur, on se trouve immédiatement à la bifurcation de deux routes impériales : l'une, celle de droite, est la route du Havre à Paris ; celle de gauche, la route du Havre à Lille. Nous ferons sur cette seconde voie une excursion de quelques kilomètres. Le chemin que nous allons parcourir est un des plus pittoresques des environs du Havre. Un côteau boisé à l'Est, au Nord une délicieuse vallée arrosée par une petite rivière aux ondes limpides et

transparentes, et bordée çà et là de peupliers, « ces palmiers de l'Europe, qui rappellent l'arbre des tropiques par leur grâce altière. » Mais loin d'animer, comme le palmier, les lieux arides, le peuplier est le roi de la nature verte et des belles eaux.

Voici d'abord sur notre droite, assis sur le mamelon d'une colline parée de beaux et grands arbres, un château de splendide apparence, dont les briques rouges s'harmonient parfaitement avec le vert feuillage des luxuriantes plantations qui l'abritent au Nord ; c'était autrefois Colmoulins, c'est aujourd'hui *Villa-Viel*, élégante maison de plaisance qui a deux regards, l'un sur la vallée de Gournay, encore une Tempé normande, l'autre sur le vallon de Montivilliers et sur une des plus fertiles campagnes du pays de Caux.

Cette route est comme l'avenue d'un parc ; elle nous a conduit en moins d'une heure à l'entrée d'une petite ville, cachée entre les collines qui lui font une ceinture : Montivilliers, le *Monastère du Hameau*, et c'est vraiment à son abbaye royale, célèbre entre toutes les abbayes de la province, que cette petite ville, dans laquelle nous entrons, doit sa modeste existence. Sous la première race de nos Rois, des moines s'établirent dans cette vallée, qui n'était alors qu'une austère solitude. Grâce à de pieuses et royales offrandes, leur monastère prospéra et s'enrichit. Les Danois le renversèrent de fond en comble, en 850 ; mais il sortit bientôt de ses ruines, plus florissant et plus peuplé. Quelques cabanes, élevées par ces reclus autour du couvent, servaient de gîte à leurs vassaux et de refuge aux malheureux que la pieuse demeure nourrissait de son superflu. Peu à peu le nombre des chaumières augmenta, forma un village, puis une cité; c'est là l'histoire et l'origine de presque toutes les petites villes normandes. Nous disons les petites, pour ne pas humilier les grandes. Et pourtant, c'est par le monastère ou le donjon féodal que commencèrent en France, en Espagne, en Allemagne, en Angleterre, des centres aujourd'hui prodigieux de populations agglomérées.

Maintenant, Messieurs, place aux Dames! Et les moines disparaissent pour laisser s'installer au couvent des *religieuses* et trôner une abbesse, car cette abbesse portait, comme un pontife, la mitre, la crosse, l'anneau des prélats. Elle avait, comme ces princes de l'Eglise, ses vicaires généraux, ses chanoines, son official, son promoteur. Elle siégeait dans une basilique aussi grande qu'une cathédrale. De toute cette gloire passée, que reste-t-il aujourd'hui? Un souvenir, qui serait effacé déjà si l'histoire n'avait pris soin de le buriner.

— Pardon, il reste encore debout, et, grâce à d'intelligentes réparations, à l'abri de ce qu'on appelle les outrages du temps, un monument religieux dont la petite ville a quelque raison d'être fière et qu'elle montre avec orgueil aux étrangers. — Ce monument, c'est l'abbaye, et plus correctement l'église de l'abbaye, qui fait l'ornement de la place principale de Montivilliers.

Ouvrons encore une fois le livre de l'abbé Cochet, un excellent guide en archéologie chrétienne et normande surtout. Disons avec lui, avant toute chose, que l'église de Montivilliers était à la fois abbaye et paroisse. L'abbaye, dédiée à Notre-Dame, date du XIe siècle, la paroisse, dédiée à Saint-Sauveur, est une addition du XVIe.

Le portail de cette église est surmonté d'une magnifique fenêtre à six meneaux et toute remplie de roses, de quatre feuilles; on dirait une corbeille de fleurs.

La tour qui s'élève à l'angle Nord de l'édifice lui donne un air très pittoresque. Apre et nue comme les tours romanes, elle est surmontée d'une flèche haute et svelte comme les pyramides du XIVe siècle.

La tour des transepts est plus large et plus écrasée que celle du portail, mais elle est sombre et austère comme elle.

Voilà pour l'abbaye ; voyons maintenant la paroisse.

Le morceau le plus saillant de cette église Saint-Sauveur, c'est le portail. Trois arcades ogivales lui donnent un des plus beaux porches que nous connaissions. Le tympan de la grande porte est chargé de rameaux et de feuillages. Au milieu du tympan est une niche avec un dais allongé. La voussure est décorée de feuilles de vigne qui se terminent par des rats-d'eau. Huit petites niches renferment des statues assises dont la tête a été cassée. Un ange est au milieu et apparaît comme l'ange du jugement.

A l'intérieur, le véritable bijou de l'église de Montivilliers, c'est l'escalier de l'orgue, espèce de vignot, découpé à jour, charmante rotonde faite avec des meneaux de pierre et une balustrade en feuilles de fougères, elle se termine en cul-de-lampe, tapissé avec des feuilles de chardon et de sycomore.

Dans une des six chapelles est un petit tableau sur agate enchâssé dans l'ébène. C'est une vierge dans les cieux : des anges voltigent légèrement autour d'elle, tenant en main des palmes et des instruments de musique. Dans l'encadrement sont des médaillons représentant une Sainte-Cécile et des groupes d'anges jouant des instruments. On irait loin avant de trouver dans nos temples une plus gracieuse composition.

Par une disposition particulière à cette église, le maître-autel est placé sous le clocher, au bas du chœur, usage antique que l'on est convenu d'appeler à la romaine.

Cet autel est tout en marbre noir et taillé en forme de tombeau. Elevé en 1617, il fut vendu à l'époque de la Révolution et acheté par un protestant du lieu, qui le rendit généreusement en 1804.

En 1260, il y a six cents ans de cela, Eudes Rigaut, archevêque de Rouen, inspecta l'abbaye dans son chef et ses membres. Il réunit en plein chapitre les religieuses au nombre de cinquante-neuf. — Il les reprit de chanter si promptement la grande messe et les complies.

Il leur défendit de posséder rien en propre, et ordonna que les clefs de leurs coffres fussent remises à l'abbesse qui les visiterait. Comme toutes étaient habillées par la maison à la même époque, il leur prescrivit de rendre leurs vieux habits, quand on leur en donnerait de neufs.

Il voulut qu'elles mangeassent en commun ; il défendit d'avoir plusieurs plats à la cuisine ; il voulut que le vin fût excellent, et qu'on mît sur la table du poivre et du gingembre, selon l'ancienne coutume ; quant aux restes de pain, de vin et des autres mets, il exigea que cela fût donné aux pauvres et non à des servantes ou à des gens de connaissance. Il prescrivit plus de soin pour l'infirmerie, plus de régularité dans les aumônes que l'on faisait trois fois la semaine, pria l'abbesse de continuer chaque jour l'entretien de ses treize pauvres, et l'engagea à redoubler ses charités.

Il défendit sévèrement aux religieuses de devenir marraines dans les paroisses ;

De garder des oiseaux dans leurs chambres ;

De mettre des perles ou des écailles de poisson aux manches, au cou et à la bordure de leurs pelisses ;

De porter des ceintures ornées de pierreries ;

D'avoir des couteaux d'un travail trop recherché, à manche d'argent et garnis de sculptures.

Il proscrivit les chansons légères, les farces et les bouffonneries qui se faisaient dans le monastère, aux fêtes de Saint-Étienne, de Saint-Jean et des Saints-Innocents.

Il voulut que l'abbesse fût affable avec les religieuses, et qu'elle les traitât avec douceur ; qu'elle se conduisît avec elles comme une mère avec ses filles, et non comme une maîtresse avec ses servantes.

Ces prescriptions et injonctions pastorales prouvent que l'intérieur des maisons religieuses du XIIIe siècle était plus mondain que claustral, et que les recluses y égrennaient tout doucettement le chapelet de la vie.

On disait autrefois : « Il est de Montivilliers, il relève de Madame »; cela s'appliquait aux maris qui n'étaient pas maîtres chez eux ; allusion à Madame l'abbesse de Montivilliers, dont 128 paroisses composaient la juridiction ecclésiastique. Ce qui ne l'empêchait pas d'humilier sa fierté devant les Rois de France, qui passaient à Montivilliers, et auxquels elle devait l'hommage d'un paon blanc.

L'histoire de la ville de Montivilliers est liée à celle de son antique et royale abbaye, sous la protection de laquelle s'éleva la cité qui, devenue assez considérable, s'entoura de murailles dont on voit encore aujourd'hui les ruines. — Place forte, elle soutint des siéges.

Le voisinage du port d'Harfleur avait éveillé dans la population l'amour du travail; elle se livra à l'industrie des draps, qui furent recherchés comme le sont aujourd'hui ceux d'Elbeuf et de Louviers. Mais la ruine d'Harfleur, l'invasion anglaise et de mauvaises lois, anéantirent en peu d'années cette branche si lucrative, dont il ne reste rien aujourd'hui. Cependant, la position de Montivilliers, les belles vallées qui l'avoisinent, devraient avoir depuis longtemps attiré l'attention des industries nouvelles, qui exigent des conditions semblables à celles que la position de cette ville peut offrir; mais jusqu'à ce jour, tout s'est borné à des minoteries, des brasseries, et des tanneries.

Une école professionnelle, une bibliothèque publique qui, toute récente qu'elle soit, offre des ouvrages imprimés ou manuscrits assez curieux. — De belles halles aux grains, construites par M. Brunet-Debaines (Montivilliers est le grand marché aux céréales du Havre), c'est tout ce qu'on doit signaler et tout ce qui fait vivre une population peu progressive d'environ 3,600 habitants.

Nous avons dit que les vallées qui avoisinent Montivilliers sont très susceptibles de donner l'hospitalité à l'industrie; nous signalerons, quoique peu sympathique aux paysages diaprés de longues cheminées fumantes, le vallon d'Epouville, parallèle à la route impériale, et ceux que parcourent la sinueuse petite rivière de la Lézarde, entre autres les vallées ombreuses et pleines de profondeur et de mystère de Rolleville et de Saint-Martin-du-Bec. — La Suisse, au grandiose près, n'a rien de plus frais, de plus joli à nous montrer.

Beaucoup s'étonnent de retrouver dans ce petit coin de la France une poésie et une majesté sauvage dont aucun souvenir, aucune comparaison ne sauraient diminuer le charme.

Rolleville est, au mois de juin, le rendez-vous d'une foule de pauvres femmes, d'hommes invalides et d'enfants qui viennent, en l'honneur de Sainte-Clotilde, se plonger dans les eaux glaciales d'une fontaine qui sourdit au pied de l'église paroissiale — la foi sauve.

Mais à côté et sur la lisière de chaque religion, il pousse naturellement une mythologie plus ou moins gracieuse ou poétique, où se complaisent les imaginations naïves, les intelligences inexercées, incapables de s'élever aux notions abstraites de l'infini ou de l'unité. La Bretagne n'a-t-elle pas encore aujourd'hui sa chapelle de *Notre-Dame-de-la-Haine*, où viennent prier ceux qui ont intérêt à la mort d'un parent ou d'un ennemi! — Dégradante superstition!

L'église de Rolleville est dédiée à Saint-Hilaire, mais l'image la plus vénérée de cette église n'est pas celle du saint patron. — Remarquez une statue de sainte, tout entourée de bâtons et de béquilles, comme un vainqueur de trophées pris sur l'ennemi. Ce sont des pèlerins qui ont fait hommage à Sainte-Clotilde de ces muets témoins de leurs souffrances. Toute l'année, au pied de cette image vénérée, viennent prier des malades et des infirmes. — Au mois de juin, la foule y abonde. Ici, comme au Précieux-Sang de Fécamp, et comme dans beaucoup d'autres lieux de pèlerinage de la Normandie et de la Bretagne, il y a une de ces fontaines mystérieuses, contre lesquelles les plus saints évêques n'ont cessé de tout temps de protester avec énergie, et que le peuple s'obstine à vénérer comme une source de grâces et de guérisons miraculeuses. Les hommes du siècle reprochent au clergé de conserver ces abus de la foi populaire ; mais le clergé est-il donc le maître du peuple, et n'a-t-il pas tous les jours à gémir de le voir allier, avec ses idées rudes et grossières, les grandes vérités de la religion, qu'on lui transmet pures de tout alliage ?

Ne sait-on pas d'ailleurs que partout c'est la spéculation particulière qui entretient ces superstitions et ces fausses croyances, et qu'à Fécamp même, des hommes ne rougissent pas de louer 2,000 francs par an, l'exploitation de la fontaine dite du Précieux-Sang ?

Un peu plus loin le château du Bec-Crespin, un petit castel, au milieu d'un agreste et charmant paysage.

C'est dans les fossés de ce manoir normand que prend sa source la Lézarde, qui va perdre ses eaux limpides dans la mer, à peu de distance d'Harfleur. — Il y a là ample moisson pour l'album d'un touriste.

Si vous êtes amateur d'archéologie chrétienne, nous vous dirons : touriste, ne quittez pas le canton à travers lequel nous venons de vous conduire, sans visiter Manéglise, *Magna Ecclesia*; et savez-vous où est assis ce monument de l'enthousiasme du xiie siècle? Au sein d'une riche campagne, au milieu d'une grande terre seigneuriale? Non, du tout : mais au fond d'un vallon, dans un ravin sans issue; c'est là qu'on est venu cacher un temple roman de 28 mètres de longueur. « A cette vue, dit M. Viau, d'Harfleur, qui le premier a découvert Manéglise, il m'a semblé voir l'architecte, aussi prévoyant que modeste, cacher son église dans cette thébaïde reculée, pour dérober à la fois sa personne à la gloire et son chef-d'œuvre au marteau destructeur. A travers ces temps écoulés, ma pensée comprenait la sienne. »

Cette église est une des plus pures que l'on puisse rencontrer en fait d'architecture. Elle est sortie tout entière du cerveau de son constructeur, et sans quelques ruines des guerres et une légère addition du xvie siècle, elle serait parvenue jusqu'à nous telle qu'elle a été conçue et exécutée par son premier architecte.

La nef de Manéglise présente un coup-d'œil délicieux : de chaque côté règne un rang de colonnes cylindriques d'une rare élégance. Chacun des fûts est couronné de la manière la plus riante et la plus gracieuse, par des chapiteaux décorés de cônes, d'entre-lacs et de découpures tellement exquises, qu'on les prendrait pour des colerettes de pierre. Le clocher est fort grand et sert de chœur. C'est une grosse tour carrée qui ressemble tout-à-fait à une tour abbatiale ; elle est imposante et grave comme la grosse tour de Montivilliers, mais elle l'emporte sur cette dernière par l'élégance du travail.

Les chapiteaux dont nous venons de parler offrent dans leurs détails des singularités assez remarquables, l'un montre un serpent ailé qui s'avance pour percer de son dard une tête d'homme placée à l'angle du pilier, tandis que de l'autre côté une truie, la queue relevée, accourt aussi comme pour partager ou disputer la proie. — Un autre présente une scène d'animaux fantastiques, dont l'un semble vomir des flammes et l'autre avaler la queue d'un serpent. La plupart de ces chapiteaux ont subi de déplorables mutilations, des figures d'hommes ont disparu sous le marteau, d'autres pour faire place à la chaire à prêcher.

La voûte est soutenue par des colonnettes dont on a *équarri* les chapiteaux qui faisaient saillie; seulement, on a épargné ceux qui sont près du sanctuaire, dont le travail est si fin qu'on le prendrait pour une toile d'araignée. Ce sont d'élégants filets en dentelle qui recouvrent la nudité de la pierre. « Dans l'architecture romane, dit l'abbé Cochet, je n'ai jamais rien vu de plus délicat; je regrette beaucoup que ce joli travail soit empâté dans la chaux et le plâtre. »

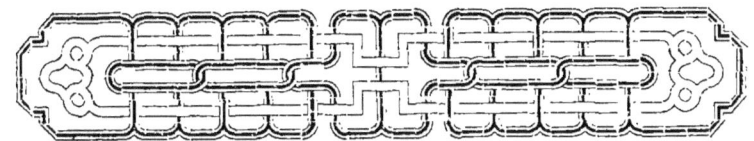

VIII.

SAINT-JEAN-D'ABBETOT.

Saint-Jean-d'Abbetot — Physionomie actuelle — Ses Monographes — Sa Crypte — Curieuses Peintures murales — Leur restitution artistique — Résurrection des Saints — Le pèsement des Ames — L'Église vouée à la destruction par décision d'un Conseil Municipal — Sauvée par un Conseil Départemental.

E touriste, qui s'est arrangé pour passer au Havre quelques jours de la belle saison, n'a pas dû manquer, avant de s'incarcérer en wagon, d'écrire sur ses tablettes, au nombre des sites curieux à visiter : Tancarville, et Tancarville, assurément, mérite bien cette mention, d'autant mieux que le chemin qui conduit à ces ruines, soit par la voie ferrée, qui vous laisse à la station de Saint-Romain, soit par les véhicules à quadrupèdes, offre encore au voyageur de très gracieux paysages, et, çà et là, quelques points de vue qui *sèment quelques fleurs* sur la route.

La distance du Havre à Saint-Romain est à peine d'une vingtaine de kilomètres, et de 28 environ du Havre à Tancarville, par la ligne la plus directe. Mais, aux amis de l'archéologie chrétienne, nous dirons : déviez un peu de cette droite ligne, et faites prendre à votre véhicule une autre ligne oblique, qui vous conduira bien encore à Tancarville, mais qui vous arrêtera à mi-voie devant un de ces vieux édifices religieux du moyen-âge, que le temps n'a pas infiniment respecté, mais dont la main des hommes s'efforce de rendre moins saillants les presque irréparables outrages, enfin un de nos plus jolis monuments de la première moitié du XIe siècle, l'église de Saint-Jean-d'Abbetot. D'une noble simplicité à l'extérieur, cette église a ses quatre parties, la nef, le clocher, le chœur et l'abside.

Toutefois, afin de se bien rendre compte de l'église de Saint-Jean-d'Abbetot, l'archéologue ou le simple amateur feraient sagement de consulter, à la bibliothèque publique du Havre : 1° la monographie que M. l'abbé Cochet en a consignée dans son ouvrage sur les églises de l'arrondissement ; 2° un manuscrit de M. Anatole d'Auvergne, peintre d'histoire et d'archéologie, chargé, en 1855-56, de la restauration des peintures murales de Saint-Jean-d'Abbetot, et les beaux dessins également manuscrits qui accompagnent le texte dont ils sont le complément.

Nous avons dit que l'église de Saint-Jean-d'Abbetot est une construction de la première moitié du XIe siècle, cette origine incontestable est prouvée par la date de 1050, d'une charte de Guillaume-le-Conquérant, en faveur de Raoul de Tancarville, « son gouverneur et son grand chambellan. »

La nef, sauf le mur méridional sur lequel on remarque une portion de corniche ornée de dents de scie, n'a pas 60 ans d'existence. Le plein cintre, caractère général de l'édifice, n'a pas été altéré, malgré une réparation assez importante faite au XVIe siècle. C'est à cette époque que se rattache la construction de la voûte de la tour, du pilier qui la soutient à l'angle Nord-Ouest, et de la tourelle hexagone qui contient l'escalier.

Sous la tour, et faisant face à la nef, sont deux autels en pierre, dont le retable est du XVIe siècle.

Le chœur est éclairé par une fenêtre à plein cintre, évasée à l'intérieur, et placée au-dessous d'une corniche fort simple qui règne dans cette partie de l'édifice, à la hauteur et comme prolongement des tailloirs. Au-dessous, trois arcades aveugles, s'appuyant sur quatre longues colonnettes, revêtent chacun des murs latéraux. L'abside est éclairée par trois fenêtres de même forme et de mêmes dimensions que celles du chœur.

Au-dessous de la partie ancienne de l'église, est une crypte à laquelle on accède par un escalier donnant au-dehors, au côté méridional de la tour.

Mais cette église ne tire pas seulement son prix de son ancienne architecture, les peintures murales qui la couvrent forment, suivant l'opinion de l'abbé Cochet, son plus beau titre de gloire.

Dans les peintures de Saint-Jean-d'Abbetot, si habilement, non pas restaurées, mais restituées par M. Anatole Dauvergne, il est facile de reconnaître plusieurs styles. Les grandes colonnes du chœur et de l'abside, ainsi que de l'archivolte qui le surmonte, ont été sans doute décorées peu de temps après la construction de l'église. Plusieurs bandes parallèles, rouges, blanches, jaunes et bleues, s'enroulent et descendent le long du fût jusqu'à la base. Les faces des chapiteaux alternent aussi en bleu, vert, jaune et rouge. Des zig-zags et des perles, peints dans le goût des ornements des xie et xiie siècles, décorent les tailloirs.

Les astéries et les damiers de l'archivolte de l'abside sont peints en bleu et en blanc, l'appareil des murs est carrelé de rouge avec une fleur au milieu. De chaque côté du chœur, dans les arcades aveugles, étaient peintes à fresque trois belles images de saints, auxquelles M. Anatole Dauvergne a donné un peu de vie.

Toutes ces têtes sont nimbées, le premier personnage tient un livre de la main gauche, de la droite, il s'appuie sur un bâton ou un glaive ; le deuxième a aussi un livre, et semble élever un couteau ou les clefs de Saint-Pierre ; Le troisième a une jeune et belle figure, il soulève sa robe de la main gauche, et semble bénir de sa droite entr'ouverte.

La voûte de l'abside est ornée d'une figure plus grande que nature, représentant Jésus-Christ vêtu d'une longue tunique enrichie de broderies ; autour de lui les symboles évangéliques : l'aigle, l'ange, le lion et le bœuf.

Sur le mur Nord, une fresque du xvie siècle représente le pèsement des âmes : Dieu le père, avec le Saint-Esprit, au plus haut du tableau, deux anges à ses côtés, au-dessous Jésus-Christ, escorté de la Sainte-Vierge, de Saint-Jean-Baptiste et des saints ; au troisième rang, des anges et des séraphins se bercent sur des nuages. Plus bas, Saint-Michel, le grand justicier, tenant le dragon sous ses pieds ; d'une main, il lève le glaive fatal, de l'autre, il tient la balance dans laquelle se pèsent les âmes.

A droite, un ange lui présente, sur une légende, le compte des bonnes actions ; à gauche, le démon, armé de griffes, montre le nombre des mauvaises. Dans un rayon de lumière, montent au ciel les âmes des justes, tandis que les âmes condamnées descendent, la tête la première, dans l'abîme de douleur.

En face, sur le mur, Saint-Martin, à cheval, coupant son manteau, Sainte-Catherine avec sa roue, Sainte-Anne élevant la Sainte-Vierge, et Sainte-Marguerite avec son dragon.

La crypte est ornée de peintures mieux conservées. La voûte de son abside montre le Christ, assis sur son trône, tenant un globe d'une main et bénissant de l'autre, avec trois doigts seulement. Il est entouré d'un ange, d'un aigle, d'un bœuf ou dragon ailé, et d'un autre animal ailé. Entre les fenêtres de l'abside sont dessinés plusieurs groupes du plus grand intérêt. Les voûtes sont parsemées de roses, de clochettes bleues et de fleurs de lys

13

allongées ; un Christ sur la croix se détache sur le fond, à l'origine des voûtes.

L'église de Saint-Jean-d'Abbetot est classée parmi les monuments historiques entretenus par le département, que nous devons féliciter d'avoir fait choix de M. Anatole Dauvergne pour mettre fin, autant que son talent le lui permettait, au déplorable état dans lequel se trouvaient les précieuses peintures d'une église de campagne, dévouée à la mort, en 1835, par un conseil municipal.

IX.

TANCARVILLE.

Stigmate populaire — Le Fort aux Bourreaux — Souvenir d'un Poète — Tankar — Le grand démolisseur — La duchesse de Nemours — Les Angemmes d'or — La Tour Carrée — La Tour de l'Aigle — La Tour du Lion — La Tour Coquesart — Château et Village — Les d'Harcourt — Les Melun — Les Longueville — Dunois — Talbot — Charles VII — Agnès Sorel — Le duc d'Albufera et le poète Lebrun — Les Brocanteurs — Les Soldats de la Révolution — Tancarville vendu pour 300 francs de rente — Restitué à Mme de Montmorency-Fosseux — La pierre du Géant — Panorama — Le Fléau.

RÉSUMER en quelques pages un aperçu de l'histoire du château de Tancarville, des souvenirs qui s'y rattachent et des ruines qu'il a laissées, serait une tâche au-dessus de toutes les facultés humaines ; aussi n'essaierons-nous pas de l'entreprendre : ce château a eu ses jours de gloire, ses splendeurs, ses illustrations guerrières du moyen-âge ; aujourd'hui, ses débris imposants, son site pittoresque, ont conquis la sympathie des poètes, des artistes et des antiquaires. Mais le peuple a marqué d'un stigmate vengeur le front dénudé du vieux géant : pour lui, la ruine féodale n'a que de tristes révélations. Il a visité ses cachots humides et ténébreux, sur lesquels il a pu lire encore le nom des prisonniers, des victimes, et, dans sa rancune traditionnelle, il se plaît toujours à le flétrir du nom de *Fort aux Bourreaux !* La voix du peuple n'a pas tenu compte d'autre chose. Est-elle la voix de Dieu ?

Non, s'est écrié dans son enthousiasme poétique M. Emile Deschamps :

> Monument de la vieille France
> Passé *plus frais* que l'avenir
> Où trouverai-je une espérance
> Egale à votre souvenir !

Tankar était un de ces guerriers scandinaves qui aidèrent, au IXe siècle, Rollon à la conquête de la Neustrie. Rollon, chef de guerre, devenu duc de Normandie, partagea au cordeau le pays conquis. Tankar eut une large part dans ces distributions : il trouva dans son lot le territoire du Tancarville actuel et le jugea, par sa position, tout-à-fait apte à la construction d'une forteresse, à laquelle il donna son nom, qu'il fit suivre du mot *villa*, que les Romains nous ont laissé, et qui termine encore presque tous les noms des villages de la Normandie.

Le temps, ce grand patron de la bande noire, le temps seul a donc renversé les murailles de ce château-fort, descellé ses blocs de pierre, fendu ses voûtes, sapé ses fondements; mais comme en l'abattant il respecte sa victime; comme ces lierres qui pendent, ces touffes de liane que soulève le vent cachent bien ses blessures.

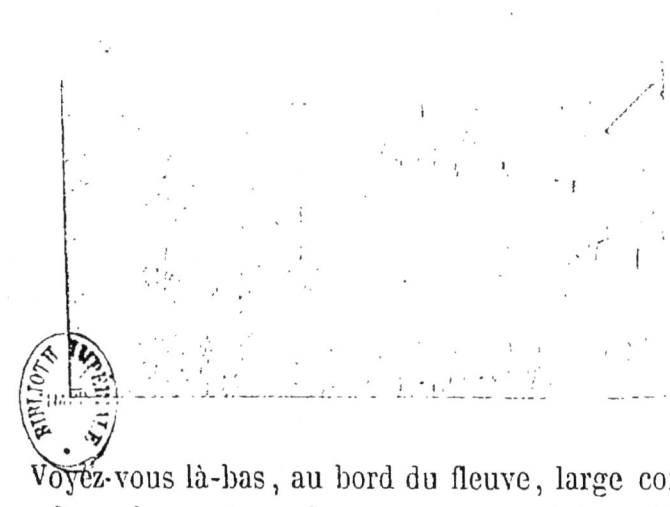

Voyez-vous là-bas, au bord du fleuve, large comme un bras de mer, se dresser cette enceinte militaire toute hérissée de toits aigus, de rondes tourelles, de tours carrées et massives? Devant nous la grande terrasse, où la Révolution a planté quelques maigres peupliers, pour remplacer cette belle avenue de tilleuls, sous les ombrages de laquelle la duchesse de Nemours écrivit des mémoires. A notre gauche s'élève la tour Carrée, la plus ancienne du château, haute de 28 mètres, large de neuf mètres carrés dans œuvre. Jadis les peintures à fresque, les écus armoiriés, l'azur et le sinople, couvraient ses murs intérieurs d'une éblouissante tenture, semée des angemmes d'or des Tancarville. Hélas ! les pluies que la mer envoie sur ces rivages, la froide rosée du soir, les nuits glaciales de l'hiver ont arraché à la tour Carrée ce somptueux manteau.

A l'autre extrémité de la grande terrasse qui s'avance en saillie et plonge sur le village couché à ses pieds, c'est la tour de l'Aigle, à la triple toiture, semblable aux pics des montagnes.

Plus loin, au sommet du triangle, la tour Coquesart sublime et dominant de sa haute taille les sœurs jumelles dont l'a entourée la main de l'homme. A peine l'ancien manoir, la tour du Lion, la tour du Donjon, toutes ces ruines amoncelées autour d'elle s'élèvent-elles jusqu'à sa ceinture. Mais comment rendre le magique spectacle qu'offre l'intérieur de cette tour ruinée, lorsque l'œil, glissant sans obstacle le long des murailles vides, coupées seulement d'espace en espace par les membrures à arêtes des voûtes ogivales détruites, embrasse à la fois ces cinq étages gigantesques et au-dessus les créneaux en ruine semblables aux restes d'une couronne brisée, et au-dessus le ciel azuré, le ciel immense couvrant l'édifice de sa voûte divine. — Tout cela encadré dans le paysage le plus saisissant. D'un côté le blanc sentier qui grimpe au milieu des arbres touffus, liant le château à l'humble village qu'il domine; de l'autre les bois verdoyants s'étendant à perte de vue; de l'autre, enfin, le fleuve, derrière lequel fuit l'horizon bleuâtre, et dites ce qu'est l'homme en face de cette nature infinie, de cette solitude que son œil ne peut mesurer, de cette magnificence de Dieu à laquelle il ne peut opposer que des masures et des décombres.

Le château, au commencement, n'est qu'un donjon massif, étroit, resserré entre ses murs épais, comme la tortue en sa carapace, imprenable, mais ténébreux et humble à la vue; puis il s'épanouit, il s'étend, il s'élance en hautes toitures, en gerbes de pierre, en faisceaux de tourelles de toutes grandeurs, de toute forme. Chaque siècle y dépose son monument, son cachet; qui une chapelle; qui un portail; qui une salle de festins. Ainsi, de siècle en siècle, il grandit et se fortifie; lorsqu'il a atteint son apogée, il vieillit, il se flétrit, et tombe enfin. Pareille fut la destinée des nobles familles auxquelles la naissance transmit le château. La première d'entre elles, celle des Tancarville, rude et fière dans l'obscurité où la laisse le vague des documents historiques, apparaît cependant plus puissante et plus indépendante que pas une de celles qui lui succèdent. Ils meurent, et les d'Harcourt, les Melun, les Longueville se disputent l'honneur d'ajouter une gloire nouvelle aux gloires du manoir de Tancarville, une illustration à ses illustrations, un fleuron à sa couronne. Ils croissent en splendeur, en éclat. Tout-à-coup leur sang s'appauvrit, ces nobles familles s'éteignent. Les derniers possesseurs du château n'en sont plus que les brocanteurs impudents, et la main des soldats de la Révolution finit par arracher leurs écussons des remparts abandonnés.

Voulez-vous savoir à quel degré de déplorable décadence a fini par tomber cette forteresse, « séjour des Tancarville, de cette noble famille normande dont le chef avait eu pour élève l'homme le plus extraordinaire des temps féodaux, Guillaume-le-Conquérant, et dont les descendants se mesurèrent plus d'une fois corps à corps avec les Rois ? » Nous vous dirons : cette antique demeure passa successivement dans les mains des Melun, des Harcourt, des Longueville, des Montmorency, qui en occupèrent les tours et y appendirent leurs lances et leurs écus, et fut tour-à-tour visitée ou habitée par Charles VI, Talbot, Dunois, Charles VII, Agnès Sorel (*),

---

(*) Quelques temps avant sa mort, attribuée au poison que lui fit verser Jacques Cœur, Agnès s'embarquait au pied des murs du château qu'elle ne devait plus revoir.

Pendant la Révolution, un conventionnel, député de la Seine-Inférieure, passant à Loches (Touraine), insensible au souvenir d'Agnès Sorel, viola l'asile de son tombeau. Sur ce monument funéraire érigé dans la collégiale de cette ville, reposait la statue en marbre blanc de celle qui fut la *Dame de Beauté*; deux anges soutenaient un carreau sur lequel s'appuyait sa tête, et deux agneaux étaient couchés à ses pieds.

D'une main profane et vandale, le violateur de cette tombe brisa le marbre qui la recouvrait, s'empara du crâne, en arracha les

Castelnau, le confident de Marie Stuart, les duchesses de Longueville et de Nemours, le financier Law.

Puis, plus près de nous, elle devint la propriété du duc d'Albufera, qui y donna l'hospitalité au poète Lebrun.

Enfin, dernier terme de cette progressive décadence, des soldats furent logés dans cette demeure et la mirent au pillage : ils arrachèrent les poutres de la tour carrée pour en faire du feu. Le plancher de cette salle, diapré de l'écusson des Tancarville, et où Charles VII s'était assis entre Agnès et Dunois, s'écroula sous leurs mains; il est donc vrai que si le temps est un grand destructeur, la main de l'homme l'aide bien souvent dans son œuvre. Le 11 avril 1799, le château et ses dépendances furent mis en vente et trouva adjudicataire pour deux millions deux cent mille francs, que l'acquéreur ne put payer ; — il resta dans les mains du Gouvernement, et fut donné plus tard aux hospices du Havre, sur l'estimation de 300 francs de rente.

Charles X le fit rentrer en possession de Mme de Montmorency Fosseux, moyennant une indemnité de six mille francs au profit des hospices. — M. de Lambertye, petit gendre de Mme de Montmorency, en est aujourd'hui le propriétaire; puisse-t-il se rappeler à jamais

---

cheveux qui y tenaient encore attachés, et renversa le monument qui, en nous rappelant les faiblesses d'une femme charmante, nous rappelait en même temps ses grâces, son courage et les services qu'elle rendit à la France en réveillant l'énergie du Prince son amant.

que les vieux châteaux sont sacrés comme les tombeaux de famille ; que les héros laissent en mourant une partie d'eux-mêmes aux murs qu'anima leur présence, et qu'enfin, le *manoir* de Tancarville est un titre de noblesse égal aux parchemins les plus précieux.

Elles sont encore si imposantes, ces ruines féodales, si pleines de poésie, de majesté, de mélancolie !

C'est surtout du haut de la *Pierre Gante* ou Pierre de Géant, formant la crête de la falaise qui correspond de l'autre côté de la gorge de Tancarville, qu'il faut les contempler ces ruines. Placée à 65 mètres au-dessus du niveau de la Seine, cette roche surplombe, semblable à un toit immense, et paraît prête à chaque instant à se détacher et à s'écrouler avec fracas dans la vase du fleuve !

Ne cherchez pas, sur ces rivages poétiquement trompeurs, ces robustes marins, ces hommes au corps de fer qui, de génération en génération, se transmettent, presque sans l'altérer, le type originel. Là, les lais de la Seine ont fait à cette population fluviale un funeste présent : ils y ont acclimaté un fléau redoutable, la fièvre paludéenne, dont les feux incessants la déciment, la dégradent et la dévorent.

X.

BOLBEC.

La ville industrielle et pittoresque — Le Bec — L'abbaye du Vœu — Le dernier Seigneur — Sa fin tragique — Sagacité normande — Les Fontaines et les Statues de marbre — Ce qui les sauva de la mutilation — Les trois incendies — La première Manufacture d'impression sur étoffes — Les bienfaiteurs de Bolbec — Hospice — Théâtre — Bibliothèque — Le général Ruffin — La Géorgie de la France — Les Cauchoises — Patois normand — Les *baîtes* malades de la peste.

E chemin de fer du Havre conduit, en une heure, de sa gare à la station où se trouvent les omnibus, qui, en quelques minutes, vous mettent au centre de la ville, industrielle par excellence; que ce mot *industrielle* n'effraie ni les touristes, ni les artistes, nous allons les rassurer avec l'autorité d'un grand écrivain-poète, Charles Nodier, qui, contemplant le paysage d'un point plus rapproché de la Seine, ne put s'empêcher de s'écrier : « Quelle vue magnifique ! »

Mais hélas! c'est de la Normandie qu'on peut dire, avec le colonel Ribourt, qu'elle est de moins en moins une ferme, et de plus en plus une usine; et la population n'a rien à gagner à cette anormale transformation, qui exerce sur la constitution physique des ouvriers les effets les plus fâcheux. Outre que cette vie des manufactures abâtardit les belles races cauchoises, elle traîne à sa suite une foule de vices et de désordres, qui deviennent une cause encore plus funeste de dégradation et font dévier notre espèce du type parfait de beauté et de santé pour lequel elle a été créée.

La ville de Bolbec occupe une position presque centrale dans la presqu'ile du pays de Caux ; son nom lui vient d'une rivière qui prend sa source au pied des ruines du château de Fontaine-Martel, traverse la ville, baigne les murs de l'ancienne abbaye du valasse ou du vœu, passe à Lillebonne, dont la rivière vient doubler son volume, et se jette dans la Seine, vis-à-vis de Quillebeuf, non loin du vieux château des sires de Tancarville.

Cette rivière de Bolbec, toute modeste qu'elle soit, est un Pactole, dans lequel ont puisé je ne sais combien de millionnaires.

Le nom de Bolbec dérive de deux mots celtiques, *bos,* bois, et *bec,* ruisseau. La rivière de Bolbec, au bord de laquelle est située la ville, prend sa source au pied d'une petite colline, sur laquelle s'élevait le château du seigneur de Bolbec, qui tombait en ruines en 1752, et dont il ne reste plus de vestiges.

Louis-Armand-François-Edme-Béthune de Charoil, mort sur l'échafaud révolutionnaire, en qualité de maire du 6e arrondissement de Paris, fut le dernier seigneur de Bolbec ; fatigué d'une captivité imméritée, il pressa tellement l'heure de son jugement, que ce fut à cette impatience même qu'il dut sa fin tragique. Quelques jours encore, et la chute de la tête de Robespierre sauvait la sienne.

On raconte qu'un des gens d'un seigneur de Bolbec vint se plaindre à lui d'avoir été frappé par un de ses vassaux. « Il est vrai, monseigneur, dit le paysan, j'ai frappé, mais, à ma place, vous en eussiez fait autant. Croiriez-vous que ce vilain me parlait de vous sans se découvrir ; c'est le respect que je porte à votre personne qui m'a conduit à cette action non préméditée, et pour laquelle je réclame votre pardon. » Le seigneur ne put s'empêcher de rire de cette présence d'esprit du paysan, et... pardonna.

L'intérieur de la ville de Bolbec n'a rien de remarquable ; cependant, on ne peut se dispenser d'admirer, dans cette cité toute industrielle, deux statues de marbre qui ornent deux de ses fontaines monumentales, morceaux remarquables de sculpture de l'école de Bernini, artiste distingué, qui *florissait* sous Louis XIV. L'une est la *Fontaine du Temps,* près de l'Hôtel-de-Ville, l'autre la *Fontaine de Diane,* placée devant l'église, toutes deux apportées de Marly à Bolbec, à l'époque de la dégradation des résidences royales, au moment même où elles allaient être mutilées par la populace, qui les prenait pour des dieux de la chrétienté.

La ville de Bolbec a passé trois fois à l'épreuve du feu : 1º le 25 juin 1676, incendie partiel ; 2º le 30 octobre 1696, incendie qui détruit une grande partie de la ville ; 3º le 14 juillet 1765, incendie général, ils ne reste que dix maisons.

La première manufacture où l'on se soit livré à l'impression des étoffes, dans la partie de l'ancienne généralité de Rouen qui compose le département de la Seine-Inférieure, fut créée à Bolbec, par un sieur Lemarcis ; mais c'étaient des serges d'Aumale et non des toiles de coton, qui sortaient imprimées de ce nouvel établissement. Nous ne ferons pas ici l'histoire de l'industrie bolbéquaise, cela nous conduirait trop loin ; cette industrie a pris des développements prodigieux, incroyables, et fait nous ne savons combien de millionnaires. L'un d'eux a consacré partie de sa fortune à des libéralités qu'on ne saurait, sans ingratitude pour sa mémoire, passer sous silence.

Ce qu'on appelle le *matériel productif,* les machines, avait, à sa mise en activité, beaucoup effrayé les ouvriers de Bolbec, l'expérience a prouvé que les appréhensions étaient mal fondées. Il y a trente ans, les manufactures de Bolbec ne produisaient que 136,000 pièces d'indienne, de 25 à 30 aunes chaque pièce, et le pays ne pouvait nourrir, et souvent mal, que 5,000 habitants. En 1839, Bolbec fournissait 350,000 pièces, de 38 à 42 aunes, et nourrissait aisément 9,900 habitants. Produits et population ont encore augmenté depuis cette période de vingt années.

Bolbec est redevable à M. et à Mme Fauquet-Pouchet d'un hôpital, d'une bibliothèque publique et d'une salle de spectacle. — Honneur à la mémoire de M. Fauquet, qui s'est souvenu lui-même que c'est à Bolbec, par son travail et sa haute intelligence, qu'il avait acquis une fortune assez considérable pour doter Bolbec de ces divers établissements. Cette ville compte, parmi ses illustrations militaires, François-Amable Ruffin, général de division dans les armées de l'Empire français, mort en Angleterre, le 15 mai 1811, à l'âge de 39 ans, des suites d'une blessure reçue devant Cadix, et du chagrin de sa captivité à bord du vaisseau anglais le *Gorgon*. Sa ville natale a réclamé et obtenu sa dépouille mortelle, qu'elle a religieusement abritée sous le monument érigé à sa gloire militaire et à ses vertus civiques.

Le costume des cauchoises bolbéquaises était jadis d'une rare élégance, et avait valu à la contrée, de la part de nos galants grands-pères, le nom de *Géorgie de la France*; il contribuait à faire valoir le type de force et de fraîcheur qui s'est conservé longtemps. On disait bien déjà tout bas que peu de femmes montraient de belles dents, mais les cauchoises, en vraies filles d'Eve, ne portaient-elles pas la peine de leur penchant pour le fruit, qui, dès l'origine du monde, fut fatal au genre humain.

Le langage cauchois, plus persistant que la haute, belle et riche coiffure cauchoise, se parle encore dans les campagnes, où l'on vous dira, en voyant passer un beau cheval, voilà un beau queval, monté par un beau né, un beau nègre, suivi de son quien, chien.

On jugera mieux de ce vieux langage, qui n'a plus guère de raison d'être, par la *traduction* de quelques passages d'une des plus jolies fables de Lafontaine :

LÈ BAITES MALADES DE LA PESTE.

Un ma dont chacun s'désespéhe,
Ma que l'bon Diu dans sa colèhe
Inventit pour puni l'zhommes de tou leux méfaits
La peste, c'est com'cha q'no la toujou applaie
Qui tue en un jour pu q'la guerre en eune annaie,
Su tout' lè baîtes teumbit eune fais
Tretoutes n'en crevaient point, mais tretoutes s'en r'sentaient.
Yen avoit pu pièche qui trachaient
A soutnir enco leux paur vie.
Les lous accagnardis n'trachaient pu lè z'agneaux,
Lè r'nards teumbaient d'vant lè picots,
L'amou et le plaisi chantaient comm' Jérémie !...
Le lion lez assemblit et leux dit : Me z'amiss
Su malhûs là, j'crai mai qu'c'est l'ciel qui l'a permiss
Pour no puni d'tou nos pèchesses :
Faut donc que l'pu pècheux d'su liu
Se prépahe à mouhi pour appaisai l'bon Diu,
La mort d'un pourra bien r'gahi lè z'autes z'espèces,
L'histouéhe no z'apprend qu'en des cas comm' stilà
No fait dè sacrifices comm' cha.
....

Suivant que vo sé riche o bien qu'vo sé manant
Lé jugement dé cours vos rendront né o blanc.

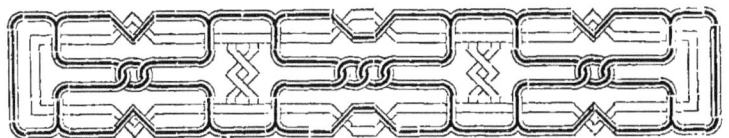

XI.

LILLEBONNE.

Le Valasse — Les Successeurs des Moines — Julio-Bona — Les Vallées — Les dieux de César et de Pompée — Le peuple Calète — Les autels de Jules-César-Auguste — Sépultures romaines — Le Théâtre — De ses débris les Moines construisent une Abbaye — Le Géant réveillé — Le Balnéaire — Côté des Hommes, côté des Femmes — Le Gallo-Romain peu galant — Les Fouilles — Les Statues — Les Statuettes — Les Médailles — Nouvelles Ruines — Le Château ducal — Fêtes Chevaleresques — Guillaume-le-Bâtard — L'Hospitalité — Les Chapeaux de Roses — Toujours l'industrie — L'Église — La petite Ville aux blanches maisonnettes.

NOUS quittons Bolbec pour suivre une route qui commence presque au centre de la ville, dans la direction du Sud, et donne accès à l'un des plus délicieux vallons du pays cauchois. La Bolbec, pour ne pas perdre ses bonnes habitudes industrielles, continue, jusqu'à une certaine distance, à donner la vie et le mouvement à quelques fabriques; puis elle reprend son cours de rivière paysagiste et se promène, à travers champs et prairies, limités à l'Est par le village de Gruchet, à demi-caché dans des massifs de grands arbres, à l'Ouest par une vaste et confortable propriété. Le Valasse, c'était avant la Révolution une retraite comme savaient les choisir les moines du moyen-âge — pays de chasse, de pêche, sol fertile et produisant d'excellents fruits ; enfin, toutes les délices de la vie matérielle. La Révolution a chassé les moines ; les grosses fortunes amassées dans le tissage, la teinture, le filage, se sont empressées, presque partout, d'entrer par la porte qui venait de se fermer sur les cénobites. Parcourez la France, et particulièrement la Bretagne et la Normandie, et dites qui sont aujourd'hui les successeurs et les maîtres des vieux châteaux, des antiques abbayes, des prieurés, des monastères que le temps, la guerre et le marteau ont respectés. Ce sont, pour la plupart, des industriels. N'avons-nous pas vu, l'an dernier encore, la grande salle des chevaliers du château de Fougères, un des plus beaux restes des constructions militaires de la Féodalité, démocratisée par un atelier de peigneurs de laines et de teinturiers ?

A droite du vallon, qui va toujours s'élargissant sur un espace d'environ 8 kilomètres, et se continue ensuite jusqu'à la Seine, commence la petite ville de Lillebonne, partagée en deux parties par un côteau qui, à son tour, abrite une autre vallée, la vallée des fabriques, dans le centre de laquelle flue aussi une rivière, tourmentée sans cesse par les exigences des usines dont elle est l'esclave et la très humble servante. L'aspect de ces deux sections de la ville ne se ressemble guère, l'une agitée, l'autre calme et paisible.

Ici, nous marchons sur des pierres qui ont été les dieux de César et de Pompée. Cette contrée est curieuse à plus d'un titre, et a donné bien de la tablature aux antiquaires. Dans la Gaule-Belgique, *Julio-Bona*, aujourd'hui Lillebonne, fut la capitale du peuple Calète, ci-devant pays de Caux, qui n'a plus de capitale.

Suivant une ancienne tradition dont l'histoire doit faire justice, a dit un savant archéologue, l'ancienne ville calétéenne fut ruinée par Jules-César, qui, l'ayant fait rebâtir et fortifier — à quoi bon alors l'avoir ruinée ! — lui donna le nom de *Julio-Bona* : cité bonne à Jules, ou aimant Jules (qui l'avait ruinée !) Mais aucun écrivain n'a désigné cette cité, dont l'origine est perdue sous le nom de *Caletus*. Ne sait-on pas, d'ailleurs, que les guerres civiles qui suivirent de près la conquête des Gaules ne permirent pas à ce général d'y faire aucun établissement considérable. Il est plus probable que les peuples Calètes auront donné à leur ville capitale le nom de *Julio-Bona* en l'honneur de l'empereur Auguste (Julius-César-Augustus) qui établit dans la Gaule la forme du gouvernement romain, et qui fut « si chéri des Gaulois qu'ils lui élevèrent un temple et un autel dans une de leurs métropoles. »

Au temps où écrivait Ptolémée (au IIe siècle), *Julio-Bona* était encore célèbre et capitale des Calètes ; — sa population devait être considérable, car elle avait son théâtre, ses balnéaires, ses monuments publics, ses nombreuses villas.

Lillebonne est plein et entouré de ruines romaines : on ne saurait y creuser la terre sans y trouver des fondations, des médailles, des débris de toute espèce; en descendant la vallée vers le Mesnil, un vaste emplacement est tout rempli d'urnes, de vases, pour la plupart en verre, et de sépultures romaines. En remontant le vallon opposé, un aqueduc, qui allait chercher l'eau à plus de 2 kilomètres de la cité, existe encore par portions; enfin, les ruines imposantes d'un théâtre romain sont encore debout, à l'entrée de cette ville, par la route de Rouen.

De tous les monuments antiques, connus dans le département, ce théâtre est le plus considérable et le plus curieux.

Ce n'est pas que l'on y trouve de magnifiques colonnes, de riches entablements, des arcs hardis et de belles proportions : ce sont plutôt des pans de mur élevés que le temps outrage depuis quinze siècles, et qu'il ne peut abattre, quoique la main des hommes y ait beaucoup aidé; mais l'ensemble des constructions encore subsistantes le rend digne de l'attention des touristes.

Tout ce qu'on voit de murailles romaines à Lillebonne n'étant revêtu que de pierres coquillères d'un petit échantillon, doit probablement sa conservation au peu de cas qu'en firent les moines de Saint-Wandrille, qui préférèrent prendre les grandes et belles pierres des gradins ou d'autres sections du théâtre pour bâtir les parties les plus apparentes de leur église de Saint-Michel, ainsi que le constate une chronique latine de cette abbaye.

Ainsi, la splendeur de *Julio-Bona* ne survécut pas à la puissance de ses fondateurs. Après eux, ce n'est plus qu'une grande solitude, couverte de monuments renversés. — Le Christianisme pénètre dans la contrée. Le culte des dieux du paganisme est anéanti, les idoles renversées, brisées ou enfouies.

Ce qui prouve l'ancienne importance et la splendeur de Lillebonne, c'est son théâtre, enfant perdu de la vieille Rome, que les légions ont oublié dans la Gaule, lorsqu'elles fuyaient en se repliant devant les barbares. Caché dans une grande couche de sable et d'alluvion, il y a moins de soixante années, le géant dormait encore de son sommeil de quinze siècles. A cette époque, le donjon féodal de Guillaume-le-Conquérant dominait seul la vaste enceinte d'un village qui contenait dans ses murs les trésors des arts et les richesses de la science. — Il a fallu longtemps pour secouer la poussière que ces quinze siècles avaient entassée sur l'œuvre des Césars.

Ce théâtre avait 110 mètres de longueur : le pourtour inférieur de l'édifice, formé par un corridor circulaire, était de 208 mètres.

La scène semble avoir eu 47 mètres d'ouverture, mesure égale à la longueur de l'orchestre : l'avant-scène avait en surface la moitié de celle de l'orchestre. L'arrière-scène est le lieu que l'on a le plus fouillé.

Pendant les années 1827 à 1829, on explora le balnéaire de Lillebonne, masse irrégulière de bâtiments construite en moellons taillés en petit appareil. Il était divisé en deux parties : *côté des hommes, côté des femmes.* Dans la partie assignée aux hommes, on a trouvé un obscène, dans l'autre une statue de marbre blanc, que l'on pense être *Faustine*, femme d'Antonin-le-Pieux. Cette statue, en marbre de Paros, était renversée la face contre terre, la tête malheureusement brisée et perdue, et cette tête n'était pas, comme tant d'autres, une tête adaptée qui s'ajoutait et se retirait à volonté ; c'était une œuvre de mérite sinon celle du génie. Après un examen attentif, on découvrit dans cette statue plusieurs signes qui placeraient aux cinquante premières années du second siècle l'époque où ce marbre fut érigé.

Le côté des hommes était décoré avec plus de luxe que celui des femmes : le pavé en était de marbre blanc ; chez les femmes, de schiste bleu ou jaune. Dans la première section, les peintures étaient belles et remarquables; dans la seconde, médiocres et semblables à nos anciens papiers de tenture.

Heureuse influence du christianisme sur nos mœurs ! dans nos bains modernes, les femmes ont, avec raison, la meilleure et la plus belle part.

Le 24 juillet 1823, à 800 mètres de la ville actuelle, au-dessus du château ducal qui appartenait alors à la maison de Croï, des ouvriers, extrayant de l'argile, trouvèrent une statue fruste de bronze doré de grande dimension, et couchée sur de nombreux débris. Cette statue antique a deux mètres de haut : sa nudité absolue est le seul trait qui, d'après l'usage des Grecs et des Romains, puisse faire croire que cette antique représentait un dieu.

Les fouilles des grands monuments de Lillebonne ont mis à nu une foule d'objets d'art : des instruments d'ivoire, d'or, de fer, de bronze, de terre cuite, de verre, de marbre et de pierres de différentes qualités. Des épingles pour les cheveux, des manches de couteaux, des clous de fer et un nombre considérable de médailles et monnaies de bronze; des anses de vases ornés de figures d'animaux, de têtes de cygne, un petit buste en bronze représentant un jeune homme, et de ces cachets dont se servaient les anciens oculistes pour constater l'état de leurs préparations ophtalmiques. Malheureusement, la plupart de ces précieux objets ont été disséminés ou perdus de nouveau. Personne ne se trouvait là pour les réunir à mesure qu'on les découvrait, de sorte que les voyageurs et les habitants du pays se les partageaient entr'eux. Plus tard s'éveilla la sollicitude administrative, et l'on recueillit encore cette ample moisson d'objets antiques qui ont servi de base au musée de Rouen. C'est là qu'il faut aller aujourd'hui pour retrouver la physionomie romaine de Lillebonne; combien ces précieux restes eussent eu d'éloquence et d'intérêt, si la petite ville eût su conserver sur place tous ces trésors, et les réunir dans un musée qui eût attiré l'attention d'une foule d'étrangers !

Lillebonne avait naturellement son cimetière romain, situé au Sud de la ville, sur un tertre appelé le *Toupin*. Là se trouvait une collection magnifique d'urnes, de fioles funéraires, d'inscriptions, de bas-reliefs, pages historiques de la *Julio-Bona* romaine à demi effacées par de regrettables dilapidations !

La Lillebonne romaine était devenue chrétienne ; mais voici venir les hordes scandinaves, l'épée dans une main, la torche dans l'autre. — Les temples chrétiens sont renversés comme l'avaient été les temples païens ; ce n'est plus une capitale, c'est une bourgade. La féodalité s'assied sur les décombres ; quelques misérables habitants, échappés à l'extermination générale, se groupent à l'ombre du château ducal, qui s'est élevé orgueilleusement sur le plateau dominant les deux belles vallées qui s'ouvrent à ses pieds, et Lillebonne reprend son titre de ville pour le perdre ensuite et le reconquérir encore.

Lillebonne était, dans le moyen-âge, une place dont la vieille architecture de son château prouve, par ses débris même, et l'ancienneté et l'importance. Cette place a fait partie du domaine des ducs de Normandie, et fut pour eux un objet d'affection ; ils y donnèrent des fêtes chevaleresques, des tournois ; c'était le rendez-vous de tout ce que le duché comptait alors d'illustrations guerrières. Guillaume-le-Bâtard y tint souvent sa cour.

Aux temps féodaux, le vieux manoir s'ouvrait hospitalièrement aux visiteurs ; mais voici à quelles conditions, suivant un document historique de 1423 : « Que si cependant il se présentait un cavalier ayant chapeau de zibeline, vêtements aux divers couleurs, arc d'if à corde de soie, à flèches d'autruche et traits d'argent emplumés de plumes de paon, ayant de plus un chien de chasse blanc, à laisse d'argent et pendantes oreilles, on lui permettra de se distraire et ou ne l'empêchera en rien. »

De grands et singuliers avantages féodaux étaient attachés au comté de Lillebonne :

Le prévôt de Quillebeuf était tenu tous les ans, le jour de la Sainte-Trinité, d'amener un bateau, tendu et tapissé, garni de mousseline, pour passer le comte de Lillebonne audit lieu de Quillebeuf, et les officiers dudit comté, leur offrir trois chapeaux de roses, leur faire festin et banquet avec toutes sortes de viandes, servir trois nappes l'une sur l'autre audit banquet, et les ramener ensuite en leur faisant passer l'eau jusqu'à ce qu'ils fussent à pied sec.

Que dites-vous de ce comte et de ses deux officiers couronnés de roses, s'asseyant à la table dressée par les manans de Quillebeuf, en usant du singulier privilége de salir trois nappes à la fois ?

Mais, légions romaines, barons, ducs et comtes normands disparus, voici venir l'*industrie* qui, trouvant la place bonne et convenable, se pose, sans façon aucune, au milieu de ces grands souvenirs, et trône à son tour sur cette poussière. Elle jette çà et là dans ces vallées ses palais, ses villas et ses usines ; elle voit avec orgueil la fumée de ses fourneaux s'élever presque à la hauteur de cette tour superbe, du sommet de laquelle Guillaume montrait à ses chevaliers le chemin de l'Angleterre.

Le seul monument du moyen-âge qui soit resté à Lillebonne, outre les ruines de son château ducal, c'est son église paroissiale de Notre-Dame, bâtie depuis trois siècles. La merveille de cette église, c'est le clocher, qui, par sa grâce et son élégance, rappelle beaucoup celui d'Harfleur, et paraît en être une copie ; quoique du même style que l'église, il se marie assez mal avec elle ; l'accouplement en paraît forcé, et l'alliance semble ne s'être accomplie qu'au moyen de la violence.

Le clocher, haut de 55 mètres, formé d'une tour carrée et d'une flèche octogone, produit un effet magique au milieu de ce riant paysage. Le portail se compose d'une voussure ogivale, décorée de tores ; deux anses de panier, séparées par une niche, supportent le tympan ; de chaque côté sont des espèces de contre-forts tapissés de colonnettes et de niches destinées à recevoir les statues de la Sainte-Vierge. L'église de Lillebonne présente une longueur totale de 33 mètres ; la largeur de la nef est de 16 mètres 50 ; le chœur a 12 mètres de long sur 10 de large. Le bas côté Ouest de cette église, qui a trois nefs, est percé de cinq fenêtres ; l'une d'elle renferme quelques vitraux. Dans le bas côté de l'Est, un joli bas-relief en marbre représente Notre-Seigneur mourant, que sa mère tient dans ses bras, tandis que Madeleine arrose ses pieds avec ses larmes ; la fenêtre de l'évangile a pour sujet une messe miraculeuse, et celle de l'épître la vie de Saint-Jean-Baptiste.

Que reste-t-il aujourd'hui de la *Julio-Bona*, voyez : un petit hôtel-de-ville, de petites maisons bien blanches ou bien rouges au pied de ces belles murailles grises, à côté du château, tout en face du théâtre, dont leurs murs noirs et quinze fois séculaires semblent honteux d'un pareil voisinage.

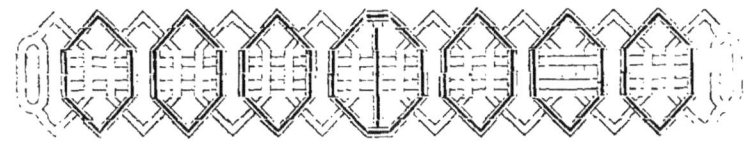

XII.

ÉTRETAT.

La Campagne Cauchoise — Octeville — Le Tilleul — Le Château et le Fort de Fréfossé — Étretat — Alphonse Karr — Les Paysagistes — Les Pêcheurs — Euryale et Nisus — Les Lavandières — Curiosités naturelles — La Chambre aux Demoiselles — La Légende — La Porte d'Aval et l'Aiguille — Impressions d'un Navigateur — L'Église et Notre-Dame-de-la-Garde — La Chaîne — Les Chalets et les Artistes — Port militaire — Napoléon Ier — Les nouvelles Batteries.

UNE route charmante conduit, en deux heures et demie, le touriste du Havre à Étretat; un service régulier de voitures publiques est, deux fois par jour, à la disposition du voyageur. Cette route départementale, soigneusement entretenue, vous promène à travers une des plus belles campagnes du pays de Caux, dont le *chef* n'est qu'à une faible distance de la voie; cette campagne, admirablement fertile et cultivée, ne serait pas exempte d'une certaine monotonie, si elle

n'était égayée çà et là par des bouquets de grands arbres, au milieu desquels se cachent ces jolies fermes normandes, si bien tenues et si intelligemment appropriées à leur destination ; ces fermes, et ceux qui les habitent et les cultivent, ont un air de bien-être et d'aisance qui contraste fortement, à ce double point de vue, avec l'aspect misérable et grossier des habitations rurales et des populations agricoles de certaines contrées de la France.

Deux ou trois villages, un peu considérables, sont traversés par cette route : Sanvic, à la limite du Havre, Octeville, à quelques kilomètres de Sanvic, et le Tilleul, au sommet de la longue côte, à l'extrémité de laquelle s'étend le vallon d'Etretat.

La terre du Tilleul fut donnée, en 1050, par Guillaume-le-Conquérant, à l'abbaye de Saint-Georges-de-Boscherville, à condition que les religieux diraient des messes et feraient des prières pour le repos de l'âme de Richard. Sur cette paroisse était bâti le château de Fréfossé, détruit il y a soixante-dix ans, et remplacé par l'élégant pavillon que vous voyez aujourd'hui, à droite, au bord de la route, et qu'habite M. Valois, de Rouen ; le manoir primitif avait, à chacun de ses angles, une tourelle pointue, garnie de machicoulis et de meurtrières ; il était entouré de fossés toujours remplis d'eau ; une herse et un pont-levis en défendaient l'unique entrée.

Le fort de Fréfossé, dépendant de la même seigneurie, était placé à un quart de lieue du château, sur une pointe de falaise qui borde la baie d'Étretat, du côté de l'Ouest ; le fort a subi le sort du château. Au pied de ses ruines, se trouvent les aiguilles, les arches et les grottes, que vous aurez bientôt l'occasion et la curiosité de visiter en votre qualité de voyageur ou d'artiste ; ce fort était un véritable nid d'aigles, perché sur le haut de rochers hérissés de pointes et d'aiguilles, dont la mer baigne éternellement le pied. Pour y aborder du côté du rivage, il faut escalader une falaise de 130 mètres ; par terre, il est défendu par une coupure naturelle de plus de 75 mètres de profondeur.

Mais nous avons quitté le territoire du Tilleul et nous entrons à Étretat.

Le premier aspect de ce village a quelque chose de saisissant et d'étrange qui frappe tout d'abord la vue et l'imagination, et qui n'échappa point à Alphonse Karr ; cet écrivain, observateur et moraliste, trouva, dans ce *pays sauvage* et primitif, une mine féconde pour ses romans, et il n'eut garde de passer à côté de cette bonne fortune. Afin de mieux et plus sûrement la saisir, il y fit élection de domicile, souvent en compagnie de son ami Léon Gatlaye : Euryale et Nisus ; il s'y fit pêcheur en même temps que romancier, et, peu à peu, les curieux, comme ils avaient fait à Trouville après les pages d'Alexandre Dumas et les paysages de Troyon et Morel Fatio, vinrent sur les lieux dresser procès-verbal de la vérité des assertions ; ils vinrent d'abord quelques-uns, puis en grand nombre. Aujourd'hui, il y a foule dans cette étroite et pittoresque vallée, qui se couvre de chalets, de maisons de campagne, qui se fait ville tant qu'elle peut et qui, avant quelques années, aura atteint ou dépassé le but.

Etretat, lors de sa *découverte* par l'auteur de *Sous les Tilleuls*, avait bien quelques antécédents historiques à produire, quelques vieux parchemins, que les chroniqueurs conservaient devers eux ; mais il les avait oubliés. Ce n'était, du *règne* d'Alphonse Karr, qu'un misérable petit port de pêcheurs, s'abritant sous le chaume et passant sa vie à mettre chaque jour ses bateaux à la mer et à les retirer sur la grève caillouteuse, à grand renfort de bras de femmes, de vieillards et d'enfants. Rude était ce labeur et pauvre le produit journalier, et, pourtant, ils ne se plaignaient pas et vivaient à la grâce de Dieu, et d'un peu d'agriculture et du poisson que la mer, qui, aujourd'hui, est devenue un peu marâtre pour eux, leur envoyait providentiellement avec assez d'abondance. Avant quelques années, on ne trouvera guère plus de pêcheurs dans la *ville* d'Etretat, qu'on ne trouve aujourd'hui de poisson dans ses eaux si belles et si profondes.

Voici ce qu'écrivait, il y a quelques jours, un observateur : « Sur un littoral de 390 lieues de développement, est échelonnée la race des pêcheurs ; au Midi comme au Nord, on rencontre, dans cette classe, des mœurs analogues ; celui qui harponne le thon, près de Marseille, diffère peu du Normand qui approvisionne la halle de

Paris, ou du Breton qui tente, par l'appât de la rogue, les bancs de sardines voyageuses. Sur tous les points, ce sont les mêmes cabanes, tapissées de filets, à demi enterrées dans les sables, ou perchées, comme des nids, sur la cime des rochers; ce sont les mêmes hommes à la figure mâle, aux jambes nerveuses, au teint hâlé, actifs, laborieux, sobres, agiles, infatigables. Douze heures sur vingt-quatre, c'est à dire la moitié de leur vie, se passent sur mer, leur chaloupe est à la fois leur atelier, leur réfectoire et leur magasin.

» Non moins laborieuses que leurs maris, les femmes des pêcheurs tendent des lignes le long du rivage, raccommodent les filets, rangent les maquereaux sur les couches, ramassent sur les rochers baignés par la mer les huîtres, les moules et les bigorneaux ; elles portent le poisson au marché, sans négliger toutefois les soins du ménage et l'éducation d'une postérité toujours nombreuse.

» Elles épient le retour de leurs époux et, quand ils rentrent au port, aident à décharger les chaloupes.... Souvent, hélas! elles attendent en vain ! Les pêcheurs s'en vont pleins de confiance, favorisés par la brise et par la marée; soudain le vent saute, les voiles fasient et se déchirent pendant que les équipages, surpris par le grain, se hâtent de les carguer. La mer s'enfle en montagnes ou se creuse en abîmes; obéissant à une irrésistible impulsion, les frêles sloops tournent sur les eaux, leurs coques craquent, leurs mâts se cassent; les lames qui déferlent avec fracas les poussent contre les rochers, et souvent il ne revient au rivage que des agrès rompus et des cadavres défigurés.

» Aucune classe ne pousse plus loin l'affection du sol natal; on tenterait en vain de les naturaliser ailleurs qu'aux bords de la mer où ils sont nés, où ils veulent mourir. Leurs chétives cabanes leur sont plus chères que des palais; quelquefois les sables mouvants, que le vent pousse en monticules immenses, engloutissent des hameaux entiers. Un beau matin les habitants, tout stupéfaits de ne pas voir lever l'aurore, s'aperçoivent qu'ils ont été ensevelis à domicile, mettent le nez à la cheminée, sortent par le tuyau, et déblaient patiemment le terrain.

» En d'autres parages, la côte est bordée de falaises dont les pêcheurs occupent les plate-formes, tandis que la mer en ronge lentement le pied, voilà pourtant quelles demeures plaisent à ces hommes familiarisés avec tous les dangers des flots, des vents et des récifs ! »

De l'embouchure de la Seine à Fécamp, la falaise présente une assez large solution de continuité, c'est celle d'Etretat, l'*Oister-tat* (la station d'huîtres) du moyen-âge, lequel n'a pas transmis avec son nom, à l'Etretat d'aujourd'hui, ses bancs d'huîtres, jadis au loin réputés. Les frais excessifs d'une exploitation de ces bancs, dans les conditions incommodes pour le débarquement où se trouve ce petit port éloigné du chemin de fer de Paris, ont fait renoncer peu à peu à l'exploration de cette branche, ailleurs si lucrative, de la pêche maritime.

ÉTRETAT. 227

Quiconque a dessiné les falaises d'Etretat est, à Paris, peintre de paysage; aussi, pendant la belle saison, le village devient un rendez-vous d'artistes. L'Aiguille, cet obélisque taillé dans la falaise qui se dresse maintenant au milieu des flots; la Porte d'Orient, cette arcade colonale sous la blancheur de laquelle ressort si bien le double azur de la mer et du ciel; les escarpes déchirées du cap d'Antifer, sont reproduites à chaque exposition du Louvre par la peinture ou le dessin, et ce serait leur faire tort que de chercher à les décrire ici.

Etretat est un port dont le périmètre est marqué par la ligne de niveau que traceraient les marées, sans la digue naturelle qui leur ferme le vallon. Depuis l'époque où l'Aiguille et la Porte d'Orient se sont découpées dans la falaise, celle-ci a reculé d'environ 300 mètres; il devient donc évident que l'anse d'Etretat a jadis offert un meilleur abri qu'aucune de celles qui s'ouvrent aujourd'hui sur cette côte. Une rivière coulait autrefois dans ce vallon; elle et sa source ont disparu; une carte de Mercator, du commencement du XVIe siècle, porte un gros ruisseau se jetant dans une anse qui n'existe plus; aujourd'hui, ce ruisseau coule entre deux terres; il épanche, à mer basse, aux travers du banc de galet, ses eaux abondantes et pures.

Etretat, a dit M. Fulgence Gérard, est un petit port (de pêcheurs et de bains) recherché surtout par les artistes. Qui ne connaît ses rocs escarpés, ses grottes sonores; le plain de ses grèves est fermé par un banc de galets qu'y ont charrié et entassé la force des courants et l'apport des lames. Le banc de galet, appelé le Perré, offre un singulier phénomène : creusez au pied le sol, formez-y une fosse, à l'instant elle se remplira d'eau, ce qui n'offre rien de bien surprenant dans une grève; mais ce qui vous étonnera, c'est que cette eau sera de l'eau douce.

Ce sont les écoulements des terres (et mieux la rivière souterraine de Ganzeville) qui s'infiltrent à travers les galets, et forment les sources servant à toute la population féminine d'Etretat à faire ses savonnages et ses lessives.

A peine la mer s'est-elle retirée, que l'on voit ces braves ménagères accourir, un faix de linge sur les bras; chacune y choisit le lieu de son installation, et y creusant elle-même la grève par l'enlèvement de quelques cailloux, elle s'y pratique un lavoir à sa fantaisie.

Rien d'étrange, rien de pittoresque comme l'aspect qu'offre alors cette partie de la plage, le soir surtout, lorsque ces femmes, groupées ou éparses, mêlent le bruit de leur conversation à celui du battoir frappant le linge.

Le Perré est le point le plus bruyant, le plus animé, le plus joyeux de toute la contrée. C'est à la fois la bourse et le forum d'Etretat : c'est là qu'on apprend les prix auxquels s'est vendu le poisson dans les localités voisines, combien le bateau de maître tel aura gagné dans son année, la Saint-Sylvestre venue ; c'est là qu'on apprend le marché en négociation, ou le mariage en projet; c'est là que la malveillance distille ses insinuations, et que la médisance débite ses impudents propos. Les langues sont d'autant plus libres, que si l'on excepte le douanier de service, aucun homme n'approche de cette ruche d'abeilles bourdonnantes.

Les curiosités naturelles d'Etretat sont le *Trou à l'Homme*, la *Chaudière*, la *Porte d'Aval*, l'*Aiguille*, la *Manporte*, le *Petit Port*, le *Trou au Chien*, la *Valleuse*, le *Fort de Fréfossé*, la *Chambre aux Demoiselles*. Toute la partie qui se trouve au pied des falaises, sous les rochers, ne peut être visitée que lorsque la mer laisse cette plage à sec.

Le Trou à l'Homme est une grotte immense, dont le fond est dallé de roches blanches recouvertes d'un sable fin. Au fond du Trou à l'Homme, le Trou au Chien qui, d'après une tradition populaire et menteuse, il faut le dire, était l'entrée d'un souterrain allant du fort de Fréfossé, situé sur le haut de cette falaise, jusqu'au château de ce nom sur la commune du Tilleul.

A gauche du Trou à l'Homme se trouvent réunies les deux plus grandes merveilles que la nature puisse offrir dans notre France pittoresque : la Porte d'Aval et l'Aiguille d'Etretat.

« Tout ce que j'avais vu dans mes voyages sur mer, dans mes explorations lointaines, disait un vieux capitaine de navires, la mer se brisant dans les gorges étroites des Antilles, des vagues furieuses déchiquetant les rochers de la Nouvelle-Zélande, la tempête fumant sur les Penmark, rien de tout cela ne m'avait donné l'idée de l'Océan frappant les rochers d'Etretat. J'avais lu beaucoup de ces pages effrayantes qui glacent les sens, j'avais vu plusieurs de ces tableaux hideux qui font reculer d'horreur, j'avais imaginé souvent de ces scènes d'effroi qui font dresser les cheveux ; mais j'avoue que cette page du livre de la nature, que cette scène du grand drame de l'univers surpassait encore tout ce que j'avais pu imaginer. »

Les mauves bâtissent leurs nids sur le sommet de cette Aiguille, qui n'a pas moins de 65 mètres de haut, et s'endorment là au bruit des vagues et au sifflement des vents.

La Manporte est une arcade immense de forme circulaire, sous laquelle passerait un navire tout mâté avec ses voiles ; puis voici le *Petit Port*, véritable palais magique, dont les parois sont d'immenses falaises, découpées à jour en pyramides et en feston. Le parquet, c'est la mer ; la voûte, l'azur du ciel. Arrivons au sommet de cette côte, dont nous venons d'explorer les bases par la *Valleuse,* un étroit sentier de cent mètres de hauteur, pratiqué à pic dans les escarpements des éboulements des quartiers de roches brisées. C'est par ce chemin que descendent et remontent à chaque marée les pêcheurs qui tendent des parcs et des filets sur les rochers. Arrivé sur le plateau, on suit les bords de la falaise et l'on arrive aux débris du fort de Fréfossé, cette forteresse inexpugnable du moyen-âge. Mais voici la *Chambre aux Demoiselles*, d'où le point de vue est admirable. Le petit nombre de voyageurs assez hardis pour pénétrer dans cette grotte n'ont pas manqué de graver leur nom sur la craie du rocher, comme on l'inscrit chez l'ermite du Vésuve.

Un jour, dit la légende, trois jeunes filles, rivales de grâce et de beauté, furent livrées, par le seigneur de Fréfossé, au supplice de Régulus. Un tonneau, hérissé de clous aigus, les roula du haut des rochers dans les eaux de la mer ; longtemps la machine horrible flotta sur les ondes, en laissant échapper des gémissements qui n'avaient jamais frappé ces rivages, et qui redoublaient quand les accidents du courant la poussaient sur des rochers. Enfin elle s'abîma, et ce ne fut que longtemps après que, brisée par les eaux furieuses, elle ouvrit un passage à trois spectres sanglants qui s'arrêtèrent sur les rochers du fort, s'y assirent avec gravité et y établirent leur demeure éternelle. Ce sont là les *Chambres aux Demoiselles*. Chaque nuit, elles s'en détachent pour visiter leur ancien séjour ; elles franchissent le sentier solitaire et, vêtues de longues robes blanches, remontent jusqu'aux ruines de leur antique palais, qu'elles parcourent lentement ; puis, au soleil levant, elles regagnent, en bondissant sur les brumes du matin, leur rocher silencieux.

Du haut de ces falaises, la vue, qui n'est plus gênée à l'horizon par la ligne bleuâtre des côtes normandes, plane sur cette vaste nappe d'eau qui se déroule devant elle. Calme et azurée, elle s'arrête sur un léger esquif, papillon de la mer que la vague dorlote. Est-elle tourmentée par les vents d'Ouest, comme deux époux mal assortis faisant mauvais ménage, dans ces affreuses tourmentes, suivant l'expression de Shakspeare, le vent fouette et châtie cruellement la mer, tandis que les écueils, les rochers, les bancs de sable, traîtres cachés sous les eaux, attendent au passage la nef innocente pour la déchirer et en disperser au loin les membres sur les rivages.

Combien de siècles doivent encore durer toutes ces merveilles de la nature? Bien hardi serait celui qui leur assignerait un terme, et pourtant, chaque année, la mer rongeant sans cesse le pied de ces falaises, en détache et en roule au loin quelques parcelles; la main de l'homme semble vouloir l'aider dans cet travail; n'avons-nous pas vu, l'an dernier encore, le manœuvre en fouiller la base avec le pic et la pioche, pour en retirer des matériaux propres à la construction des nouveaux édifices qui s'élèvent çà et là dans le vallon et sur les côtes voisines!

Étretat offre au touriste, avec quelqu'orgueil, sa vieille église de Notre-Dame, sans contredit le plus bel édifice du canton de Criquetot; esquisse abrégée de l'abbaye de Fécamp, on croit y reconnaître les mains de l'architecte qui présida à cette grande construction.

Le portail, resté caché jusqu'en 1840, a secoué sa poussière à la voix de M. Vitet, qui en a compris la noble et belle architecture. Archivolte ornée de zigzags, de frettes crénelées, de têtes de clous et de câbles, elle est une très belle pièce de l'architecture romane du XIᵉ siècle. Les colonnettes qui la supportent ont des chapiteaux à personnages. A droite et à gauche du portail sont, dans des niches, de petites statues très raides et très usées, qui remontent à l'époque primitive.

L'aspect de l'intérieur de la nef, qui est sans voûtes, est grave et solennel ; un puits se trouve au bas de cette nef, et il n'est personne qui ne sache que cette particularité, qui se rattache à l'ancienne liturgie catholique, ne se rencontre que dans les très vieilles basiliques. « Voilà, disait un touriste, une de ces églises chenues de vieillesse comme je les aime. »

A l'extérieur, la corniche est faite avec des corbeaux qui représentent des têtes grimaçantes, des diablotins et des animaux fabuleux.

Mais le plus beau morceau de cette église, c'est la lanterne, supportée par quatre grands piliers tapissés de prismes et de colonnettes. La voûte est si hardiment jetée, les colonnettes sont si finement élancées, les ouvertures sont si mystérieusement pratiquées, le jour est si sombre, que, là, le sentiment religieux vous pénètre jusqu'au fond de l'âme.

Au dehors, la tour du clocher est percée de deux fenêtres en ogive ; la corniche est fermée avec des consoles unies.

Sous le clocher fut enterrée, à l'époque de la Révolution, la statue de Saint-Pierre-de-la-Manche, trouvée par des pêcheurs, en halant leurs filets, dans le Fond Béni.

Le saint appuyait sa main sur une ancre, et portait un câble *lové* autour de son cou. Les pêcheurs avaient tant de respect pour ce saint de la mer, que toutes les barques de la côte étaient obligées de le saluer à leur passage en hissant leurs pavillons ; celles qui ne s'y soumettaient pas étaient aussitôt averties de leur devoir par une décharge de coulevrines du fort de Fréfossé.

En 1840, quand on dalla cette partie de l'église, on rencontra plusieurs bas-relief en pierre ; ces groupes, qui représentent *Jésus au Jardin des Olives*, *Jésus mis dans le Tombeau*, et une résurrection, on été donnés, par délibération du conseil municipal d'Étretat, au musée de la ville du Havre, qui n'en a pas pris possession. Depuis, ils ont été encastrés dans la muraille du porche, où notre opinion est qu'ils doivent rester.

Du pied de l'autel, quand le prêtre se retourne et que le portail est ouvert, il peut apercevoir, d'un coup-d'œil, le village avec ses bateaux et ses chaumières, puis les Aiguilles et les portes baignées par la mer et les belles falaises découpées en flèches, en festons, en tourelles et en contreforts.

L'église est éloignée du village et placée dans un vallon qui, grâce à des constructions modernes qui chaque jour s'en rapprochent, perd chaque jour aussi de son aspect sauvage et désert.

Cette paroisse, qui compte aujourd'hui plus de 1,700

âmes de population fixe, n'avait que 78 feux en 1738, et 180 paroissiens en 1275, ce qui fait croire à une ancienne tradition, qui dit que l'église n'a pas été faite pour la paroisse ; mais que ce fut une abbaye taillée en raccourci sur le gabarit de celle de Fécamp, car autrement, disent naïvement les marins, comment concevoir un si grand vaisseau pour un si petit équipage !

Mais si petit que soit l'équipage, sa grande église n'a pas suffi à ses instincts religieux ; il lui a fallu sa chapelle, et il se l'est donnée ; il a construit, sur le versant de sa falaise Nord, un temple bien modeste, dédié à Notre-Dame-de-la-Garde. Pour que les pierres de l'édifice arrivassent au sommet de cette montagne, les pêcheurs ont fait la chaîne comme à un incendie, et, de main en main, la pierre est parvenue à sa pieuse destination, et la chapelle est debout ! Et la vierge, dont elle est le sanctuaire, la vierge protectrice des marins y est chaque jour honorée et implorée !

Depuis qu'il est devenu de mode, parmi les artistes et les hommes de lettres, de passer la belle saison à Étretat, il s'est élevé sur la pointe et le versant de ses falaises, ainsi que dans le vallon, des pavillons et des chalets, qui ont changé presque en entier la physionomie un peu sauvage de ce nid de pêcheurs, et sa population flottante s'est élevée l'an dernier à 3,000 âmes.

Nous signalerons, parmi quelques-unes de ces constructions nouvelles qui ne manquent ni de goût, ni d'élégance, ni de confort, les propriétés de MM. Anicet Bourgeois, auteur dramatique — Brunton, auteur des principes du jeu de whist — Watler, compositeur et professeur de musique — J. Offenbach, directeur des *Bouffes Parisiens* — Dorus Gras et Mme Dorus, tous deux présidents des prix du Conservatoire — Dorus (Vincent), première flûte au grand opéra — E. Lepoitevin, peintre de marine — Léger, peintre, né à Étretat — Jazet, graveur — Fitant, musicien — Rousseau, peintre — D'Outrebon, peintre de fleurs — D'Arnoult, dit Bertall, caricaturiste — M. et Mme Jouet, artistes musiciens.

Au nombre des fidèles habitués, nous comptons MM. de Courcelles, auteur dramatique — Boischevalier, peintre — Bellanger, peintre. — MM. de Montaut, Descharny, Lenud, Maire, Baillard, possèdent également à Étretat de charmantes habitations.

Étretat est, avec Fécamp, le seul point entre Cherbourg et Boulogne, où l'on puisse établir un port militaire, dont la marine française est dépourvue dans ces parages. Napoléon l'avait bien compris, lorsque, par un décret daté d'Ulm, il affectait trente-deux millions pour la construction du port d'Étretat et celle de onze forteresses sur les différents mamelons qui l'environnent ; il voulait en faire un Gibraltar, une place imprenable, qui pût résister à toutes les forces de l'Angleterre. Le projet tomba avec l'homme extraordinaire qui l'avait conçu.

Aujourd'hui, une batterie nouvelle va se dresser derrière le Casino.

Baigneurs, garde à vous !

XIII.

YPORT.

Le petit Vallon — L'Inondation — Les Pêcheurs — Le maçon Bigot — Le baron de Falkenstein — Un rival de Cartouche et Mandrin — La *Légende des Siècles* — La vie des Pêcheurs.

 travers les découpures des falaises qui dentèlent la côte depuis Étretat jusqu'à Fécamp, s'ouvrent, face à la mer, une infinité de fraîches vallées, arrosées par de petits ruisseaux, plantées de quelques pommiers, tapissées d'un gazon verdoyant, sur lequel se détachent çà et là de ces chaumières telles qu'on les rêve à vingt ans, avec l'impatiente convoitise de cette solitude à deux ; — une chaumière et ton cœur. — Dans une de ces découpures qui s'ouvrent plus large que les autres sur l'Océan, s'étale, au soleil couchant, le village d'Yport, un nid de pêcheur, et dont le nom seul

était jadis une injure ; on le regardait comme la Béotie du pays, et l'on se demandait : Peut-il sortir quelque chose de bon d'Yport ; mais le *pornichet* commence à se débarrasser de son linceul séculaire.

« La désastreuse inondation de 1842, si funeste à ses habitants, a posé le village sur la voie du progrès, et la mode des bains de mer l'y a fait marcher *son petit bonhomme de chemin*. Une rue à peu près pavée, de gentilles boutiques et beaucoup de cabanes, voilà l'état actuel ; il y a quelques années, on n'arrivait à ce village que par un sentier rapide semé de silex aigu. La grande rue, vrai cloaque, qu'encombraient des débris de poisson et de la paille à moitié pourrie, exhalait une odeur fétide ; la malpropreté, la misère des habitants, étaient passées en proverbe ; encore quelques vigoureux coups d'éponge, et le petit village aura reconquis sa modeste place dans la France civilisée.

» C'est d'Yport qu'est sorti Bigot, cet humble maçon qui, avec le simple produit de sa truelle, entreprit et conduisit à bonnes fins le creusement, dans la falaise d'Yport, d'un tunnel de 3,400 mètres, qui amène aujourd'hui dans le quartier du port de Fécamp une petite rivière d'excellente eau. »

M. X. de Montepin fait naître, à Yport, *Feu-Follet*, le héros d'un de ses derniers romans. Feu-Follet, un digne pendant aux portraits de Cartouche et de Mandrin, était né à Yport, où ses parents exerçaient la modeste profession de pêcheurs ; quoiqu'il se fît appeler le baron de Falkenstein, son véritable nom était Jean-Louis Valin. Voilà une biographie qui flatte peu les Yportais.

Victor Hugo n'avait-il pas sous les yeux les barques de pêche d'Yport ou d'Étretat, si péniblement hallées sur le galet du rivage, puis, si laborieusement remises à la mer, lorsqu'il a décrit dans cette belle page de poésie de la *Légende des Siècles*, les durs travaux, les périls incessants du pêcheur, les angoisses de sa famille aux jours de tempête, les péripéties de sa vie, si accidentée dans le terrible métier auquel il s'est volontairement condamné.

Ecoutons le poète :

> Depuis l'enfance matelot,
> Il livre au hasard sombre une rude bataille,
> Pluie ou bourrasque, il faut qu'il sorte, il faut qu'il aille,
> Car les petits enfants ont faim. Il part le soir
> Quand l'eau profonde monte aux marches du musoir,
> Il gouverne, lui seul, sa barque à quatre voiles.
> La femme est au logis, cousant les vieilles toiles,
> Remaillant les filets, préparant l'hameçon,
> Surveillant l'âtre où bout la soupe de poisson,
> Puis, priant Dieu sitôt que les cinq enfants dorment ;
> Lui, seul, battu des flots qui toujours se reforment,
> Il s'en va dans l'abîme, et s'en va dans la nuit.
> Dur labeur ! Tout est noir, tout est froid ; rien ne luit.
> Dans les brisants, parmi les lames en démence,
> L'endroit bon à la pêche, et sur la mer immense,
> Le lieu mobile, obscur, capricieux, changeant,
> Où se plaît le poisson aux nageoires d'argent,
> Ce n'est qu'un point, c'est grand deux fois comme la chambre.
> Or, la nuit, dans l'ondée et la brume, en décembre,

Pour rencontrer ce point sur le désert mouvant,
Comme il faut calculer la marée et le vent !
Comme il faut combiner sûrement les manœuvres !
Les flots le long du bord glissent, vertes couleuvres ;
Le gouffre roule et tord ses plis démesurés,
Et fait râler d'horreur les agrès effarés.

....

          O pauvres femmes
De pêcheurs ! C'est affreux de se dire : « Mes âmes,
Père, amants, frères, fils, tout ce que j'ai de cher,
C'est là dans ce chaos ! Mon cœur, mon sang, ma chair ! »
Ciel ! être en proie aux flots, c'est être en proie aux bêtes.
Oh ! songer que l'eau joue avec toutes ces têtes,
Depuis le mousse enfant, jusqu'au mari patron !

Mais ce n'est pas seulement de sa propre existence que se préoccupe le pêcheur, ce laboureur de la mer ; il longe les abîmes, parcourt les rivages abrupts, descend le long des falaises, dans la nuit épaisse et houleuse, pour saisir le cri suprême des naufragés et pour leur tendre la main, quand il en est temps encore.

Sont-ils appelés au service de l'Etat ou du commerce, ils passent leurs plus belles années à plusieurs mille lieues du foyer paternel et du village où ils ont laissé tout ce qui les aime et tout ce qu'ils aiment.

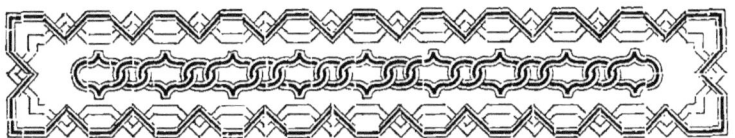

XIV.

FÉCAMP.

Légende merveilleuse — Le Figuier — Origine du Monastère et de la Ville — L'Abbaye fondée par trois Saints — Les Nonnes — Elles se coupent le nez et les lèvres — Deshonorées et massacrées — La Ville et le Monastère détruits par les hommes du Nord — Réédifiés par Richard Ier — Les Chanoines — Leurs déportements — Les trois Mitres et les trois Cardinaux — Suppression de l'Abbaye, 1791 — Ses revenus — Son étendue — Ses illustrations — La Ville actuelle — Son Port — Son Industrie — Pêches — La Morue — Le Hareng — La Baleine — Le Chemin de Fer — Les Bains — Le Casino — Une Rue qui n'en finit pas — Les Falaises — Les Fossiles — Le Phare — La Chapelle des Marins — Un Saint de contrebande — Les Serments — La braye gauloise — Les Fécanaises — Valmont — L'Abbaye — Le Précieux-Sang.

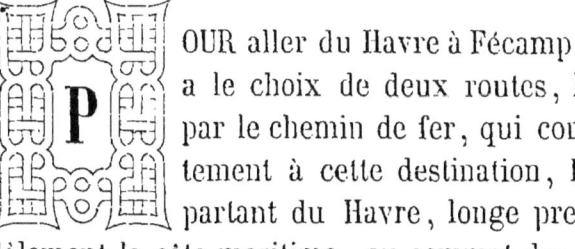OUR aller du Havre à Fécamp, le touriste a le choix de deux routes, l'une tracée par le chemin de fer, qui conduit directement à cette destination, l'autre qui, partant du Havre, longe presque parallèlement la côte maritime, au sommet des falaises, et traverse Etretat, et quelques villages plus ou moins dignes de fixer l'attention du promeneur; cette dernière

voie est celle que nous avons choisie, comme la plus accidentée, mais non la plus prompte.

Vous connaissez Etretat, nous n'y reviendrons plus, et vous ferons entrer tout de suite à Fécamp.

La première page de son histoire commence par une légende, la mer y apporte le tronc d'un figuier, dans lequel Isaac, neveu de Nicodème, a renfermé le sang figé dans les plaies du Christ. Telle est, au dire des chroniqueurs, l'origine du monastère d'abord, puis de la ville de Fécamp.

La royale abbaye de Fécamp, établie en 658 par Saint-Waninge, avec l'aide de Saint-Ouen et de Saint-Wandrille, fut occupée par des nonnes, sous la direction de Sainte-Childemarque. On y compta plus de 300 religieuses. Sous sa protection, la ville se bâtit et prit en quelques années une telle importance, qu'elle devint la résidence des gouverneurs du pays de Caux; mais, en 841, l'abbaye fut détruite de fond en comble par les hommes du Nord; vainement les nonnes, pour échapper aux outrages de ces barbares, se coupèrent-elles le nez et les lèvres, ils assouvirent leur brutale passion sur ces pauvres mutilées et les massacrèrent impitoyablement. La ville subit le sort de l'abbaye et ne fut relevée de ses ruines que par le fils de Rollon, Guillaume-Longue-Epée, qui rétablit le monastère, y bâtit un château-fort. Richard 1er, fils et successeur de Guillaume, trouvant l'abbaye trop mesquine, la fit reconstruire sur de plus larges proportions; mais aussi il la trouva trop belle pour des nonnes ; il envoya les religieuses à Montivilliers et établit des chanoines réguliers dans la nouvelle abbaye. Ces chanoines se livrèrent bientôt à de tels désordres, que Richard les expulsa. Ce duc, qui avait pour Fécamp une affection toute particulière, étant mort dans cette ville, où fut son berceau, se jugea indigne de recevoir la sépulture dans l'église, il se fit inhumer en dehors et dans un lieu où il serait exposé à recevoir les eaux d'une gouttière. Richard II, son fils, installa dans l'abbaye des moines bénédictins, qui l'ont occupée depuis 1001.

Fécamp eut à souffrir de toutes les guerres qui, pendant tant de siècles, désolèrent la Normandie ; son abbaye jouissait d'immenses priviléges ; soumise au Saint-Siége, elle était complètement indépendante de l'archevêque de Rouen. Elle portait trois mitres dans ses armoiries, parce que trois grands monastères étaient compris dans ses possessions. Trois cardinaux de la maison de Lorraine, le cardinal de Joyeuse, Henri, depuis duc de Guise, Henri de Bourbon, Jean Casimir, roi de Pologne portèrent tour-à-tour le titre d'abbés de Fécamp. Au moment de sa suppression, en 1791, l'abbaye de Fécamp jouissait d'un revenu de plus de 160,000 livres ; sa bibliothèque, dispersée aujourd'hui à Rouen et au Havre, se composait de près de 7,000 volumes et d'une centaine de manuscrits. Les bâtiments et les jardins couvraient une superficie de 13 acres. Il ne reste plus aujourd'hui de tout l'édifice qu'une très petite partie du dortoir et l'église qui, par la majesté de ses proportions, par la beauté de son architecture, où l'on distingue la trace des diverses époques depuis le XIe siècle jusqu'au XVIIIe siècle, atteste la grandeur et l'opulence du monastère. On y conserve encore le *Précieux-Sang* qui, au mois de juin de chaque année, attire quantité de pèlerins, et l'on y expose à la vénération des fidèles la pierre sur laquelle on voit l'empreinte du pied d'un ange qui apparut au moment de la reconstruction de l'église.

Fécamp, chef-lieu de canton de l'arrondissement du Havre, est une ville industrielle et commerçante, qui doit surtout sa prospérité à la pêche. Les harengs de Fécamp avaient déjà une grande réputation au XIIIe siècle. Les chutes nombreuses des rivières qui arrosent Fécamp, aidées de quelques machines à vapeur, font mouvoir un grand nombre d'usines, fonderies, chantiers de constructions. La ville s'étend sur un espace d'environ trois kilomètres, dans une étroite vallée où viennent se réunir les rivières de *Valmont* et de *Ganzeville*.

« Fécamp compte aujourd'hui plus de 10,000 âmes et comprend, si ce n'est deux villes, du moins deux populations, l'une maritime, l'autre agricole et industrielle, si différentes de mœurs et de caractères physiques qu'on a peine à les croire de la même race. Resserrée entre le bassin de retenue et le côteau du Sud, la ville s'alonge en s'éloignant de la mer. Les constructions se multiplient aujourd'hui dans le quartier de la marine ; on y trace des rues et les jardins y disparaissent. Le quartier du haut, groupé autour de l'ancienne abbaye, reste étranger à ce mouvement ; il doit aux chutes d'eau du ruisseau de Valmont le voisinage de plusieurs filatures de coton ; indépendamment des ouvriers qu'elles emploient directement, elles fournissent des matières premières aux nombreux métiers à tisser qui sont répandus dans la ville et dans les environs. Les ouvriers en coton y sont, comme presque partout, un objet de commisération, et pourtant le contraste qui règne entre leur débilité et la vigueur des gens de mer, ne détermine aucun d'entre eux à changer de profession ; les habitudes attachent des serfs aux manufactures, comme jadis les institutions les attachaient à la glèbe. »

La pêche, au banc de Terre-Neuve, de la morue, ce poisson si stupidement bête, qui attend son tour pour arriver au hameçon, comme on fait queue au théâtre pour prendre ses billets, cette pêche, disons-nous, donne lieu à Fécamp à des armements considérables ; elle profite aux armateurs du pays, en même temps que ce rude métier de pêcheur fournit à l'État une pépinière de braves et d'excellents marins, longtemps éprouvés par cette périlleuse exploitation.

La pêche du hareng est encore une ressource précieuse et qui contribue à l'emploi et au bien-être d'une population énergique, active et laborieuse.

Il arrive accidentellement que la baleine se promène dans les eaux de Fécamp. Le 15 juillet 1859, une bande de cinquante baleines-cachalots passa devant le port, *sans s'y arrêter bien entendu*, et continua sa route du Nord vers le Sud.

La baleine, qui apparaît quelquefois encore sur les côtes de Normandie, donnait lieu, au commencement du XIIe siècle, à des pêches considérables. Guillaume-le-Conquérant accorda à l'abbaye de Saint-Etienne de Caen la dîme sur les baleines prises à Dives.

Ce cétacé, qu'on ne harponne plus aujourd'hui que dans les mers lointaines et pour sa graisse et son huile, passait au moyen-âge pour un poisson presque délicat; on en découpait la chair qu'on vendait publiquement en carême, comme on fait aujourd'hui de la chair du bœuf et du mouton.

Après avoir obtenu et presque arraché la construction de son chemin de fer, qui met par cet embranchement Fécamp en communication avec le Havre, Rouen et Paris, ce port de mer plein d'avenir a voulu avoir aussi ses bains; il s'est mis en frais d'un magnifique établissement et d'un splendide casino sur le rivage au bas de la falaise et à la bouche de la petite vallée de Régneville, déjà peuplée de chalets en miniature. Les bâtiments offrent deux parties distinctes, le casino et l'hôtel des bains, confortablement et luxueusement meublé et décoré, reliés entre eux par un long bâtiment servant de salle à manger, dont le toit forme une belle terrasse faisant face à la plage. Un des inconvénients de ces bains, c'est la distance qui les sépare du centre de la ville, auquel on n'accède que par une rue qui *n'en finit pas*, rue pavée avec des pointes de paratonnerres, a dit un spirituel touriste.

Fécamp a son histoire et ses historiens, il attendait son poëte, M. Autran est venu, et Fécamp a été chanté comme on chante les *rois*, les *belles* et les *guerriers*.
Ecoutons :

> Voulez-vous de la mer connaître un vrai miracle.
> Voyageurs, voulez-vous contempler un spectacle
> Qui ravit à jamais le visiteur *fréquent* ?
> Allez voir les rochers des côtes de Fécamp.
> Choisissez l'équinoxe : au printemps, à l'automne,
> Octobre, quand j'y fus, chargeait son ciel qui tonne,
> C'est alors que la mer à ses plus bas niveaux,
> Livre à l'explorateur l'accès de ses caveaux,
> Au pied du terrain blanc des normandes falaises,
> Murailles qui font face aux murailles anglaises,
> Mille creux sont ouverts, qui de leur seuil béant,
> Absorbent chaque jour et rendent l'Océan.
> Aux heures où le flot que le reflux emporte
> De ces antres vidés abandonne la porte
> Descendez au rivage, et, longeant sa paroi,
> Entrez : l'étonnement est presque de l'effroi !
> Là se dérouleront devant vous des arcades,
> Des voûtes, d'où le flot tombe encore en cascade,
> Des grottes dont les blocs, minés et crevassés,
> Pendront affreusement sur vos fronts menacés,
> Marchez toujours : la roche aux assises énormes
> Affecte des aspects, des caprices, des formes,
> Tels que le voyageur se demande surpris,
> S'il n'a point dans un songe égaré ses esprits,
> Sont-ce là, pense-t-il, de triomphantes arches ?
> A quelle nécropole aboutissent ces marches ?
> Ces vides résonnants, sont-ce les cachots noirs
> Que les rois féodaux creusaient sous leurs manoirs ?

Des vieux temples thébains, ou des cloîtres gothiques
Ne parcourons-nous pas les cryptes granitiques.
....
Par qui furent créés ces étranges dédales ?
Qui façonna leurs murs, leurs pilastres, leurs dalles ?
C'est la mer ! L'Océan est leur unique auteur,
Il en fut l'architecte, il en est le sculpteur.
....
Mais dans ces profondeurs n'attardez point vos pas,
Car le flux a son heure, et le flux n'attend pas.
Malheur aux imprudents surpris par la marée !
L'Océan est plus prompt que leur course effarée,
Combien d'infortunés qui, dans ces antres sourds
Epuisèrent leurs voix à crier au secours !
La mort a défrayé les sinistres légendes
Qu'on répète le soir sur les côtes normandes.
Les pêcheurs d'Etretat, de Dieppe, de Honfleur
Vous les raconteront et jamais sans pâleur,
Vous diront les amants avec leurs fiancées,
La veille de l'hymen pris par les eaux glacées,
Les enfants disputés aux parents accourus,
Du sein des rochers creux les mânes apparus.

La ville de Fécamp est, pour ainsi dire, enfermée dans une prison de hautes falaises qui semblent ne lui permettre de respirer que du côté de la mer. En effet, pour cette ville le soleil se couche dans les flancs du cap d'Antifer. Les côtes de la Vierge, de Régneville, du bois Boclon et de Saint-Jacques, du Canada, de la Justice et de l'Epinay, élèvent leurs fronts orgueilleux à une hauteur moyenne de 100 à 120 mètres au-dessus de ce port de mer.

Le sol sur lequel Fécamp est bâti a fourni quelques phénomènes à l'histoire naturelle ; on y a trouvé une assez grande quantité de fossiles, notamment des testacés et des débris de végétaux inconnus ou inappréciés. Le cabinet d'histoire naturelle de Paris s'est enrichi d'un fragment de mâchoire inférieure de baleine, exhumé dans une des rues de la ville; des fouilles, qui datent de quelques années, ont fait découvrir avec des cornes d'Ammon le troisième phalangien du pied d'un cheval puisard.

Le port de Fécamp, lorsque les travaux qui se continuent avec de trop faibles allocations peut-être sera achevé, pourra contenir, y compris son bassin, plus de deux cents navires.

Sur la côte Nord, on a construit un phare à feu fixe de premier ordre, destiné à combler la lacune qui existait dans l'éclairage de la Manche, entre les phares d'Ailly et de la Hève. La chapelle du Bourg-Baudouin est aussi sur cette côte un point de reconnaissance pour les navigateurs ; cette chapelle est en outre l'objet d'une dévotion particulière de la part des gens de mer, et quelques-uns font parfois, comme à la côte de Grâce à Honfleur, le vœu de gravir à genoux cette montagne, à la pente rude et pénible, pour aller remercier la Vierge qui les a sauvés de la tempête.

Les pèlerinages deviennent plus nombreux pendant le mois de mars, ce terrible mois des coups de vent. Le jour de l'Annonciation semble la fête particulière de cette pieuse localité ; car, ce jour là, une foule immense envahit le plateau de la falaise, et l'humble chapelle aux tableaux votifs est trop petite pour contenir les dévots pélerins.

Dans les escarpements du rocher, grossièrement tailladé et formant des degrés, les pauvres matelots ont gravé, avec la pointe de leurs couteaux, des croix et des emblêmes où respire une piété naïve.

En sortant de l'abbaye, dit César Marcelle, qui reproche aux marins de Fécamp une foi souvent un peu superstitieuse, un voyageur entra dans une autre église et y vit un vieux matelot à genoux devant une figure de Triton, telle qu'Ovide la dépeint, à la barbe limoneuse et à la queue de poisson. Étonné de trouver cet emblême mythologique dans un temple chrétien, il attendit que le matelot eût fini sa prière, et lui demanda quel était le personnage pour lequel il paraissait avoir tant de dévotion. « Monsieur, répondit le matelot, c'est un grand saint qui, jadis, tomba dans la mer, et fut, par la grâce du Seigneur, changé en poisson ; tous les marins ont confiance dans son intercession, et comme je pars demain pour Cherbourg, je suis venu l'invoquer. »

Quand le matelot fut parti, le voyageur lut en caractères presque effacés le nom du prophète de Ninive, et il grava au bas ces mots qu'on y lit encore :

« ENFANTS DE JÉSUS-CHRIST, RECONNAISSEZ JONAS ! »

A Fécamp, comme dans les autres ports de mer, les marins faisaient autrefois des serments sur le pain, le vin et le sel ; cette coutume a été abrogée par les ordonnances de l'amirauté de 1543 et 1584, c'était un reste de paganisme. Lorsque la chrétienne Eulalie, que le fondateur de l'abbaye avait prise pour patronne, comparut devant le gouverneur de Mérida, païen encroûté, elle refusa de toucher, comme il l'invitait à le faire, un peu de sel et d'encens ; jugée iconoclaste, elle subit incontinent le sort réservé aux chrétiens fermes, un horrible supplice.

Les matelots de Fécamp, comme ceux de Dieppe, d'Yport, d'Etretat et de la plupart des ports de pêche du littoral de la Manche, portent encore, la plupart du moins, la braye gauloise comme du temps de Louis XI ; ces hommes, vieillis sous la brume, vous les rencontrez en bonnet rouge ou bleu sur la tête, et l'indispensable calumet à la bouche.

Les femmes des environs de Fécamp sont dignes de la réputation dont jouissent, de temps immémorial, les cauchoises en général ; Le Pec de la Clôture, dans ses remarques sur le pays de Caux, dit des filles de ce riche pays : « Les cauchoises sont d'un beau sang ; elles sont, pour l'ordinaire, grandes et bien faites, elles ont un beau teint, relevé par des couleurs fines, de la fraîcheur, de la gorge et de l'embonpoint. La couleur blonde est la dominante dans ce pays, même pour l'un et l'autre sexe ; exceptons cependant les populations qui habitent les vallées, les marécages et le voisinage de la Seine, soumises à l'influence des émanations paludéennes. »

Un mot encore avant de quitter Fécamp.

Du haut de la côte que domine la chapelle, il fait beau contempler la vallée qui entoure la ville, et dont la culture, admirablement développée, semble présenter aux yeux éblouis une mosaïque immense. En effet, rien n'est plus curieux que ce jardinage par compartiments nuancés, qui descend de la montagne dans le vallon par des pentes douces et régulières, et qui fait à la ville une riche et riante ceinture. De temps en temps, quelques établissements industriels accidentent le paysage, quelques usines élèvent dans les airs leurs longues cheminées, et promènent sur les prés fleuris l'ombre gigantesque de leur épaisse fumée. Plusieurs moulins ouvrent au vent leurs grandes ailes blanches, grises ou rougeâtres, et leur tic-tac se mêle à celui des moulins à tan, qui réduisent en poussière 240,000 kilogrammes d'écorces de chêne, tirées de la forêt de Lions.

Les ruisseaux réunis de Valmont et de Ganzeville, ou plutôt du Bec-de-Mortagne, forment la rivière qui traverse le vallon de Fécamp. La route de Rouen se mire dans un bras de celle du Bec-de-Mortagne, qui présente un cours d'eau auquel on a donné le nom de *Canal de la Voûte*, parce qu'il passait jadis sous une voûte souterraine de l'abbaye ; ce canal se jette séparément dans la retenue du port.

Avant de dire un dernier adieu à la cité fécanaise, touristes, portez vos regards vers l'Orient, là d'autres merveilles vous attendent ; c'est la vallée de Valmont. Là, vous jouirez de toutes les richesses enviées du paysagiste, de l'historien et de l'archéologue ; la vallée se termine par un joli bourg, à côté duquel vous verrez se dresser un vieux château artistement restauré. Frappez et l'on vous ouvrira, entrez et l'on vous fera, avec empressement, les honneurs du vieux castel et de ses dépendances.

Un peu plus loin l'ancienne abbaye, ne frappez ! car vous n'entreriez pas ; c'est la loi des contrastes, dans sa plus rigoureuse application.

L'église de Fécamp, désignée sous le nom de Sainte-Trinité ou l'abbaye, est, comme l'église d'Étretat, d'un aspect triste et sévère. Aucun ornement ne vient interrompre la nudité monotone de ses murs, noircis par les brumes du Nord ; elle a 130 mètres de longueur et 23 mètres du pavé à la voûte ; les transepts ont 43 mètres de longueur, et la tour, de la base jusqu'au coq, ne compte pas moins de 65 mètres d'élévation. Le clocher, jeté sur les transepts, est une tour carrée, terminée par un toit en plomb. Écoutons l'abbé Cochet :

« Descendez les douze marches qui séparent le sol extérieur du sol de l'église. Après avoir jeté un dédaigneux coup-d'œil sur son portail, œuvre du XVIIe siècle, œuvre de mauvais goût, qui a pour ornement du second ordre, deux pilastres ioniques dont les volutes sont liées entre elles par une guirlande de fleurs. Le triste et mystérieux génie de l'architecture romane a voulu qu'on descendît dans ses temples comme dans un sépulcre, afin que tout portât l'empreinte de cette foi sombre qui en a dicté le plan.

» La nef de cette église, avec les allées qui l'accompagnent, forme un superbe vaisseau ogival de la première époque; elle se compose de dix grandes arcades supportées par des piliers, qui ont pour chapiteaux des cornes ou des boutons, légèrement ouverts.

» Au second ordre règne un deuxième rang d'arcades, formé d'une ogive encadrant deux lancettes; de cette façon règne sur les voûtes des sous-ailes une seconde allée, que l'on pourrait appeler *suspendue*. Enfin, au troisième ordre est une autre galerie sans balustrade, formée avec de doubles lancettes surmontées d'une rose unie.

» Pourquoi ne retrouve t-on plus ce Jubé de Robert Chardon, le plus bel orchestre que la religion ait jamais possédé dans ses temples; il avait échappé aux vandales révolutionnaires, ce chef-d'œuvre du XVe siècle; mais un prêtre l'a renversé, *pour mettre davantage le peuple en rapport avec le sacrificateur*. Ce précieux monument, d'une admirable sculpture, était placé entre les grands piliers de l'entrée du chœur, on peut y voir encore les restes de moulures, de rinceaux, d'arabesques, qui décorent d'une manière irrégulière les fûts des colonnes du XIIIe siècle; quelques groupes d'un grand prix ont également échappé au naufrage. Allez les voir dans la chapelle du calvaire, admirez l'élégance de ce travail;

où la pierre semble s'animer et vivre ; mais, pour vous en donner une juste idée, montez plutôt chez M. Morillon, maître maçon, place des Hallettes, lui qui exécuta en pleurant cette démolition et qui en conserve les précieux débris. Voyez, sa maison tout entière en est bâtie et décorée, il y en a dans sa cour, dans ses caves, dans ses greniers, dans ses jardins; ici, un aigle, une lyre; là, des chapiteaux, des moulures, des gargouilles; plus loin, des trèfles, des quatre feuilles, des rosaces et, ce qui est plus admirable, des bas-reliefs mutilés, représentant l'histoire des chevaliers et des actes de la vie des saints. Vous remarquerez un Saint-Martin à la porte d'Amiens, et une magnifique scène pastorale, qui rappelle les riches bas-reliefs du camp du *Drap d'Or*, que l'on voit à Rouen à l'hôtel du Bourgthéroulde.

» L'artiste s'indigne de ces mutilations et voudrait rendre à la religion, aux jours de doute, ce que la religion a donné à l'art aux jours de foi !

» Après vous être associés à cette sainte indignation de l'artiste, parcourez les chapelles de cette *basilique*, encloses d'une ceinture de bas-reliefs et d'arabesques, solides comme la pierre, délicates comme la fleur ; la chapelle de Saint-Martin, avec son admirable sculpture du prêtre officiant et ses statues évangélistes ; la chapelle de Notre-Dame où, rangées dans leurs seize petites niches sous les fenêtres à vitraux, vivent ces groupes de pierre qui représentent la vie du Christ; contemplez les groupes mutilés, les figures ducales, auxquelles la science même n'ose plus donner de nom, et les murs, jadis dorés, de la chapelle de Saint-Jean, et les magnifiques lambris de celle de Notre-Dame-de-Salut, et les sculptures sans prix de la chapelle Saint-Nicolas, le chef-d'œuvre de Saniths, le trépas de Saint-Benoit, son Christ si vanté, ses admirables restes du Jubé ; tant d'art, tant de grandeur, tant de richesses, tout cela ne vous émeut-il pas ?

» Une cathédrale antique, c'est tout un monde, une création complète.

» Ici, dans les chapelles de Saint-Nicolas et de Saint-Pierre, la statue de Saint-Léger ; là, c'est le lourd pilier élevé par Guillaume de Ros et chargé de bizarres figures.

» Le chœur de l'abbaye de Fécamp est vaste comme celui d'une cathédrale et, plus que tout autre, favorable à la pompe des cérémonies religieuses.

» La plus riche partie du sanctuaire consiste dans les deux autels de marbre ; le premier, à la romaine, composé de marbres divers, est dédié à la Sainte-Trinité ; tout près reposent les cendres de Richard Ier et de Richard II.

» Le second autel, dédié à Saint-Sauveur, est de marbre rouge et blanc ; il est surmonté d'un rétable en marbre, représentant cinq sujets mutilés à la Révolution ; ces bas-reliefs sont surmontés d'une chaîne aussi de marbre, qui présente dans son pourtour douze niches remplies par douze apôtres. Ce beau travail est dominé par une résurrection.

» Au-dessus de ces deux autels règne un baldaquin dessiné par France, et qui s'appuie sur les piliers du rond-point du chœur, que recouvrent des pilastres de marbre de quatre mètres de hauteur ; au-dessus, trois fenêtres garnies de vitraux du XVIe siècle, qui représentent l'image de Saint-Taurin, Sainte-Suzanne et Sainte-Trinité.

» Derrière l'autel de Saint-Sauveur, adossé à un des piliers du rond-point, un tabernacle de marbre blanc, sculpté par les artistes d'Italie ; à la base est écrit :

HIC SANGUIS

N — IHV — XPI.

» Ce tabernacle a subi d'affreuses mutilations ; deux pilastres ioniques renfermaient les statues des quatre évangélistes ; elles sont méconnaissables à force de barbarie. Pour veiller à la porte du tabernacle qui renferme la relique du précieux sang du Christ, contenue dans deux tubes en plomb renfermés dans une espèce de ciboire, deux anges-gardiens sont en adoration. Au tympan, deux autres anges semblent descendre le Sauveur au tombeau ; au fronton, le Seigneur sortant du sépulcre et renversant ses gardes, d'autres disent l'ange annonçant aux saintes femmes et aux apôtres la résurrection du fils de l'homme, et, pour couronner l'œuvre, l'image du Sauveur ressuscité, que deux anges adorent à genoux.

» A certaine époque de l'année, la foule accourt de tous les pays environnants et se presse dans cette grande église de la Trinité ; le nombre des pèlerins est si prodigieux qu'il encombre les nefs, les galeries, les allées, les chapelles.

» Ainsi, après dix-huit siècles, le *sang* de celui qu'on appelait le *fils du charpentier* réunit encore plus de monde que ne le saurait faire le plus grand roi de la terre.

» C'est donc un monde qu'une cathédrale antique; c'est une création qu'une vieille abbaye. Là, tous les hommes et tous les arts se sont donné rendez-vous ; à vos pieds, vous foulez les tombes des ducs, des abbés, des prélats, des évêques et des cardinaux ; levez les yeux, et voilà leurs médaillons, leurs statues, leurs images. Les arts se sont disputé l'honneur de l'embellir : l'architecture a entassé ces masses de pierre ; la sculpture a animé ces blocs de marbre et les a rendus vivants ; la peinture a drapé ces fenêtres et ces lambris. C'est donc un vaste musée que cette basilique, c'est un grand livre dont chaque siècle a coloré les pages. »

Le temps, qui joue si ironiquement avec les œuvres des hommes, n'a pas épargné ce beau reste de l'ancienne abbaye royale ; chaque jour il lui porte de nouveaux coups, auxquels on oppose d'impuissants palliatifs, quelques milliers de francs péniblement concédés pour des réparations de consolidation et d'entretien, qui exigeraient peut-être un million ! Bon nombre de nos monuments religieux ou autres en sont là ; on leur donne avec parcimonie des béquilles qui ne peuvent les soutenir, et qui, si pour quelques jours retardent leur chute, ne sauraient cependant ni la prévenir ni l'empêcher.

XV.

HONFLEUR.

La Traversée — Les Ouivets — Les Bains — L'Hôpital — La Jetée — Le Port — Les trois Rivières — Un Ennemi intime — Notre-Dame-des-Vases — Honfleur au XVIIIe siècle — Les Habits de peau d'ours — Ses Illustrations — La Patrie de Daguerre — Le grand Duquesne à Honfleur — Louis XVI — Les Saucisses municipales — La flotille en jupons — Épisode maritime — Les Créatures — Sainte-Catherine et Saint-Léonard — Un Jordaens — Un Salut féodal — La côte de Grâce — Les Pélerins — Splendeurs du Panorama — M. et Mme Lebrun — Huit jours d'une royale infortune — Le Roi et la Reine des Français — La Louée — La Foire aux jeunes garçons et aux jeunes filles — Les populations rurales — Un singulier édit royal

POUR un touriste, une excursion sur la rive gauche de la Seine fait partie obligée d'un voyage au Havre : car ce pays d'outre-fleuve est un peu plus la Normandie que la rive droite. De la jetée du Nord, à l'aspect des collines verdoyantes qui bornent la Seine à sa limite méridionale, n'avez-vous pas éprouvé le double désir de traverser son embouchure et de voir ce qui se passe de *l'autre côté de l'eau*, dans le pays des *Ouivets*, comme on dit ici. Ce nom est resté à ces braves gens qui répondent toujours *oui-vrai*, en supprimant l'*r*.

Le trajet est court, trente à trente-cinq minutes, court et sans péril aucun; un petit mal de mer par un très gros temps; encore est-ce une rare exception (*). La route n'est pas toujours aussi unie que la surface de la rade, lorsque la grande *baignoire aux mouettes* est moutonnée par le *norouet* ou par le *sorouet*, qui font danser aux navires des polkas fort échevelées. Si vous n'avez ni le pied ni l'estomac marins, vous vous posez naturellement cette question : comment se fait-il qu'il y ait des hommes qui passent leur vie sur mer et s'y plaisent? C'est que ces chocs, ces bonds et ces plongeons dans la grande mare donnent bientôt au navigateur novice un pied ferme et un cœur aguerri.

Les steamers de Honfleur, de Trouville, de Caen, de Rouen même, stationnent dans l'avant-port, priment la marée et partent presque tous à la même heure. Aussi le *Grand-Quai* est-il en ce moment-là encombré de voyageurs qui se heurtent, se pressent, s'essoufflent pour ne point manquer la marée : c'est un tohu-bohu,

(*) Ce petit mal de mer s'acharne si impitoyablement quelquefois sur ses victimes, qu'elles voudraient rendre l'âme, n'ayant plus que cela à rendre. Le comte de Westmoreland, ministre anglais, ayant énormément souffert du mal de mer dans le *passage* de Douvres à Calais, renonça à un voyage d'Italie, à cause du *passage* des Alpes. — Merci, s'écria-t-il, j'ai assez de passage comme cela.

une Babel, une macédoine dont la Basse-Normandie fournit les éléments principaux. Rien de plus animé que ce quai d'embarquement.

Rien de plus gai que de voir les femmes descendre l'échelle : s'il s'en trouve une vieille, laide et revêche, elle descendra avec précaution, demandant au matelot qui va lui offrir la main de tenir ses jupes bien serrées ; si la femme qui s'embarque est jeune, fraîche, enjouée, elle descendra rapidement, montrant une jambe fine et légère, et laissant le vent jouer dans sa robe, sans s'inquiéter si l'on contrôle la couleur de ses jarretières.

> C'est la difformité qui créa la décence
> Cette fillette a l'innocence
> Et cette vieille a la pudeur.

Mais le dernier tintement de la cloche d'appel a sonné ; tant pis pour les retardataires ; il y en a toujours ; le steamer s'anime, prend vie, quitte sa station, double la jetée du Sud, met le cap au Sud-Ouest, et le voilà en mer ; quelques minutes encore et il se rapprochera tout-à-fait de la côte Sud.

A peine avons-nous eu le temps de jeter un furtif coup-d'œil sur le paysage des deux rives du fleuve et sur les passagers toujours nombreux et variés qui encombrent le pont de notre vapeur, que déjà nous touchons au port ; voici l'hôpital de Honfleur, ses bains de mer ; mais quels bains ! De l'eau jaunâtre sur une plage vaseuse. Les habitants d'Honfleur, ceux que leurs affaires condamnent à ne pas s'éloigner de leur centre, s'en contentent, il le faut bien, et se consolent en disant :

« C'est vrai, ces bains sont affreux, mais la route est si jolie ! » Il y a quelque chose de plus *joli* encore que ces bains *impossibles*, c'est la côte de Grâce qui les domine.

Mais nous avons doublé la jetée, et nous voici au but de notre excursion maritime ; prenons terre au milieu de cette foule de curieux qui n'a guère d'autre distraction que l'arrivée et le départ deux fois quotidien des vapeurs qui font le service d'Honfleur au Havre et *vice-versâ*.

La situation topographique d'Honfleur est excellente. La ville est située au pied d'une haute et ravissante colline, entre trois petites rivières, la *Morelle,* la *Claire* et l'*Oranze*. Son port, qui se compose de deux bassins et d'un avant-port, ne laisserait rien à désirer, si un ennemi, sans cesse combattu et jamais anéanti, n'avait, depuis longues années, tenté souvent, avec un déplorable succès, d'en fermer l'entrée. Cet ennemi si persistant, c'est cette vase envahissante et mobile dont vous suivez les traces en longeant le littoral et même les jetées. Est-il surprenant qu'à une époque où l'on croyait plus à l'efficacité des prières qu'à la science des ingénieurs, on ait élevé à Honfleur, sous le titre de *Notre-Dame-des-Vases*, une église qui n'existe plus, quoique la cause de son érection primitive subsiste encore ; alors dans les *gros temps*, tout bon honfleurais adressait à l'image de la Vierge cette fervente invocation :

>Vase d'élection,
>Délivrez-nous de grâce
>Des vases d'alluvion.

L'anglais Evelyn, qui voyageait en Normandie vers le milieu du XVIIe siècle, écrivait : « Honfleur est une pauvre ville de pêcheurs, qui n'est guère remarquable que par les vêtements bizarres que portent les bonnes femmes. Ces vêtements sont de peaux d'ours ou d'autres animaux, comme ils sont de mauvais haillons sur toute la côte. » Depuis Evelyn, la civilisation n'a pas oublié Honfleur dans sa marche, et quoique la plupart de ses rues offrent encore l'empreinte du cachet du moyen-âge, il est facile de voir que cette physionomie perd de jour en jour le caractère d'une époque déjà loin de nous.

D'abord, agglomération de pêcheurs, puis de caboteurs; les plus osés de ses habitants finissent par créer un village, puis une bourgade, une ville enfin, entourée de murailles, flanquée de tours et partout soumise à toutes les vicissitudes des siéges et des guerres que la Normandie eut à soutenir pendant près de quatre siècles; quelques restes de vieilles murailles, patriotiquement défendues contre les Anglais, puis renversées pour ne plus se relever au temps de la Ligue, laissent de belles pages dans son histoire.

Honfleur, dont l'aspect intérieur est assez triste, fut la patrie de Binot Paulmier, le premier français qui doubla le cap de Bonne-Espérance, et reconnut la Nouvelle-Hollande, que la France ne sut pas mettre à profit. L'amiral Hamelin, le contre-amiral Motard, et d'autres marins célèbres, ont vu le jour à Honfleur. Motard qui, en 1805, commandait la frégate la *Séduisante,* soutint cinq combats dans l'Océan Indien, et fit éprouver, par ses diverses captures, une perte de plus de 28 millions de francs aux Anglais. « Cette cité aujourd'hui trop positive, a dit M. Albert Blanquet, a donné le jour à l'un des hommes qui ont le plus largement contribué à la gloire du xixe siècle, en le dotant d'une de ces inventions qui ont la force d'une révolution :

DAGUERRE !

» Daguerre, habile peintre avant d'être l'inventeur de l'admirable procédé qui porte son nom, et qui attend de la reconnaissance publique un hommage qu'il a bien mérité..... sa statue. » Dans la pléiade des paysagistes français, deux jeunes peintres honfleurais ont conquis leur place, MM. Fontaine et Boudin.

Les beaux massifs de hêtres, aux troncs blancs et tordus, qui font leur partie dans le magnifique paysage de la côte de Grâce, n'ont pas échappé aux pinceaux de M. Français, qui passe une partie de la belle saison aux environs d'Honfleur ; c'est tant mieux pour les hêtres, et tant mieux aussi pour M. Français, qui a trouvé là le sujet d'un tableau de maître. Cette toile, justement admirée, a révélé un aspect tout nouveau dans le talent si sympathique de notre jeune paysagiste.

Louis XIV envoya Duquesne à Honfleur avec mission de s'assurer s'il y avait place pour un port de guerre. Duquesne fut pour la négative. L'empereur Napoléon y fit construire bon nombre de navires de guerre, et Louis XVI, à son retour de Cherbourg, s'arrêta, un peu malgré lui, quelque temps dans cette ville. Malgré lui, forcé qu'il fut d'y attendre le flot, car les rois n'ont pas encore appris à commander aux éléments, même ceux qui s'intitulent orgueilleusement les *rois de la mer*. Cependant, la municipalité s'était mise en frais d'un léger déjeuner ; elle tenait à ce que le Prince y fit honneur, et le maire se trouvait fort embarrassé d'en faire la proposition ; cependant, enhardi par un regard du Prince, il s'approche le plus respectueusement possible et laisse échapper ces mots : « *Si Sire souhaitait sucer cette saucisse.* » Le sifflement de toutes ces syllabes frappa l'oreille du Roi qui, souriant avec sa bonté ordinaire, se retourna, goûta quelques fruits, et remercia la ville de son attention. Nous avons dit, et l'histoire le prouve, que Honfleur avait produit d'habiles marins : n'oublions pas non plus les *créatures,* car nous sommes en pays bas-normand. Partout le mot créature indique une œuvre du Créateur ; en Normandie, une femme seule est une créature : « Il y avait tant de créatures, c'est-à-dire tant de femmes, à cette fête, à cette noce, à cette assemblée. »

Or, le 25 mars 1808, un des bâtiments de guerrre qui croisaient dans la baie du Calvados, enleva d'un coup de filet, contre le droit des gens, 24 bateaux de pêche, dont 21 de Honfleur, 2 de Trouvillle et 1 du Havre. 120 marins qui les montaient furent conduits dans les prisons d'Angleterre. Désolation générale, privation dans les familles d'une grande partie des moyens de subsistance. Trois mois se passèrent sans qu'on entendit parler des prisonniers, à la captivité desquels il semblait que la paix seule pût mettre un terme ; mais la guerre s'était rallumée plus ardente que jamais, et les immenses préparatifs qui se faisaient à Boulogne ne laissaient pas l'espoir d'une fin prochaine à ces redoutables hostilités.

Cependant, le 9 juillet, une frégate anglaise, nouvellement arrivée sur la rade du Havre, expédia un parlementaire au commandant de cette place. Le parlementaire ne fut pas reçu ; mais, deux jours après, une embarcation légère se détacha de la frégate et se dirigea vers Hennequeville, commune située à 8 kilomètres à l'ouest d'Honfleur. Près du rivage, deux hommes quittèrent le canot, se jetèrent à l'eau et nagèrent vers la terre ; puis le canot regagna la frégate. Les douaniers, vers lesquels les nageurs se dirigeaient, attendaient que les hommes fussent à portée pour faire usage de leurs armes. Mais ils changèrent d'avis lorsqu'ils entendirent ces mêmes hommes parler le *français du Pays* et les laissèrent aborder.

Pendant que maire et douanier verbalisaient à qui mieux, un cultivateur d'Hennequeville ayant reconnu ces deux hommes pour des pêcheurs du voisinage, accourut et prévint leur famille du retour de leurs chefs. La nouvelle courut bientôt toute la ville. La mer baissait ; il y avait bien quelques bateaux dans le port ; mais point d'hommes pour les manœuvrer. Des femmes étaient là, intrépides, résolues ; quelques mots s'échangent entr'elles : elles savent de quoi il s'agit, et sans perdre le temps à délibérer, trente d'entr'elles se jettent dans neuf de ces petites embarcations qu'on nomme *plates*, sortent du port, s'abandonnent au courant, et portent droit à la frégate anglaise, qui avait mis en panne dès qu'elle avait vu les neuf plates se diriger vers son bord. La frégate ramenait les 120 pêcheurs capturés. On devine quelle scène attendrissante se passa sur son pont, au moment où chacune de ces femmes put reconnaître et embrasser soit un frère, soit un enfant, un père, un mari, un parent, un voisin.

Mais le flux allait commencer ; il fallait quitter la frégate ; les marins en jupons se rembarquent avec ce nombreux supplément et reviennent au port où allait se passer une autre scène.

En voyant les femmes des marins sauter sur les plates, la patache de la douane s'était mise en mouvement pour s'opposer à ce voyage ; les péniches armées étaient sorties du Havre pour se mettre également à la poursuite de la flotille en cotillon ; vains efforts, les plates avaient trop d'avance sur les embarcations officielles ; cette flotille endiablée, comme disaient les malheureux poursuivants, filait son nœud ; mais on l'attendait au retour, et pendant que joyeuses ces femmes courageuses avec tant d'audace ramenaient triomphalement les prisonniers délivrés, les péniches capturaient les plates, conquête facile, et toute cette cargaison animée, hommes et femmes, étaient dirigés sur le Havre ; mais comme ici bas il faut une fin à toute chose, l'affaire s'arrangea, et il fut loisible à chacun, sur un ordre de l'administration supérieure, de regagner ses foyers. Honneur aux *créatures* de Honfleur !

Sainte-Catherine et Saint-Léonard-des-Champs sont les deux paroisses de la ville : la première est « un des plus rares spécimens des caprices de nos pères ; elle est bâtie tout en bois ; autre singularité, la tour est séparée de l'église, de sorte qu'entre le portail et ce haut clocher pointu, étayé de madriers puissants, passe une rue marchande ; mais ce temple chrétien renferme une toile de maître, un Jordaens, rien que cela, venu là on ne sait d'où ni comment, *Jésus au Jardin des Oliviers.*

» Saint-Léonard est remarquable seulement au point de vue de la délicatesse des moulures de son portail. »

La Normandie, autant et plus peut-être que toute autre province de France, était soumise à certains droits féodaux que la Révolution de 1789 a pour jamais anéantis. Il n'en reste aujourd'hui que le souvenir, et l'on a peine à rester sérieux en lisant, dans les vieux titres qui ont survécu aux vieux usages qu'ils consacraient, certaines redevances dues aux seigneurs, au clergé, aux moines ; aux uns c'était un chapeau de roses, à ceux-ci un salut obligatoire et rigoureusement exigé ; en voici la preuve :

Le curé de Saint-Léonard de Honfleur jouissait entre autres droits féodaux, en raison d'un domaine affecté à son église, de la prérogative d'exiger, à chaque mutation de possesseur temporaire, un *salut* à cet ecclésiastique, comme son seigneur et en reconnaissance de vassalité. Or, il advint qu'un jour un héritier de la jouissance de ce domaine manqua à ce devoir. Le curé, qui ne voulait point laisser périmer le droit, chargea un sergent de justice de le signifier au trop oublieux possesseur. Celui-ci se hâta de compulser ses titres, et reconnaissant la légitimité de la réclamation, il se rendit un jour avec des témoins chez le curé, auquel il fit respectueusement les salutations dues ; puis il lui dit :

« Monsieur le curé, vous avez reçu mon salut féodal ; veuillez m'en donner acquit et reconnaissance : je dois ajouter que chaque fois que j'avais l'honneur de vous voir, je m'empressais d'ôter mon chapeau ; vous m'avez appris qu'au lieu d'un salut journalier, je ne vous en devais qu'un pour tout le temps que je possèderai cet héritage ; ne trouvez donc pas mauvais que désormais je me borne à cette seule redevance, dont à présent je suis quitte. »

Cela dit il se retira avec ses assistants, sans faire aucun autre salut, et depuis, chaque fois qu'il rencontra le curé, son feutre resta bravement cloué sur sa tête.

Et le bon curé, que fit-il ?
Le bon curé se prit à rire.

Honfleur mériterait peu l'attention des touristes, à la plupart desquels il importe peu de s'assurer si son mouvement maritime est plus ou moins considérable, si les entreprises qui n'exigent que de faibles capitaux y sont nombreuses et prospères ; le Havre, à ce point de vue, leur a donné toutes les satisfactions désirables ; mais l'objet de la curiosité, de l'intérêt et de la convoitise générale, c'est la côte de Grâce, qui abrite le port contre les tempêtes si violentes sur nos côtes, lorsqu'y règne en maître le vent de mer, le vent d'Ouest. Faisons donc cette ascension, et gravissons les 90 mètres qui élèvent le sommet de cette côte au-dessus du niveau de l'Océan. Nous avons vu de pieux et reconnaissants pèlerins escalader cette côte caillouteuse en marchant, non sur les pieds comme nous allons faire, mais sur les genoux.

Sur cette colline, pudiquement cachée au milieu de grands ormes, je ne sais combien de fois séculaires, s'élève la chapelle de Notre-Dame-de-Grâce, dont on attribue la fondation première au duc Robert-le-Magnifique. Les marins de la côte ont une grande dévotion pour cette chapelle, ainsi que l'attestent les nombreux *ex-voto* suspendus aux voûtes, aux piliers et aux murailles.

Du sommet de ce plateau, le point de vue est au-dessus de toute description. A gauche, on a la mer et la rade du Havre, la ville et les côteaux d'Ingouville et de Graville ; en face, la Seine, Harfleur ; à droite, le château et les falaises d'Orcher, la pointe sauvage de la Roque, et, dans un immense lointain, Quillebeuf et Tancarville ; à vos pieds, la côte Vassal et le Mont-Joli, et le plus merveilleux paysage qui se puisse voir. Là, chaque chose a son aimant : la vague vient au rivage, le fleuve court à la mer, la fleur se tourne vers le soleil, le cœur va vers ce qu'il aime. — Quel spectacle, lorsque les obliques rayons du jour mourant à travers le feuillage, s'étendent sur cette végétation luxuriante en traînées lumineuses. — Qui pourrait rester indifférent à de telles splendeurs, la nature n'est-elle pas l'amie de tous les âges ?

On sort de Honfleur, pour entrer dans le pays d'Auge, par une magnifique avenue d'arbres d'une étendue considérable, et comparée à l'avenue de Versailles sur la route de Paris : c'est par cette voie, triste alors comme les événements du jour, qu'arrivait, presque furtivement, le 25 février 1848, un Prince dont alors le cortége n'avait assurément rien de triomphal. Le roi Louis-Philippe cherchait dans ces parages un asile où la Reine et lui pussent séjourner jusqu'à ce que la sollicitude empressée et presque compromettante d'amis dévoués permît à ces augustes fugitifs de s'embarquer pour l'Angleterre, car, depuis la Révolution, le trône de

France est comme la corde roide du funambule : tout souverain qui ne peut s'y tenir en équilibre tombe immédiatement sur les terres britanniques, où il trouve un asile, un tombeau et une prison.

Voyez, sur le point culminant de la côte d'Honfleur, un petit pavillon isolé d'où la vue s'étend sur tout le littoral de la Seine, c'est à cette porte hospitalière que frappèrent les proscrits. Ils arrivaient de Trouville, où la violente tempête qui régnait alors ne leur avait pas permis de prendre passage sur un des petits bâtiments de ce port.

Laissons parler M. le comte Adolphe d'Houdetot, qui a pris, non sans danger pour sa position, une part si large et si noble au salut et à l'embarquement du Roi; épisode dont il s'est fait le véridique et courageux historien.

« Un vieux jardinier, serviteur de famille, était seul commis à la garde du pavillon en l'absence du propriétaire, le colonel de Perthuis. Les augustes voyageurs lui furent annoncés sous le nom de M. et Mme Lebrun, l'oncle et la tante de M. de Perthuis. Le pavillon se compose de quatre pièces, dont une seule à feu et servant de salle à manger. Les ustensiles de ménage manquaient, la table était boiteuse, les assiettes fort rares. L'infortune rapproche les distances; aussi, toute étiquette ayant disparu, chacun se plaçait au hasard autour de la table; aussitôt desservie, la conversation intime reprenait son cours, chacun laissant trotter son esprit la bride sur le cou. Parfois, le Roi faisait à haute voix la lecture des journaux qu'on avait pu se procurer, et recevait à brûle pourpoint, avec un stoïcisme parfait, les décharges de la presse qui criait haro sur le thésauriseur emportant des monts d'or. Pour toute réponse, Louis-Philippe se contentait de frapper sur ses goussets vides, et de montrer sa chemise d'abdication couleur isabelle. Le soir venu, le Roi se jetait tout habillé sur le canapé du salon; la Reine, faible et souffrante, reposait sur un lit de sangle dressé dans la même salle, et les intimes campaient comme ils pouvaient dans les cabinets voisins.

» Enfin, grâce à d'heureuses combinaisons, quelques jours après le Roi sortait de ce pavillon, accompagné de son valet de chambre; M. de Perthuis conduisait la Reine par une autre route, et tous s'embarquaient la nuit sur le vapeur le *Courrier*, qui débarquait au port du Havre à neuf heures moins un quart. Reçu par le consul anglais, le Roi fut conduit immédiatement à bord du steamer britannique *Express*, où la Reine ne tarda pas à le rejoindre.

» Le lendemain, ils touchaient la terre de l'exil. »

Dans ce bon pays de Normandie, à une époque fixe, certaines contrées sont le rendez-vous de jeunes garçons et de jeunes filles qui se proposent d'aliéner pour une année la libre disposition d'eux-mêmes. Là se rendent également les fermiers des environs, qui viennent y engager des domestiques, valets de ferme, bergers et servantes de basse-cour à la place de ceux qu'ils ont congédiés. Dans le Calvados, ces réunions, portent le nom de *louées*. Dans la Manche, celui de *loueries*. Elles ont généralement lieu dans une prairie. Dès le matin arrivent les jeunes filles qui, le bouquet significatif de leur disponibilité placé sur le côté gauche de la poitrine, rient et folâtrent entre elles; non loin de là, les garçons de ferme ont le bouquet fixé au manche de leur fouet, les bergers au bout de leur houlette appuyée sur leur chien fidèle, l'homme et la bête ne se louent pas séparément. Ils devisent les uns de leurs services passés, de leurs espérances pour l'avenir, non sans guetter du coin de l'œil si dans les rangs féminins ne se trouvent pas quelqu'*objet aimé,* qu'on doit se résigner à ne plus voir ; ne faudra-t-il pas suivre, souvent à une grande distance, le nouveau maître que le hasard va leur donner !

Les fermiers sont sur place, et là commence à se déployer dans les trois camps la proverbiale finesse normande. Après bien des mots, des détours, des circuits, des offres refusées à des exigences jugées déraisonnables, on tombe d'accord ; le marché se conclut, en hausse ou en baisse, suivant l'abondance ou la rareté de la *marchandise,* l'apparence des récoltes ou la valeur des objets de consommation. Alors, le bouquet des jeunes filles change de place, celui des garçons est ôté des manches des fouets ou des houlettes, et bien souvent le gage du fermier, le *denier à Dieu,* passe, dans la soirée, des mains du valet de ferme dans celles du cabaretier, qui n'a pas manqué de dresser non loin de là sa tente approvisionnée de pain, de viandes froides, de fromage et de barriques de cidre du meilleur crû.

C'est dans ces populations rurales qu'il faut chercher les traces de ces santés robustes qu'on ne retrouve plus dans les villes industrielles, où la dépravation morale est le fruit ordinaire de la présence des fabriques, et pourtant ce sont ces villes qu'ambitionnent ces campagnards. Cet amour des cités ne date pas d'hier, la désertion avait commencé longtemps auparavant. En 1713, un édit royal, afin de suppléer à la disette des bras pour la culture de la terre, ordonnait pendant l'été la fermeture des manufactures de la Normandie.

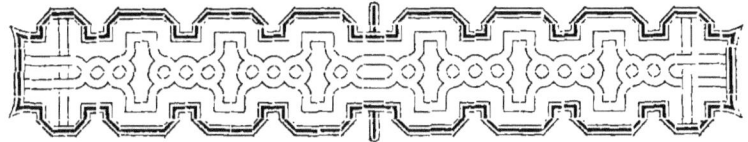

XVI.

VILLERVILLE — TROUVILLE.

Les Pointes — Charles Deslys — Les Rivages inconnus — La Pléiade artistique — La Moulière — Penne-de-Pie — Les Pêcheuses amphibies — La Fôret de Touques et Henri V — Les Inconvénients d'une couronne d'or — Le Châlet du Poète — La petite Suisse — Le Château d'Aguesseau — Trouville — L'Oasis normande — Alexandre Dumas et Charles Mozin — La mère Auseraie — Les Perles — 100 Bateaux de pêche — Les Maisonnettes de Trouville — Les Plaisirs des Baigneurs — La Fashion a chassé l'Artiste — Les belles Dames et le Brigand — L'Église — L'Hôtel-de-Ville — La Salle de spectacle — Le Chemin de fer — Les Bourrasques — Touques — Les Baigneurs modestes — Les Têtes couronnées ou visant à l'être — Troyon et sa vallée d'Auge — Le Paysan ébahi — Un agréable Compagnon de voyage — Le Cap sur le Havre — Une Touriste et son cheval — L'Homme humilié.

LES principaux promontoires de la côte du Calvados sont, en partant de l'Est, la côte de Grâce, à Honfleur, élevée de 90 mètres au-dessus du niveau de la mer, la pointe de Villerville, entre Villerville et Hennequeville, 51 mètres, et à Hennequeville 133 mètres, puis la pointe de la Cahotte, à Trouville, la pointe de Cabourg, etc. Nous allons visiter quelques-uns de ces points; nous ajouterons, à ce que nous avons vu, ce que d'autres ont vu, et nous laisserons parler les spirituels voyageurs qui nous ont précédés ou suivis dans cette agréable exploration.

A vous d'abord notre ami M. Charles Deslys qui, un des premiers, avez carrément et hardiment planté votre tente sur ces rivages jusqu'alors inconnus des touristes.

Sortons de Honfleur par la voie de terre et, soit à pied, à cheval ou en voiture (la route est encore peu carossable), cheminons vers le village de Villerville, huché sur le haut d'une falaise coupée à pic par la mer.

« Sur cette côte se réunit, il y a quelques années, dit l'auteur de la *Mère Renette*, une colonie de baigneurs artistes, fuyant les bains à Casino.

» C'était Duval Lecamus fils, dont la féconde palette ne tarda pas à immortaliser Villerville et les Villervillais, Jules David, au spirituel crayon duquel on doit tant de ravissantes lithographies, le capitaine Blanche qui, lui aussi, pourrait être un maître s'il le voulait bien, Chenillon le sculpteur, Chalamel l'historien, et tant d'autres, sans m'oublier, moi et ma *cabane* en *bois du Nord*, comme disait dernièrement *Figaro*.

» Le pays, c'est un simple nid de pêcheurs, sur une pittoresque falaise formant bastion entre des prairies moutonneuses et des cours plantées de pommiers; toute cette verdure, coupée çà et là de trois vallons, s'étage par replis harmonieux jusqu'aux collines richement boisées qui la couronnent et se découpent en vigueur sur un beau ciel.

» Si l'on se retourne vers l'autre horizon, le tableau change complètement, mais il n'est pas moins délicieux à contempler; au-dessous d'un étroit talus de galets, c'est un interminable promenoir de beau sablé doré; puis les rochers noirâtres de la *moulière* hérissée de ses longs pieux à suspendre les filets appelés guindeaux; sur la droite, la côte de Grâce et l'embouchure de la Seine; en face, la rade du Havre et la silhouette embrumée du cap de la Hève; sur la gauche, enfin, la mer et les innombrables féeries du soleil couchant. Oh! oui, nous avons été d'heureux Christophe Colomb, le jour que nous avons inventé Villerville-sur-Mer! »

Devant les villages de Penne-de-Pie (plume de pie) et Villerville, est un banc à basse rocheuse, recouvert de galet, de sable et de vase, distant de plus de 3,000 mètres de la côte et découvrant à chaque marée. C'est une moulière abondante exploitée pendant l'été par des pêcheurs aux larges brayes, et par un nombre plus que décuple de pêcheuses en jupons de grosse toile, qui parcourent le banc en tous sens, arrachant le bivalve des roches sur lesquelles il a pris naissance. Ces pêcheurs fournissent de moules d'une excellente qualité Rouen et toutes les villes du littoral de la Seine et des environs. Cette pêche est interdite en automne. Des surveillants sont établis sur plusieurs points pour préserver de tout dommage la reproduction de ces moules, ressource inépuisable et précieuse pour le pays qui l'exploite.

« La population normale de Villerville, c'est-à-dire hors l'époque des bains, dit Albert Blanquet, se compose de pêcheurs, vivant beaucoup de la terre et un peu de la mer, car le sol de cette commune est riche, et les herbages y sont abondants. Cette position est en même temps magnifique et effrayante, car ces falaises, terre végétale assise sur des bancs d'argile, n'offrent presque pas de résistance à la fureur des vagues, lorsque soufflent les vents terribles de l'équinoxe. Pour descendre à la mer, il faut s'engager à travers d'étroits sentiers glissants creusés dans la glaise. Le Parisien aime la mer. Autant les riverains tendent à s'en éloigner, afin de préserver leurs maisons des vents du large, autant le citadin, qui ne passe sur ses bords que la belle saison, tient à s'en rapprocher. Il ouvre vers l'immensité toutes ses fenêtres; il lui faut la vue tout entière. Non loin de Villerville est la forêt de Touques, forêt historique que Henri V, roi d'Angleterre et duc de Normandie, qui prit plus tard le titre de roi de France, donna, en 1417, à son frère le duc de Clarence; mais il n'en jouit pas longtemps, car, quelques années après, combattant contre le Dauphin, qui fut depuis Charles VII, il fut tué par le comte de Buchan, fils du régent d'Ecosse, qui le reconnut dans la mêlée à la couronne d'or et de pierreries qui étincelait sur son casque.

» L'importance de cette forêt a été diminuée par de nombreux défrichements. »

Un poète, M. Guttinguer, a fait construire, sur l'emplacement d'un lot aliéné, un chalet, dont le plus petit détail rappelle la Suisse, sa patrie. Le chalet bâti, il a repris sa lyre (vieux style) et l'a chanté dans ces vers gracieux que nos lecteurs ne seront pas fâchés de retrouver ici, comme peinture vraie de ce ravissant paysage maritime et alpestre à la fois.

> Venez au seuil de ma demeure
> Comme un bel ange vous asseoir,
> Et là, paisible, attendez l'heure
> Où l'on cause tout bas le soir.
> Oh ! Vous souvient-il de Plombière,
> De ses sorbiers, de son torrent,
> De l'église où, dans la prière,
> Je vous ai surprise pleurant ;
> Ici, c'est bien plus grand encore,
> C'est l'Océan, terrible et fier,
> Roulant sur la grève sonore,
> L'algue verte et le flot amer ;
> C'est la terre et toutes ses fêtes,
> La mer avec ses bords en fleur ;
> C'est, après de longues tempêtes,
> Des calmes à combler le cœur.
> Vous verrez nos grèves désertes,
> Où pleurent de tristes oiseaux,
> Puis la mer pleine et ses vaisseaux,
> Courant sous les falaises vertes,
> Cent voiles sur des flots d'azur,
> D'abord immobiles, flottantes,
> Puis se gonflant au souffle pur
> Des mers sur les grèves montantes,

Chacune suivant son destin,
Cherchant le port ou le voyage,
Attachant son ancre au rivage,
Ou disparaissant au lointain ;
En cet endroit la mer commence,
Et le fleuve, au gouffre emporté,
Se livre à l'Océan immense,
Comme l'homme à l'éternité.
Courez aux rives étrangères,
Vaisseaux qui passez sous mes yeux ;
J'aurais bien envié naguères
Vos voyages aventureux ;
Vos voiles que le vent assiége
Eussent emporté mes regrets ;
Mais aujourd'hui plus de souhaits,
Sous cet abri que Dieu protège,
La mienne est ployée à jamais.

En suivant le sommet du côteau, toujours dans la direction de l'Ouest, par un chemin montant, malaisé, difficile, mais souvent ombreux et pittoresque, on arrive en vue du château d'Aguesseau, magnifique résidence qui date de Louis XIII, et porte le cachet des grandes constructions de cette époque ; la pierre et la brique s'y marient dans ce système d'architecture qui revient à la mode, car aujourd'hui on n'invente plus en architecture, on imite, quand on ne copie pas servilement, et mieux vaut peut-être encore copier qu'imiter.

On sait que le régent retira les sceaux à cet intègre chancelier et l'exila. En apprenant sa disgrâce, d'Aguesseau dit cette belle parole : « Je ne méritais ni l'honneur de recevoir les sceaux ni l'affront d'en être privé. »

Ce château est devenu la propriété du prince Lucien Murat, qui n'a rien négligé pour en compléter la restauration et les embellissements.

Trouville est à une petite demi-heure de marche de ce château; Alexandre Dumas et Charles Mozin se disputent l'honneur d'avoir découvert cette oasis normande. Peut-être l'un et l'autre ont-ils une part inégale à la gloire que chacun d'eux revendique isolément; Alexandre Dumas a le premier célébré dans ses romans les excellentes matelotes de la mère Auseraie, qui tenait alors la seule auberge du lieu. La mère

Auseraie vit encore, ou du moins l'an dernier elle vivait encore, disant, à qui voulait l'entendre, que les beaux messieurs et les belles dames qui venaient *saisonner* dans son village l'avaient gâté en remplaçant les chaumières par de belles maisons. C'est avec son pinceau que Mozin a popularisé Trouville ; le temps et la mode l'ont fait ce qu'il est en ce moment, un Bade normand, moins le creps et la roulette. Mozin a donc peint Trouville sous toutes ses faces, c'était en 1825, et rien qu'en voyant ses paysages toujours terminés par le vaste et bel Océan, on soupirait d'envie. On vint donc d'abord pour vérifier l'authenticité de cette peinture, puis on est revenu. A Mozin succéda Isabey. Dumas écrivit de nouveau cent lignes sur Trouville, cent perles qu'il égréna sur cette plage ; il vanta ce sable sur lequel un bain vaut dix années de santé, et la fortune de Trouville fut faite. Tout le monde, le *grand monde* surtout, voulut y avoir son lopin de terre ; aujourd'hui le village s'appelle une ville, 15,000 personnes peuvent s'y loger ; mais l'hiver, les hirondelles s'envolent, et Trouville devient, par cette désertion, un peu gros Jean comme devant.

Ainsi Trouville eut d'abord une origine modeste comme fut celle du Havre : quelques cabanes de pêcheurs groupées autour d'une chapelle. « Maintenant c'est un petite ville jolie et coquette, mollement assise au pied d'une falaise, la tête appuyée sur un coussin de gazon, la bouche ouverte sous une des plus puissantes mamelles de l'Océan, a dit le docteur Auber, dans une notice chaleureusement et poétiquement écrite. Contre ce qui arrive habituellement, les baigneurs n'ont pas expulsé les pêcheurs, comme ont fait les Américains des Peaux-Rouges; plus de 100 bateaux de pêche sont aujourd'hui attachés à son port; mais son bijou le plus cher, sa Californie, c'est son admirable plage, véritable tapis de velours semé de paillettes d'or et d'argent, qui s'étend à de grandes distances et qui ne laisse rien à désirer, si ce n'est peut-être un abri contre les vents du Nord.

On compte à Trouville plus de trente rues. Jettez un coup-d'œil sur les habitations temporairement réservées aux baigneurs : ce sont de petites maisonnettes, hautes tout au plus comme un ormeau, à peine larges comme un cachemire de l'Inde, et offrant cependant, ramassées comme des tiroirs dans une commode, cinq ou six pièces parquetées et lambrissées de feuilles de bois qui exhalent une odeur balsamique de résine et de sapin. Voilà les maisonnettes de Trouville.

Elles sont défendues au dehors, dans un espace de dix pieds carrés, par des pots de fleurs appuyés sur un treillage qui forme un écran mystérieux devant le public, qui passe et qui chuchote.

Au dedans, un ou deux étages; en bas, une cuisine et une salle à manger faisant office de salon ; au premier deux chambres de maîtres, au second un grenier et deux chambres de domestiques. Tout cela serré comme une boîte d'allumettes, et cependant de manière encore à laisser à chacun assez de place pour boire, manger, s'habiller et respirer.

Ces douces retraites n'ont pas besoin d'ornements futiles, et par conséquent il n'y a trace de tapissier ou de décorateur sur leurs lambris rustiques. Quelques mètres de calicot blanc comme neige et des trophées de fleurs et de coquillages font les seuls frais de l'embellissement. Les tableaux sont de carton et les meubles de bois et de paille excessivement démocratiques.

Les pays de bains sur l'Océan ont tous entr'eux un air de famille : c'est une plage plus ou moins sablonneuse ou caillouteuse, couverte de petites et légères baraques de planches ou de toile où les baigneurs se retirent pour prendre le costume obligé ; non loin de cette plage, et le plus près possible de la mer, le Casino ou lieu de rendez-vous des baigneurs et des baigneuses, qui viennent humer là, dans les tièdes soirées d'été, les brises aromatiques de la mer, entendre de la musique, jouer ou se livrer aux plaisirs de la conversation ou de la danse ; les maisons qu'une hospitalité, souvent exorbitamment dispendieuse, offre aux étrangers à Trouville et dans d'autres localités, n'ont aucune ressemblance avec les somptueux hôtels de bains allemands ; mais, dit encore le docteur Auber, je ne connais rien de plus luxueux d'air, de lumière et de propreté, que ces frêles habitations taillées à jour qu'on ouvre à Trouville, aux premiers arrivants, pour la saison des bains : c'est frais, c'est petit, c'est joli, c'est musqué de rose et de jasmin comme un boudoir de fée.

Le plus beau joyau de la maison, c'est le soleil : il pénètre dès le matin par toutes les voies à la fois, et aux jours caniculaires, il inonde ces lieux d'une pluie de feu, comme s'il voulait rehausser encore les services de la mer dont le soir il recherche lui-même les caresses.

Les hôtes de Trouville sont cette masse flottante ou parasite qui vient, l'été, lui demander ou la santé ou des plaisirs. Rien n'est plus bigarré que cette cohue élégante, bien portante ou malade. Les orgueils de caste disparaissent devant les splendides grandeurs de l'Océan, et le genre merveilleux se mêle gaîment au genre laborieux sur ce terrain accidenté des joies de transition.

Ce qui prête du charme aux bains et au séjour de Trouville, ajoute le même docteur Auber, c'est d'abord la liberté d'action dont on y jouit, puis les riants et délicieux paysages qui, au loin, y forment des promenades ravissantes. « En marchant vers le Nord, on a à sa droite le groupe de la cité nouvelle qui se profile en fuyant dans une espèce de clair obscur ; à gauche la mer et son imposante majesté. Devant soi se présente un îlot de rochers découronnés par la tempête, qui tranche de ton sur une plaine sablonneuse et s'étend en montant jusqu'aux pôles du Havre, dont les phares lumineux se confondent au crépuscule du soir avec les derniers feux du ciel. Enfin, en revenant sur ses pas, on découvre la belle vallée de Touques, toujours calme et reposée, dont la mer, par un caprice heureux, semble respecter les riantes plantations si pleines de sève et de mystère. »

L'aspect de Trouville a quelque chose d'original, surtout du côté du quai, où de jolies maisons jetées çà et là forment de loin, par un mirage singulier, comme un portique ancien qui ornemente et défend les flancs retroussés de cette ville d'hier.

Naturellement, la fashion a chassé l'artiste, qui s'est réfugié, celui-ci à Villerville, celui-là à Étretat, deux positions qui, bientôt, leur seront disputées par une aristocratie ou une bourgeoisie telles quelles soient.

Mais à travers cette fashion, il se glisse bien quelquefois des baigneurs qui méritent mieux que le titre de chevaliers d'industrie ; hâtons-nous d'ajouter que c'est une exception, et disons vite l'histoire, pour montrer à quelle mésaventure peuvent être exposées les belles dames qui font des eaux de la mer leur grand lavabo.

Au mois de juillet 1858, la Cour d'assises de Caen condamnait à la peine de mort, pour crime d'assassinat et de vol, trois brigands, chefs audacieux d'une bande de misérables, qui venaient de tremper leurs mains dans le sang d'un bijoutier du chef-lieu du Calvados. L'un d'eux, c'était Graft, dont la tête roula plus tard sur l'échafaud, avait été un des vieux lions des bains de Trouville ; c'était un homme d'une figure si mobile, qu'il prenait à volonté toute espèce de physionomie ; il était mielleux dans son langage, il s'efforçait de plaire à force de politesse, et savait toujours se poser en grand observateur des convenances. Durant toute une saison, il était devenu un des hommes à la mode au casino de

Trouville ; chacun s'empressait de l'accueillir avec faveur, et plus d'une dame titrée, pour se promener sur la jetée ou sur la plage, a recherché le bras de cet aimable chef de brigands tout frais sorti du bagne de Rochefort, et qui se faisait passer alors pour un général en retraite.

Si toute femme qui hante les bains de Dieppe et de Boulogne est tenue à une exhibition de cinq toilettes par jour, Trouville se rapproche chaque jour de cette étiquette aristocratique.

A Trouville, trois mois durant, les équipages roulent comme à Paris. Une nouvelle église s'y est élevée pour donner satisfaction aux exigences du culte ; le clocher en est gracieux, mais il n'y a pas d'abside ; le maître autel est placé dans un enfoncement, et masqué de chaque côté par de massives colonnes de l'effet le moins heureux. Il se construit un hôtel-de-ville ; on parle d'une salle de spectacle et de plusieurs autres établissements. Lorsque Trouville aura son chemin de fer, qui le mettra en communication directe avec Paris, Cherbourg et cette riche partie de la Normandie qui forme la presqu'île du Cotentin ; lorsqu'il aura vu construire son bassin, avec l'appropriation de la Touques, pour servir d'écluse de chasse et débarrasser son port des vases qui l'obstruent, Trouville qui, dans les hautes mers, a huit mètres d'eau, pourra prendre une importance commerciale assez grande pour inquiéter un peu son voisin, le port de Honfleur ; mais, pour que cette prospérité rêvée ne lui fasse pas défaut, il est indispensable que la vogue attachée à ses bains lui soit fidèle; or, la vogue est inconstante comme les flots de la mer.

Ce port de Trouville a ses bourrasques et ses tempêtes; Pitre Chevalier a raconté, à ce propos, dans son *Musée des Familles*, une histoire émouvante dont il a été témoin il y a quatre ans, et dont il faillit même être victime.

A titre provisoire, Pitre Chevalier, qui cherchait à Trouville l'emplacement d'une villa, occupait, à l'*Hôtel de Paris*, un pavillon dont il avait jugé prudent de déménager dès les premières raffales; dans la précipitation du *sauve qui peut*, un bijou appartenant à sa fille fut oublié dans sa chambre; il allait y mettre le pied, lorsqu'un fracas horrible retentit derrière lui. Il se retourne; il n'y avait plus de maison.

Trouville a été assez heureux pour rencontrer des personnages riches et influents, qui l'ont puissamment aidé à sortir de sa coquille; ils ont établi un nouveau quartier, implanté, sur ses coteaux arides, d'élégants et somptueux pavillons; les habitants ont secondé cet élan, qui ne s'arrêtera pas, car Trouville est un séjour charmant, surtout à cause de ses environs, qui offrent les plus ravissantes promenades qu'on puisse désirer.

On vous parlera à Trouville du souvenir qu'on y a gardé d'un publiciste qui s'est créé dans la presse parisienne une très honorable position. Après avoir été répétiteur au collège du Havre, M. Grand Guillot, aujourd'hui rédacteur en chef du *Constitutionnel,* se vit poursuivi avec un tel acharnement par la mauvaise fortune, qu'il n'hésita pas à vendre à Trouville d'excellents petits pâtés. Dans cette position plus que modeste, il eut entrée chez une famille russe, en qualité d'instituer. Il partit pour la Russie, d'où il écrivit au *Constitutionnel* des lettres qui lui ouvrirent plus tard une des principales portes de la rédaction de ce journal.

Une jolie route conduit de Trouville à Touques ; qu'est-ce que Touques, me direz-vous ? C'est un village qui tend à devenir faubourg de Trouville ; là se réfugient les baigneurs modestes qui cherchent le bon marché et fuient les distractions citadines des bals et concerts, l'étiquette, les plaisirs et souvent les ennuis du casino.

Touques fut une ville d'une certaine importance, ce fut là que s'embarqua, au XIe siècle, Guillaume-le-Roux, second fils de Guillaume-le-Conquérant, qui, son père mort, voulut devancer son frère aîné, Robert, dans la possession d'un riche héritage, ma foi... La couronne d'Angleterre.

Fatal retour des choses d'ici bas !

Quatre siècles après ce départ, débarquait à Touques, avec une armée formidable, Henri V, roi d'Angleterre, qui venait, lui, essayer de faire poser sur sa tête... la couronne de France.

Plus tard, Henri IV montrait son blanc panache dans les rues tortueuses de Touques, qui s'était fait ligueur ; courte, mais honorable, fut la résistance. Oncques, depuis, Touques ne vit de tête couronnée ou visant à l'être.

Le pinceau de Troyon s'est souvent exercé dans ces parages, qui lui ont porté bonheur, ainsi qu'à beaucoup d'autres paysagistes. On a vendu à Paris, l'an dernier, au prix de 3,900 francs, sa *vallée d'Auge* ; 2,320 francs sa *prairie au bord de la Touques*, et sa *vache blanche* 4,200 francs. Un paysan normand, à qui l'on racontait ce fait, se mit à pousser un énorme éclat de rire, puis il ajouta : « Vous vous gauzez de moi ; est-ce que je suis assez bête pour croire qu'une vache en peinture, qui n'est bonne à rien, se vende vingt fois plus cher qu'une de nos meilleures vaches cotentines, qui rapporte quinze pots de lait par jour. »

Cette *prairie de la Touques* semble être le point de départ d'une transformation chez un de nos plus grands peintres. Troyon aurait décidément renoncé à la brosse fougueuse et énergique de ses premiers temps pour subir l'influence d'une température radoucie ; il brise ce qu'il a adoré, il incline vers le classique ; c'est de l'ingratitude, peut-être !

De la jetée du Havre, les yeux découvrent, du Sud au Sud-Ouest, une étendue immense de côtes, le long desquelles sont assises coquettement les oasis où le monde veut désormais chercher, à tout prix, le repos et les délassements de la vie des affaires ; de ce point extrême de la jetée, par un ciel pur, l'œil distingue aisément Honfleur, Villerville, Trouville et Touques ; mais là ne habits ; ce qui est vraiment singulier, des gens qui s'occupent toute la journée de forme et de beauté, ne s'aperçoivent pas que leurs bottes sont mal faites et leur chapeau ridicule. Ils ont l'air d'apothicaires de province ou de répétiteurs de chiens savants sans ouvrage, et vous dégoûteraient de la poésie et des vers pour plusieurs éternités.

Pour les peintres, ils sont aussi d'une assez énorme stupidité ; ils ne voient rien hors des sept couleurs.

Quelle cage choisirai-je dans cette ménagerie ? Je l'ignore complètement, et je ne me sens pas plus de penchant d'un côté que de l'autre, car ils sont tous aussi parfaitement égaux que possible en bêtise et en laideur.

— Mais, reprit le Monsieur parfumé, il y a dans le haut commerce et dans l'industrie.....

Le vapeur, qui stoppait à l'approche des quais du Havre, et le brouhaha des passagers ne me permit pas d'entendre l'opinion de la dame sur les hommes du haut commerce et de l'industrie.....

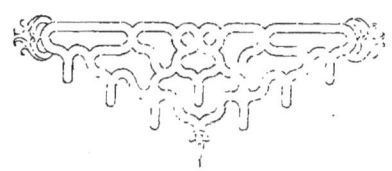

BIOGRAPHIE ANECDOTIQUE

DE QUELQUES

ILLUSTRATIONS HAVRAISES

ANCELOT.

Dans une maison de la rue des Drapiers, qui porte aujourd'hui le numéro 25, naquit, au Havre, le 9 janvier 1794, Ancelot (François-Polycarpe); enfant, il avait vu le Havre bloqué par six frégates anglaises, et lançant sur la ville la mort et l'incendie. Il avait suivi de l'œil la bombe homicide planant sur sa maison et y jetant l'effroi, et ce souvenir était resté gravé dans sa mémoire.

« Ah ! peut-on oublier qu'on vit pleurer sa mère ! » s'écria-t-il, lorsqu'après trente ans d'absence et de fortunes diverses, il revit sa ville natale, où tout d'abord il chercha la vieille rue qui cache presque l'obscur et ancien collége où il avait passé les premières années de sa vie... les plus belles ! Non, écoutez l'écolier devenu poète :

> Témoin de mes douleurs quand, maudissant le grec,
> De mes larmes d'enfant j'humectais mon pain sec.
> Ah ! combien j'aime enfin à revoir cette cour,
> Ces classes, ces dortoirs, où, dès le point du jour,
> La cloche sans pitié tourmentait notre oreille.

A seize ans et demi, Ancelot, qui n'avait plus rien à demander à ses maîtres, chercha, de concert avec sa famille, à se faire une position.

Veux-tu entrer dans le commerce, lui dit son père ? La proposition était peu séduisante ; dans le port et sur le rivage, quelques chaloupes-canonnières, échangeant des boulets avec des vaisseaux anglais ! C'était là tout le mouvement maritime de la Carthage du Nord.

Veux-tu venir en ma compagnie à Hambourg, lui dit son oncle, chargé, par l'Empereur, d'une mission maritime?

Ancelot se fit un peu tirer l'oreille ; toute sa pensée était à un petit pavillon de Sanvic, qui renfermait son premier amour, une jeune fille !

> Sa voix était si tendre ; et de cet œil si pur,
> Tant de candeur voilait l'éblouissant azur !
> Le dimanche, à l'église, on la trouvait si belle
> La fleur de nos pommiers était moins blanche qu'elle,
> Les épis mûrs moins blonds que ces anneaux flottants
> Autour d'un front serein comme un jour de printemps,
> Le lys moins gracieux que sa taille élancée !

Enfin, il accepte la proposition, il part avec l'oncle. Arrivés vis-à-vis de Hambourg, ils se disposent à traverser l'Elbe; une barque les reçoit. A peine installés, un coup de vent, prenant la barque à revers, la soulève à moitié et la fait si bien courir de flanc, que paquets et passagers roulent les uns sur les autres; au milieu de ce désordre, Ancelot n'avait pas perdu de vue une petite malle, jusqu'alors entourée de ses soins et de sa plus vive sollicitude; un soubresaut la fait sauter par dessus le bord; il pousse un cri terrible, un de ces cris pleins d'angoisses, de tendresse et de désespoir; il allait se jeter dans le fleuve pour la sauver, lorsqu'une main vigoureuse l'envoie à l'extrémité du gaillard d'arrière reprendre sa place près de son oncle. A peine débarqué, Ancelot se plaignit d'un violent mal de tête, et ne parlait plus que du trésor inestimable que l'Elbe venait si brutalement d'engloutir.

Mais quel était donc ce trésor? Deux actes manuscrits d'une comédie en vers, intitulée l'*Eau bénite de Cour !* Deux actes, les premiers jets de sa verve naissante, les premiers-nés de son cerveau!

Nous avons cité cette anecdote, parce qu'elle nous apprend qu'elle fut la véritable vocation de notre poète. Rentré en France, il fut employé à Rochefort, où son oncle était préfet maritime, puis au ministère de la marine, d'où, quinze ans après, il fallut une révolution populaire et M. d'Argout, pour le déloger. A peine arrivé à Paris, il lut, à la Comédie Française, une tragédie en cinq actes, *Warbeck ;* la pièce fut accueillie avec faveur; mais, plus sévère que ses juges, il ne crut point l'ouvrage digne de la représentation, et, le jour de la réception de *Louis IX*, il oublia *Warbeck*. Le public salua chaque beau vers, chaque tirade, chaque situation, de bravos unanimes ; Louis XVIII en accepta la dédicace, assura à l'auteur une pension de 2,000 francs sur sa cassette, et lui conféra des titres de noblesse qu'il ne retira jamais de la chancellerie. « Je ne veux être, disait-il en plaisantant sur son blason improvisé, ni le baron d'*avant-hier*, ni le premier et peut-être le dernier noble de ma famille. »

Après *Louis IX*, le *Maire du Palais*, *Fiesque;* puis, à la suite, la croix de chevalier de la Légion-d'Honneur et la sinécure de bibliothécaire de *Monsieur*.

Nous ne suivrons pas notre poète à travers toutes les vicissitudes que la fortune lui réservait. Nous le retrouvons, plus tard, directeur du Vaudeville et s'écriant :

> Quand on a, comme nous, ballotés par l'orage,
> Saisi le Vaudeville au milieu du naufrage,
> Puisque ce fut pour nous la planche de salut,
> Il faut qu'elle se brise ou nous conduise au but.

La planche se brisa, ou à peu près, mais Ancelot s'était assis sur un des quarante fauteuils de l'Académie française.

En 1844, sur l'invitation du maire, Ancelot revint au Havre avec un discours pour l'inauguration de la salle de spectacle, réédifiée sur les ruines du théâtre primitif, fatalement incendié ; il vint avec un discours qui fut peu ou mal apprécié. Il y avait alors contre l'auteur de *Louis IX* des préventions que son talent incontestable sut dissiper dans un moment plus solennel ; il s'agissait de rendre, en présence de leur statue, un public hommage à la mémoire de Bernardin de Saint-Pierre et de Casimir Delavigne. Ancelot débuta d'une façon admirable et finit comme il avait débuté aux applaudissements de la foule empressée qui contemplait avec une admiration expansive :

> Ces deux bronzes jumeaux semblables à deux phares,
> Etincelant sous les feux du soleil,
> Rayonnant d'un éclat pareil.

Une triple salve accueillit ces vers du poète orateur, qui célébraient les premiers jets de l'inspiration patriotique de Casimir Delavigne.

> L'aigle était abattu, la patrie insultée,
> Un poète, un enfant, prend le luth de Tyrtée,
> Il console, il fait oublier !
> Et du pied des vainqueurs, effaçant les souillures
> De la France qui saigne, il cache les blessures
> A l'ombre d'un jeune laurier.

Ce fut le chant du cygne : le 7 septembre 1854, Ancelot disait son dernier mot à la vie terrestre.

L'Académie française lui a payé sa dette ; elle a voté à l'unanimité l'exécution de son buste en marbre, par un de nos premiers sculpteurs. Le Havre a rendu spontanément un pareil hommage à sa mémoire.

APRÈS (d') de MANNEVILLETTE.

Né au Havre en 1707, d'Après fut destiné par son père à la marine. Sa vocation se trouvant en harmonie avec la volonté paternelle, notre jeune Havrais s'embarqua, à peine âgé de douze ans, sur le *Solide,* vaisseau armé dans ce port, en qualité d'enseigne *ad-honores.* Le *Solide* était commandé, pour compte de la Nouvelle Compagnie des Indes, par le père même de d'Après. Nous ne le suivrons pas dans toutes ses campagnes à travers les mers de l'Inde; les grands défauts que présentaient alors les cartes marines, les dangers sans nombre qui en résultaient pour les navigateurs, frappèrent vivement l'esprit du jeune enseigne qui, afin de pouvoir y remédier quelque jour, se livra avec ardeur aux études hydrographiques. Quand il se crut assez sûr des connaissances qu'il avait acquises, après avoir réuni tous les mémoires et toutes les instructions nécessaires, il entreprit la première édition du *Neptune Oriental*, œuvre immense, service éminent rendu à la marine, mais dont son zèle lui fit surmonter successivement toutes les difficultés qui s'opposaient à cette colossale entreprise; il sut la conduire à bonnes fins et trouva, en Angleterre et en France, les sympathies et les encouragements les plus honorables. Le Roi lui accorda une pension de 1,200 livres et le décora de l'ordre de Saint-Michel. Son ouvrage devint l'objet d'un rapport à l'Académie royale de marine; en voici les termes : « L'auteur a dignement rempli sa tâche de citoyen et payé son tribut à l'Etat. Le *Neptune Oriental* de M. d'Après doit être reçu avec reconnaissance et confiance par les marins, et il est digne du suffrage de l'Académie. » Et le suffrage des marins de toutes les nations confirma l'opinion de l'Académie.

Sa ville natale ne fut ni ingrate ni oublieuse. Lorsqu'après une longue absence il vint y faire un court séjour, le corps de ville se rendit auprès de lui et lui offrit les mêmes présents qu'à un gouverneur. Il mourut le 1er mars 1780.

BEAUVALLET (Pierre-Nicolas).

Ce fut un des statuaires qui ont fait le plus d'honneur à l'école française. Sa vocation comprise et bien déterminée, il se rendit en Italie, où il étudia avec un zèle soutenu les chefs-d'œuvre des principaux musées de Rome, de Naples, de Florence, et après avoir passé sur cette terre classique des beaux-arts cinq ou six années, il revint en France, à l'âge de vingt-deux ans. Il se fixa à Paris, où son talent précoce lui fit tout d'abord des protecteurs éclairés.

Il fut chargé, en 1784, de tous les grands ouvrages de statuaire qui devaient servir à la décoration du château de Compiègne.

Le palais du Luxembourg et celui de la Chambre des Députés lui doivent plusieurs statues d'un mérite incontestable. Il est l'auteur de la fontaine du Gros-Caillou, en face de l'hôpital militaire.

Il venait de terminer la statue du général Marceau, de 12 pieds de proportion, lorsqu'il mourut, d'une attaque d'apoplexie, le 14 avril 1818.

Beauvallet était né au Havre, le 21 juin 1750.

BERNARDIN DE SAINT-PIERRE.

Jacques-Henri Bernardin de Saint-Pierre naquit au Havre, le 19 janvier 1737; son père était directeur des coches; il avait la prétention de descendre du célèbre Eustache de Saint-Pierre, maire de Calais — prétention qu'il ne pouvait justifier — L'auteur des *Etudes* et de *Paul et Virginie*, le plus beau titre de sa gloire littéraire, eut, comme tous les hommes, des faiblesses et des vertus ; aimable dans son enfance ; inquiet, présomptueux, ambitieux dans sa jeunesse ; mûri par le malheur, il se refit homme dans la solitude.

Nous ne le suivrons pas dans ses diverses carrières ; c'est la tâche d'un biographe, et nous ne faisons ici que des notes. Disons seulement qu'il lui sera beaucoup pardonné, car il a beaucoup aimé. Les femmes apparaissent dans ses écrits telles que nous les voyons dans les rêves de notre adolescence, parées de leur beauté virginale et ne tenant à la terre que par l'amour ; il ne voit que leur pureté, il ne peint que leurs grâces, il n'aime que leur innocence ; il nous pénètre d'un sentiment divin en nous offrant la douce image de Virginie. Aucun souffle ne ternit cette fleur délicate, qui répand les parfums du ciel. Elle aime de l'amour des anges, et sa dernière action est sublime, car, au moment où elle peut espérer d'être heureuse, elle donne sa vie pour ne pas manquer à la pudeur.

La vieillesse n'avait pas tari en lui la source de cette éloquence du cœur, la plus puissante de toutes les séductions. Nous avons trouvé dans la partie *inédite* de ses manuscrits, cette lettre, véritable bonne fortune, qu'il écrivait à l'âge de soixante-trois ans à Mlle Désirée Pelleport, sa seconde femme, captivée comme l'avait été la première (Mlle Didot) par une admiration voisine de l'enthousiame.

Nous copions *textuellement :*

« Ma tendre amie, je sens que tu manque à mon bonheur, quoi que tu ne l'aye pas encore accompli ; cependant, ton souvenir adoucit ma mélancolie. Oh ! viens, ma chère colombe, te reposer sur mon cœur qui t'aime plus qu'il n'a jamais aimé et plus que tu ne l'as été toi-même. Un jeune homme ne peut connaître tout ce que tu vaux et ne peut l'exprimer. Il faut l'expérience du malheur pour boire dans la coupe de la félicité. Je te vénère comme l'objet le plus vertueux que j'aye connu, et je t'idolâtre comme le plus aimable.

» Je ne te reverrai donc qu'après demain au soir. Fais faire l'anneau conjugal à ta fantaisie, avec nos noms entrelassés....... Je voudrais te faire un cadeau à ton goust nous en parlerons à ton retour, parce que je veux qu'il te soit agréable.

» Prie Dieu pour moi comme je le prie pour toi : je lui demande qu'il nous lie de chaînes éternelles; mes enfants te devront leurs vertus; ils sont pleins de qualités aimables. Tu travailleras pour toi en les élevant, car enfin ils doivent me représenter un jour. Ma fille deviendra ta Désirée : tu lui donneras ta douceur et ton aimable prévenance. Tu me feras père de nouveaux enfants qui s'aimeront et redoubleront ton bonheur et le mien.

» Je t'embrasse de tout mon cœur, ma bonne amie : les visites qui m'arrivent et mes tracasseries, par lesquelles je commence toujours ma matinée, m'empêchent de faire aujourd'hui ma lettre longue comme je le désirerais.

» Adieu, mon pigeon, ma colombe, ma rose, adieu tout ce que je connais de plus aimant, de plus aimable et de plus aimé.

» BERNARDIN DE SAINT-PIERRE

» Ce 10 Brumaire an IX. »

Bernardin de Saint-Pierre a fait mentir le *turpe senilis amor*.

Dans les premiers jours de novembre 1813, Bernardin de Saint-Pierre sentit qu'il allait abandonner la vie : il quitta

Paris et se retira à la campagne. La dernière fois qu'il se fit porter dans son jardin, il remarqua un rosier de Bengale tout chargé de fleurs, mais dont une partie des feuilles était jaunie par le vent, et le montrant à sa femme, sans cesse occupée à retenir son âme prête à s'échapper, il lui dit : « Demain les feuilles jaunes n'y seront plus » et comme il vit que ces paroles lui faisaient répandre un torrent de larmes, il ajouta doucement : « Pourquoi pleurer ? ce qui t'aime en moi vivra toujours — La fin d'une période a toujours été le commencement d'une autre, comme la fin du jour est l'annonce d'une nouvelle aurore, comme la fin de l'hiver est l'annonce d'un nouveau printemps — Ce n'est qu'une séparation de quelques jours, ne la rends pas si douloureuse; je sens que je quitte la terre et non la vie. »

Le 21 janvier 1814, la terre était couverte de neige; un vent froid agitait un jasmin qu'il avait rapporté de Virginie et qui était placé sous sa fenêtre. A midi le soleil parut à travers les brouillards; un de ses rayons tomba sur le visage décoloré du mourant, qui prononça le nom de Dieu et rendit le dernier soupir entre les bras de sa femme et de sa fille.

CASIMIR DELAVIGNE.

La ville du Havre a rendu à l'auteur des *Messéniennes* les mêmes honneurs posthumes qu'elle a décernés à l'auteur de *Paul et Virginie* : une statue de bronze sur une de ses places, à l'entrée de son musée. C'était justice bien faite à l'un et à l'autre de ses enfants, et la France entière n'a pas cessé d'applaudir à ce public et solennel hommage. La France entière, non ! Casimir Delavigne est devenu l'objet des sarcasmes de la *Jeune-Ecole*, qui, chaque jour, effeuille brutalement sa couronne poétique; laissons au temps à donner raison aux sarcasmes ou aux applaudissements. Jean-François-Casimir Delavigne naquit au Havre, dans cette terrible année 1793, et dans quel moment ! Lorsque son père et son oncle étaient jetés dans les cachots; une accusation capitale pesait sur leur tête : ils avaient favorisé l'évasion d'un de leurs parents, proscrit pour avoir occupé un petit emploi à la cour du *tyran* Louis XVI; ils échappèrent à l'échafaud. Neuf ans plus tard, sa famille, qui s'était établie à Paris, fit entrer Casimir au lycée Napoléon ; mais un bandeau fatal voilait son intelligence ; c'était un écolier *piocheur*, voilà tout, un excellent garçon, disaient ses professeurs; seul éloge que lui valut son amour infécond de l'étude ; mais, à quatorze ans, son œil doux et timide s'anime et s'éclaire, son front grandit par le travail secret de l'inspiration ; il fait des vers, et, jetant les yeux autour de lui pour voir ce qu'il y avait alors dans le monde de plus grand et de plus digne des prémices de la muse, son regard tombe sur un berceau, le berceau d'un enfant, qu'un aigle couvrait de ses ailes ; cet enfant s'appelait le Roi de Rome, royauté nominale qui devait, hélas ! bientôt mourir étouffée sous le manteau des Césars germaniques.

Et, depuis, jusqu'à sa mort, Casimir Delavigne n'a cessé de faire des vers, des vers toujours, de la poésie souvent ; comme celle d'Ancelot, sa carrière fut très incidentée — item, il faut vivre — chants lyrique, tragédies, comédies !! Au Théâtre Français, sa première tragédie, les *Vêpres Siciliennes*, fut agréée avec cette plaisante restriction : « Reçue à la condition que l'auteur n'exigera jamais que sa pièce soit jouée. » Après les *Vêpres Siciliennes*, le *Paria*.

Casimir s'était particulièrement épris des charmes du style de Bernardin de Saint-Pierre, son immortel compatriote ; sa jeune et fraîche imagination s'était imprégnée des naïves couleurs que le chantre des *Harmonies* a trouvées sur sa palette pour peindre cette nature si richement exceptionnelle de l'Inde et les mœurs de ces peuples, dont les préjugés de caste ont altéré l'innocence et la pureté primitives ....

Trop longue serait l'énumération des œuvres et des succès de Casimir Delavigne ; ici, seulement, un épisode de son dernier voyage dans sa ville natale, qui l'accueillit avec amour, avec effusion. L'auteur des *Messéniennes* avait été invité par l'autorité municipale à faire œuvre de son patriotisme, en composant un discours pour l'inauguration (le 25 août 1823) du nouveau théâtre dont la ville venait d'être dotée. Casimir se prêta de la meilleure grâce du monde à cette invitation. Le jour fixé, il vint assister à la représentation d'ouverture, ovation complète ; le poète avait fait vibrer la fibre un peu positive de tous les assistants ; il chantait les gloires de la nouvelle cité ; il disait au commerce, qui, rarement, s'était entendu louer en si beau langage :

> ..... La paix vous désarme et vous rend l'opulence ;
> Recueillez ses présents, que sa douce influence
> Règne aussi sur les mers que vous devez franchir ;
> Que le brick voyageur, armé pour s'enrichir
> Des parfums du Niger, de l'Indus et du Phase,
> S'élance des chantiers qu'en glissant il embrase ;
> Que du fruit cotonneux des champs américains
> La poulie, en criant, charge vos magasins ;
> Sortant à grains dorés du boucaut qui se vide,
> Que le Moka, pour vous, s'élève en pyramide !
> ....

Au baisser du rideau, des spectateurs avaient jeté sur la scène une couronne avec cette inscription : *A Casimir Delavigne ;* mais la couronne est séditieuse ; c'est l'arc-en-ciel aux trois couleurs proscrites par les Bourbons.

Le directeur du théâtre est mandé chez le juge d'instruction :

— Vous avez assisté à l'ouverture du théâtre du Havre ?
— Oui, Monsieur.
— On a jeté une couronne.
— Oui, Monsieur.
— Pour Casimir Delavigne ?
— Oui, Monsieur.
— Cette couronne était tricolore ?
— Oui, Monsieur.

Le juge avec vivacité : « Greffier, écrivez. »

— Mais, Monsieur, entendons-nous ; si, par tricolore, vous comprenez les couleurs de la Révolution, mon devoir est de vous détromper.

— Que voulez-vous dire ?

— Je veux dire, Monsieur, que cette couronne était composée d'immortelles violettes, jaunes et blanches.

— Cela suffit, vous pouvez vous retirer.

Cet adroit et officieux mensonge arrêta l'instruction ; l'affaire en resta là.

Le lundi 11 décembre 1843, dans un hôtel de Lyon, il y avait, à genoux devant un lit, le cœur en ferventes prières, les yeux mouillés de larmes brûlantes, deux femmes et un enfant ; sur ce lit était étendu un homme aux traits flétris par la douleur et les stigmates de la mort ; cet homme, c'était Casimir Delavigne, dont l'âme calme et pure venait de s'envoler au ciel. Une de ces femmes était l'épouse qu'il s'était donnée, et l'enfant était son fils ; la seconde femme, non moins éplorée, était la nourrice du poète, qui l'avait reçu dans la vie, et qui le reçut dans la mort...

Il venait d'expirer... Au Havre, il y eut un écho poétique de cette douleur de famille; un jeune compatriote de Casimir, M. Victor Fleury, lui disait :

> Adieu, toi que la mort jalouse
> Emporte d'un bras triomphant,
> Malgré les larmes d'une épouse,
> Malgré les baisers d'un enfant !
> Adieu, toi dont la sainte lyre,
> Toujours fidèle à ton délire,
> Soumise toujours à tes lois,
> A l'heure où tu chantais encore,
> Vient de rendre un écho sonore,
> En se brisant entre tes doigts.

DICQUEMARE (Jacques-François).

Né au Havre, le 7 mars 1733, Dicquemare embrassa l'état ecclésiastique, et, conduit à Paris par le goût des arts et des sciences, il étudia en même temps la philosophie et la physique, sous l'abbé Nollet, puis il revint au Havre, où il se livra avec une application constante à des observations sur les animaux marins sans vertèbres, sur les fossiles et sur une infinité d'objets relatifs à l'histoire naturelle — « Nous avons fait une visite à ce savant, écrivait Cadet Gassicourt, en l'an VII, il nous reçut avec la plus grande affabilité et nous montra sa petite *ménagerie marine*, c'est ainsi qu'il appelle une belle collection de polypes de mer, qu'il nourrit dans des vases de verre pour les observer et en décrire les mœurs. Je n'ai rien vu d'aussi singulier, ces animaux presque immobiles, mais nuancés des plus belles couleurs, ressemblent les uns à des lys, d'autre à des anémones, à des coquilles, à des fruits, à une éponge... sitôt qu'on leur présente le doigt, ils s'y attachent et le sucent. J'en ai vu plusieurs dévorer des moules que je posais au milieu de leur corolle animée, comme au centre d'une belle fleur épanouie. Comme nous admirions son cabinet, des pêcheurs apportèrent à M. Dicquemare un très gros poisson qu'ils venaient de prendre dans la rade et qu'ils ne connaissaient pas. C'était une *mole* ou lune de mer. Le naturaliste la dessina, la fit dépouiller pour l'empailler, et nous donna les chairs, qu'il nous assura être fort bonnes à manger.

» Nous apportâmes notre proie à l'auberge, et nous nous en régalâmes; ainsi

> Grâce à cet élève de Pline
> Sans redouter les accidents
> Et sans sortir de la cuisine
> J'ai pris la lune avec les dents. »

L'abbé Dicquemare était secondé dans ses travaux par sa nièce, Mlle Masson Legolft.

Telle était la réputation de notre infatigable naturaliste que, lorsque Louis XVI vint au Havre, il lui envoya un de ses officiers pour lui demander *s'il le verrait,* faisant ajouter *qu'il* aurait désiré le visiter lui-même, et voir sa *ménagerie marine,* s'il eût pu prolonger au Havre son séjour qui ne fut que de quarante-huit heures. Présenté à ce même Monarque au palais de Versailles, le Roi admira son riche portefeuille et voulut se charger des frais de la gravure. 120 planches in-folio devaient composer ce curieux album, 40 seulement furent gravées.... et l'ouvrage ne reçut jamais de publicité. Dicquemare écrivait aux officiers municipaux du Havre : « Les impolitesses les plus marquées et les mieux soutenues ont toujours été, dans mon pays natal, la récompense d'un zèle et d'un dévoûment que vous affectez de ne pas apercevoir. » Dicquemare déshérita en mourant, le 29 mars 1789, son ingrate patrie de ses manuscrits et des planches gravées de son album inédit, il donna le tout à la ville de Rouen — aujourd'hui le Havre les lui envie.

GRAINVILLE (Jean-Baptiste-François-Xavier de)

Grainville naquit au Havre, le 3 avril 1746 ; il fut destiné à l'église ; mais, un jour, le sacerdoce tomba, le ministère du prêtre était fini. Grainville fut jeté dans une prison. Le député en mission dans cette ville, c'était un jeune conventionnel, fit amener Grainville à une de ses audiences. « Comprends-moi bien, lui dit-il, tu te distingues entre les hommes par des talents que j'honore et que j'aime ; mais tu es une des *soixante-quatre bêtes noires* dont j'ai promis la tête au comité dans ma lettre du 9 septembre, et si j'épargne ta tête, c'est la mienne qui paiera pour elle. Ceci est une affaire où nous sommes intéressés au même titre et où nous apportons le même gage ; sauve-nous tous les deux, ou meurs ! – Que puis-je faire pour te sauver sans mourir, dit Grainville. — Il n'y a rien de plus aisé, répondit le proconsul ; brise le dernier lien qui te retient dans tes engagements avec une prêtraille stupide, croupie dans l'ignorance et le fanatisme, sois patriote et citoyen ; donne une citoyenne à nos fêtes et des guerriers d'espérance à nos bataillons ; choisis enfin entre le temple de l'hymen et l'échafaud. » Grainville se maria ; il prit une femme dont l'âge se rapprochait du sien et qui n'apportait dans cette communauté qu'une âme douce et résignée ; marié, il ouvrit une école pour les enfants. Cet homme, si éminemment favorisé du don de la parole, enseigna les premières lettres aux pauvres gratuitement, aux riches pour un modique salaire.

La petite école jouit, pendant quelques années, d'une prospérité modeste qui suffisait à l'ambition de Grainville, parce qu'elle fournissait à ses besoins ; mais bientôt le nombre de ses élèves diminua et la faim commença à frapper rudement à la porte des deux vieillards ; mais voici que, saisi d'une inspiration soudaine, Grainville prend les mains de sa compagne et s'écrie : « Rassure-toi, je te réponds maintenant de l'avenir, j'étais né poète ; un jour, j'avais quinze ans, je me promenais aux environs du Havre sur les bords de la mer, je contemplais l'Océan et le ciel quand, tout-à-coup, une harmonie, venue d'en haut, me plongea dans une extase pendant laquelle j'entendis une voix qui me criait à travers l'immensité : « C'est cela qui est le génie !... » Le poëme est conçu d'avance dans ma pensée ; donne-moi cette plume, ce papier et je vais l'écrire..... » Et Grainville écrivit son poëme du *Dernier Homme,* qui mériterait mieux le titre de poëme s'il était écrit en vers, tentative qu'a vainement risquée Marchangy, l'auteur de la *Gaule Poétique*. Bernard de Saint-Pierre, dont Grainville était l'allié, publia l'esquisse de cette œuvre, pour ainsi dire spontanée, dont l'invention simple et touchante est soutenue par un style énergique et brillant.

Le poète fut déçu de ses espérances : le livre ne se vendit pas... Saisi d'une fièvre ardente avec le délire, le 1ᵉʳ février 1803, il se précipitait dans le canal de la Somme, qui baignait les murs de son jardin.

LESUEUR.

Entraîné par le désir impérieux de faire partie de l'expédition autour du monde, dont le Premier Consul donna, en 1800, le commandement au capitaine Baudin, Charles-Alexandre Lesueur, né au Havre le 1ᵉʳ juillet 1778, chercha avec ardeur et obtint, non sans peine, l'humble fonction d'aide-canonnier sur la corvette le *Géographe*.

Dans la traversée du Havre à l'île de France, ayant eu de fréquentes occasions d'exercer son talent de peintre de zoologie, en représentant avec une rare exactitude les poissons et les autres animaux qu'on recueillait autour du vaisseau, le capitaine Baudin le dégagea de son service militaire, et lui donna le titre de dessinateur de l'expédition, pour les objets de zoologie. Le naturaliste Péron se rapprocha de lui, et bientôt il s'établit entre ces deux artistes une de ces liaisons dont les temps modernes offrent peu d'exemples : ils s'entendaient comme s'ils n'avaient eu qu'une âme et mettaient leurs travaux en commun. Pendant la durée de l'expédition, l'infatigable Lesueur faisait, dans l'intérieur des terres nouvelles où l'on abordait, de longues et pénibles courses, souvent dangereuses. — Un jour qu'il s'était atardé à grossir le nombre de ses collections, il fut au moment d'être abandonné sur la côte de la Nouvelle-Hollande, parce qu'il ne put rejoindre, à l'heure convenue, l'embarcation qui devait le remettre à bord du *Géographe*. Dans une autre occasion, il n'échappa qu'avec peine aux caresses insidieuses et antropophages des naturels du même pays. A Timor, il fut mordu par un serpent dont le venin, absorbé avec rapidité, mit sa vie en grand péril. En 1804, au retour de l'expédition, Lesueur avait dans ses portefeuilles plus de 1,000 dessins faits sur des animaux sans vertèbre, la plupart inconnus.

Enfin, Lesueur et son ami Péron ont fait connaître plus d'animaux que tous les naturalistes voyageurs de ces derniers temps. Pendant les six années qui suivirent leur retour, ils s'occupèrent de la publication des matériaux qu'ils avaient recueillis, et mirent au jour plusieurs mémoires imprimés dans les *Annales du Muséum* — Péron mourut le 14 décembre 1810, d'une maladie dont il avait déjà le germe au retour de son voyage. Modèle d'amitié, Lesueur ne le quitta pas un seul instant, lui prodigua ses soins et reçut son dernier soupir.

En 1815, Lesueur se détermina à accompagner aux Etats-Unis le savant géologue Macluze. Dans un séjour de cinq ans, il s'appliqua, comme le célèbre Lyonnet, à l'art de la gravure, afin de multiplier ses nombreux dessins — Il réussit au-delà de ses espérances; il devint aussi sculpteur pour modeler les traits de son ami Péron.

Lesueur parcourut avec Macluze tous les grands lacs de la vallée du fleuve Saint-Laurent, et il en recueillit les poissons. Puis, après avoir envoyé au muséum de Paris, dont il était le correspondant, une infinité d'objets d'histoire naturelle qu'il avait collectionnés dans ses immenses excursions, il revint au Havre, où il avait successivement envoyé et mis en dépôt tout ce qu'il s'était personnellement réservé du fruit de ses explorations. Sa ville natale venait de créer un musée, auquel était joint un cabinet d'histoire naturelle : elle lui offrit les fonctions de conservateur, qu'il accepta. Il s'occupait, avec toute l'activité dont il était capable, de l'organisation et du classement de cet établissement scientifique; pour l'enrichir, il s'en allait, son bâton ferré à la main, creuser et fouiller les éboulements de la Hève, si riches en animaux fossiles; mais ces fatigues, dans une saison froide et rigoureuse, rouvrirent des cicatrices, résultat des blessures ombilicales dont il avait été atteint dans ses voyages — Il rentra le soir, épuisé, anéanti, dans sa petite retraite de Sainte-Adresse, où il mourut le 12 décembre 1846.

Quelque temps après sa rentrée en France, le Gouvernement, rendant à ses services une tardive justice, l'avait nommé chevalier de la Légion-d'Honneur. Le Havre reconnaissant a donné, à l'une de ses rues nouvelles, le nom, honoré dans les deux mondes, de Charles Lesueur — Un martyr de la science zoologique.

Ce nom se perpétuera également dans le Nouveau-Monde, qui a son cap Lesueur et les îles Lesueur, situées à l'extrémité occidentale du golfe *Joseph Bonaparte*.

LEVILLAIN.

Nous venons de dire comment Charles Lesueur extrayait péniblement de la terre des ossements, presque la veille du jour où l'on allait lui confier les siens. Nous devons, à la mémoire de Stanislas Levillain, son compatriote et son camarade d'embarquement à bord de la corvette le *Géographe*, quelques lignes qu'on ne lira pas sans intérêt. Arrivé à l'île de France, Levillain passa du *Géographe* à bord du *Naturaliste,* commandé par le capitaine de frégate Hamelin ; c'était le 22 avril 1801. Pendant son séjour dans la rade de Dampier, Levillain avait fait une belle collection des coquilles pétrifiées qui forment des bancs très étendus sur ces rivages ; il s'était livré, sur cet intéressant sujet, à des études sérieuses, lorsque la mort vint le surprendre au milieu de ses travaux ; une fièvre pernicieuse le raya en quelques heures de la liste des vivants. « Grand Dieu, écrivait-il à sa mère au moment où il allait succomber, qu'il m'est pénible d'être obligé d'abandonner si jeune ce monde, après avoir vécu sous la meilleure des mères. » La perte de Levillain fut, pour l'équipage des deux vaisseaux, le sujet d'une affliction sincère ; son caractère doux, aimable et conciliant, l'avait rendu cher à tous ses compagnons de voyage. Son corps fut abandonné à l'Océan, qui avait déjà servi de tombeau à son père et à son frère aîné !!

La totalité de ses belles et nombreuses collections passa entre les mains de quelques Anglais du port Jackson. Vainement le commandant de l'expédition réclama-t-il près du gouverneur général de la Nouvelle-Hollande ; ses instances furent inutiles, cette partie de nos coquilles scientifiques nous fut enlevée contre toutes les règles de la probité et du droit national, et pour juger de l'importance de ces richesses, il faut aller au *Musée Britannique,* qui s'en est emparé.

A la terre d'Endracht, au Nord, un cap a pris le nom de cap Levillain, en souvenir du jeune et infortuné zoologiste.

ROUELLE.

Ce n'est pas sans quelqu'étonnement qu'on voit, en entrant dans la grande galerie de la bibliothèque, un buste en marbre dressé sur sa gaine, et au bas duquel est écrit le *Général Baron Rouelle*. Le général savait-il se servir de la plume comme de l'épée ? — Non. — Etait-ce un de ces généreux donateurs qui consacrent leur fortune à doter leur pays de richesses littéraires ? — Non. — Pierre-Michel Rouelle, dont le ciseau de David d'Angers a reproduit les traits, était, en 1792, un simple ouvrier menuisier qui, à cette époque d'enthousiasme guerrier, sut, par la valeur incontestable dont il fit preuve dans maintes chaudes et glorieuses affaires, conquérir successivement tous ses grades, le titre de baron de l'Empire, de commandeur de la Légion-d'Honneur, etc.

Nommé, le 2 juillet 1813, gouverneur de Sagonte, avec 1,200 braves sous ses ordres, investi quatre jours après, il se hâta de s'y fortifier, et, pendant onze mois, il rendit inutiles les attaques multipliées des Espagnols et des Anglais; ce ne fut que sur l'ordre exprès du gouvernement des Bourbons qu'il remit Sagonte aux Espagnols, le 23 mai 1814, non sans recevoir des témoignages de l'admiration des généraux ennemis, dont les troupes avaient fait d'inutiles efforts pour s'emparer de la place qu'il sut si bien défendre.

La part qu'il avait prise aux siéges de Sarragosse, de Lérida, de Tortose, de Tarragone, le couvrit de gloire et de blessures.

Rouelle, mis en retraite, rentra au Havre, sa ville natale, où il mourut le 13 février 1833. C'est à sa veuve que la ville est redevable de son buste, qui, à la bibliothèque, ne se trouve pas à la place qu'il devrait occuper.

Mlle **SCUDÉRY**.

Madeleine Scudéry, née au Havre en 1607, morte en 1708, quitta très jeune encore sa ville natale pour habiter Paris, où les agréments de son esprit, plus que ceux de sa personne, et l'étendue de ses connaissances la firent admettre dans cette espèce de cour galante et littéraire, qui tenait séance à l'hôtel de Rambouillet ; elle était douée d'un talent plus réel que son frère, Georges Scudéry, sous le nom duquel furent publiés plusieurs ouvrages dûs à la plume de Madeleine.

Elle eut pour amis Pélisson, Huet, évêque d'Avranches, qui, lui écrivait-il, prenait grand plaisir à la lecture de ses romans, l'austère Mascaron, l'élégant Fléchier.

On a d'elle au moins vingt-huit volumes ; elle a laissé en outre quelques pièces de vers et des lettres où l'on trouve une simplicité et un naturel qui étonnent, quand on les compare au style de ses romans, qu'on lisait beaucoup au xviie siècle, et qu'on n'oserait guère avouer avoir lus aujourd'hui.

Elle eut l'honneur de remporter le premier prix d'éloquence que l'Académie française ait décerné ; c'était un discours *sur la gloire ;* elle était membre de l'Académie de Padoue.

Deux paroisses de Paris se disputèrent sa sépulture ; le cardinal de Noailles, archevêque de Paris, décida en faveur de la paroisse Saint-Nicolas-des-Champs.

On lit au bas de ses portraits :

> De son sexe elle eut les vertus
> Et n'en eut jamais les faiblesses.

(Elle était laide.)

Je ne vous conduirai point, avec la Sapho havraise, dans le royaume du *Tendre,* chercher le village de *Petits-Soins,* ou vous perdre dans les bosquets de *Billets-Doux*, le pays des amours est trop fréquenté aujourd'hui pour avoir besoin du ridicule itinéraire de Mlle de Scudéry, qui *tenait*, dit Boileau, *boutique de verbiage.*

YVON.

Adolphe Yvon, né en 1817, à Eschwiller, dans la Moselle, habita quelque temps le Havre, où son père remplissait les fonctions de contrôleur des douanes, carrière dans laquelle le fils refusa positivement d'entrer, malgré les injonctions réitérées de sa famille; admis parmi les élèves de Paul Delaroche, il débuta au Salon, en 1842, par un portrait de Mme Ancelot. On sait quel chemin rapide Adolphe Yvon a fait dans la voie que lui traçait sa vocation, et quelle place ses dernières compositions lui ont assignée parmi les grands peintres dont s'honore la France.

BIBLIOGRAPHIE.

Nous croyons être utile aux personnes qui désirent puiser plus profondément que nous n'avons dû le faire aux sources de l'histoire du bel arrondissement du Havre, les ouvrages qu'elles peuvent consulter avec confiance et avec fruit. La plupart des livres qui composent ce petit catalogue ne se trouvent plus dans le commerce, mais la bibliothèque du Havre, qui les a recueillis avec soin, offre à ce point de vue tout ce qui peut faciliter cette intéressante étude.

Les Églises de l'Arrondissement du Havre, par M. l'abbé Cochet. — Ingouville, 1846. — 2 vol. in-8°, fig.

Le Havre Ancien et Moderne et ses Environs, par M. J. Morlent. — Paris, 1825. — 2 vol. in-12, 1 vol. in-8°, cartes et fig.

Mémoire sur le Commerce Maritime de Rouen, depuis les temps les plus reculés jusqu'a la fin du XVIe siècle, par Ernest Fréville. — Rouen, 1857. — 2 vol. in-8°. — (Il se trouve dans cet ouvrage de précieux documents sur les environs du Havre.)

Collection de Journaux : *Journal du Havre — Courrier du Havre — Revue du Havre — Journal de l'Arrondissement du Havre.*

Petite Géographie de la Seine-Inférieure, par M. J. Morlent. — Le Havre, 1852. — 1 vol. in-18, carte.

Histoire des Villes de France, par Aristide Guilbert — (Normandie.) — Paris, 1853. — 1 vol. grand in-8°, fig. arm., carte.

Mémoire sur les Ruines du Théatre Romain de Lillebonne, par F. Rever. — Évreux, 1824. — 1 vol. in-8°, fig.

Études Historiques sur la Ville de Montivilliers, par Ch. Vesque. — Havre, 1857. — 1 vol. in-8°.

Le Havre, son Passé, son Présent, son Avenir, par M. Frédéric de Coninck. — Havre, 1859. — 1 vol. in-8°.

Monographie de l'Église de Saint-Jean-d'Abbetot, par Anatole Dauvergne. — (Manuscrit) 1856. — 1 vol. in-4°, texte, atlas.

Le Havre et son Arrondissement, par une société d'artistes et d'hommes de lettres, sous la direction de M. J. Morlent. — Havre, 1840. — 2 vol. grand in-8°, cartes, plans, vignettes.

Recueil des Publications de la Société Havraise d'Études Diverses, 20 années. — Havre. — in-8°.

Mémoire sur le Port du Havre, par H. Bailleul, capitaine du génie. — Havre, 1837. — 1 vol. in-8°.

Description Géologique du Département de la Seine-Inférieure, par M. A. Passy. — 2 vol. in-4°, atlas.

Histoire du Chateau et des Sires de Tancarville, par M. Deville. — Rouen, 1834. — 1 vol. in-8°.

La Vie de Saint-Vaneng, fondateur de l'abbaye de Fécamp. — Paris, 1700. — 1 vol. in-12.

Biographie ou Galerie Historique des Hommes Célèbres du Havre, par J.-B. Levée. — Paris, 1823. — 1 vol. in-8°.

Revue de Rouen et de la Normandie. — Rouen. — 38 vol. in-8°. (Cette publication s'arrête à l'année 1852.)

Archives du Havre et de la Normandie. — Havre, 1840. — 2 vol. in-4°.

Histoire de la Ville et de l'Abbaye de Fécamp, par M. L. Fallue. — Rouen, 1841. — 1 vol. in-8°.

Revue Rétrospective Normande, par M. A. Pottier. — Rouen, 1842. — 1 vol. in-8°.

Histoire du Port du Havre, par Frissard. — Havre, 1837. — 1 vol. in-4°, atlas.

Procès-Verbaux des Séances du Conseil Général de la Seine-Inférieure. — Rouen, 1842 à 58. — 17 vol. in-8°.

Esquisse Historique et Archéologique sur Saint-Martin d'Harfleur, par M. Viau — Havre, 1840. — 1 vol. in-8°.

Histoire Communale de Criquetot-l'Esneval, par M. l'abbé Cochet — Ingouville, 1840. — 1 vol. in-8°.

Histoire Communale du Tilleul, par le même. — Ingouville, 1840. — 1 vol. in-8°.

Histoire de la Ville de Honfleur, par Thomas. — Honfleur, 1840. — 1 vol. in-8°.

Etretat et ses Environs, par M. l'abbé Cochet. — Havre, 1839. — 1 vol. in-8°.

Essai Historique et Statistique sur la Ville de Bolbec, par Collen-Castaigne. — 1 vol. in-8°.

Mémoire sur les Côtes de la Haute-Normandie, par Lamblardie. — 1 vol. in-4°.

Étretat, son Passé, son Présent et son Avenir, par M. l'abbé Cochet. — Dieppe, 1850. — 1 vol. in-8°.

Précis Historique sur les Statues de Bernardin de Saint-Pierre et de Casimir Delavigne, par M. V. Toussaint. — Havre, 1853. — 1 vol. in-8°, fig.

Visites Pastorales d'Eudes Rigaut, archevêque de Rouen (texte latin). — Rouen, 1852. — 2 vol. in-4°.

Messire de Clieu et le Clergé de la Ville du Havre, 1516-1851, par M. l'abbé Lecomte. — Dieppe, 1851. — 1 vol. in-8°.

Guide du Voyageur a l'Abbaye de Fécamp, par Germain. — Havre. — 1 vol. in-18.

La Normandie Souterraine, par M. l'abbé Cochet. — 1856. — 1 vol. in-8°.

Histoire des Projets pour l'Agrandissement, les Fortifications de la Rade du Havre, par Ch. de Massas. — Paris, 1846. — 1 vol. in-8°, carte.

Poëtes Normands, par M. L.-H. Baratte. — Paris. — 1 vol. in-8°, portraits.

Annuaire Statistique de la Seine-Inférieure, 1806-7-9-10-12-23. — 6 vol. in-8°.

Mémoire sur les Salines du Pays de Caux, par M. l'abbé Cochet. — 1 vol. in-8°.

Navigation Fluviale du Havre a Paris, par Frissard. — Havre, 1832. — 1 vol. in-8°.

Du Havre a Honfleur, promenade maritime, par Thomas. — Havre, 1836. — 1 vol. in-32.

Tableau Statistique de la Navigation de la Seine, de la Mer a Rouen, par Noël. — 1802. — 1 vol. in-8°.

Jetée du Havre, par M. Santallier. — 1859. — 1 vol. in-12.

Endiguement de la Rade du Havre, avec annexion d'un nouveau Bassin a Flot, par M. G. Cazavan. — Havre, 1858. — 1 vol. in-8°.

Rapport a M. le Maire du Havre sur les anciennes Sépultures et les Pierres Tombales trouvées a Leure en 1856, par M. l'abbé Cochet. — Havre, 1857. — 1 vol. in-18.

Observations sur le Projet du nouveau Port du Havre, par M. Ed. Reydellet. — Havre, 1858. — 1 vol. in-8°.

Voyage au Havre de LL. MM. II., les 5 et 11 août 1857, par M. V. Toussaint. — Havre, 1857. — 1 vol. in-8°.

Sépultures Gauloises, Romaines, Franques et Normandes, faisant suîte a la Normandie Souterraine, par M. l'abbé Cochet, — Dieppe, 1857. — 1 vol. in-8°.

Projet d'un Port de refuge a établir sur le Banc de l'Éclat, par de Gaule. — Pont-l'Évêque, 1808. — 1 vol. in-4°.

Mémoires de la Fondation et Origine de la Ville Françoise-de-Grace, composés par Me Guil. de Marceilles, avec des notes de M. J. Morlent. — Havre, 1847. — 1 vol. in-4°, armoiries.

Jacques Dumé et Nicolas Dumé d'Aplemont, chefs d'escadre au XVIIe siècle (havrais), par M. Borély. — Havre, 1859. — 1 vol. in-8°.

Mon Voyage ou Lettres sur la ci-devant Province de Normandie, par Cadet Gassicourt. — Paris, an VII. — 2 vol. in-12.

Premier et second Essai sur le Département de la Seine-Inférieure, par Noël. — 1795. — 2 vol. in-8°.

La Normandie Illustrée, monuments, sites et costumes, avec un texte. — Nantes, 1852. — 4 vol. in-f°.

Tragique Épisode de l'Histoire du Havre au XVIe siècle — les trois Raulins, récit authentique, par J. Morlent. — Havre, 1857. — 1 vol. in-12.

Les Trois Hotels-de-Ville du Havre, notice historique, par M. V. Toussaint. — Havre, 1859. — 1 vol. in-12.

Discovrs av vray de la Rédvction dv Havre-de-Grace, en l'obéissance du Roy, réimprimé sous le titre de le Siege du Havre par Charles IX, en 1563, précédé d'une préface historique et suivi de pièces justificatives. — Havre, 1859. — 1 vol. in-8°.

Honfleur et le Havre, Huit Jours d'une Royale Infortune, par M. Adolphe d'Houdetot. — Havre, 1848. — 1 vol. in-8°.

La Normandie Poétique, Voyage sur la Seine, par Léon Buquet. — Havre, 1840. — 1 vol. in-18.

Voyage Pittoresque et Romantique dans l'ancienne France, par Charles Nodier, J. Taylor et Ad. de Cailleux. — 15 vol. in-f°. (Quatre volumes sont consacrés à la Normandie).

La Seine Maritime, le Havre et le Régime Hydraulique de l'Embouchure de la Seine, par M. J.-J. Baude, de l'Institut. (*Revue des Deux Mondes*, du 15 novembre 1859.)

Une série (incomplète) d'almanachs du Havre, divers formats.

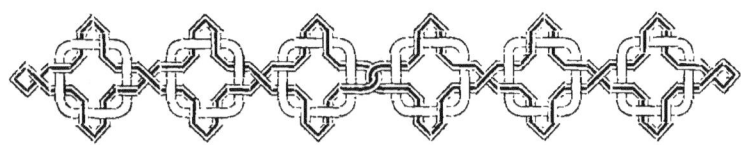

EXPOSITION RÉGIONALE A ROUEN.

Nous avons déjà donné à nos lecteurs un aperçu de l'industrie dans notre bel arrondissement. Nous complétons ces indications par la liste des récompenses dont cette exposition a été l'objet.

1re Classe. — Métallurgie, mise en œuvre des Métaux, etc.

Membres du Jury ou de la Société libre d'émulation du Commerce et de l'Industrie de la Seine-Inférieure, qui, sans ces qualités, eussent obtenu une récompense.

Mazeline et Ce, constructeurs au Havre : Parties de machines à vapeur pour la marine.

Normand fils, constructeur au Havre : Scies mécaniques pour la construction des navires.

Merlié-Lefebvre et Ce : Cordages mécaniques; coopérateur, Ch. Deshais, contre-maître chez MM. Merlié-Lefebvre et Ce.

Exposants n'appartenant pas à la région et n'ayant pu être récompensés malgré leur mérite.

Nillus, au Havre : Modèle de yacht offert à S. A. I. le Prince Impérial.

Médaille d'or de la ville de Rouen.

Letrange, à Romilly et au Havre : Fabrication et mise en œuvre du cuivre et du plomb.

Médailles d'or de la Chambre de Commerce de la ville de Rouen.

David, au Havre : Chaînes-câbles, cabestan et ancres perfectionnés.

François Letellier, Louis et Ce, au Havre : Fabrication de cordages pour la marine.

Médaille d'argent grand module donnée par l'Empereur.

Brouard, au Havre : Appareils à prendre des ris.

Médailles d'argent grand module de la Chambre de Commerce.

Clovis Panvier, à Bolbec : Un batteur-étaleur à trois battes et à compression.

Mouë, au Havre : Canot de sauvetage insubmersible.

Lahure, au Havre : Canot de sauvetage.

Leplichez, directeur de l'Ecole professionnelle de Montivilliers : Travaux des élèves.

Médailles d'argent de la Société.

F. Lechevallier, au Havre : Pompe à incendie.

Stierlin et Ce, au Havre : Papier-feutre gras pour doublage de navire.

Nillus jeune, au Havre : Pompe de cale.

2e Classe. — Produits chimiques, Teintures, Cuirs, etc.

Médaille d'or de la ville de Rouen.

Delacretaz et Clouet, fabricants de produits chimiques au Havre : Chromates et oxyde de chrôme.

Médaille d'argent grand module de l'Empereur.

A. Campart et Ce, meuniers et fabricants de biscuits au Havre : Biscuits et farines.

Médailles d'argent grand module de la Société.

Viau, fabricant de conserves alimentaires à Harfleur.

Cor, H. Haentjens et Ce, raffineurs de sucre au Havre : Sucre raffiné.

3e Classe. — Industrie textile et tout ce qui s'y rattache.

Médailles d'argent grand module de la Société.

Pierre-Adolphe Montier-Huet, fabricant de mouchoirs à Bolbec : Mouchoirs de poche en tous genres.

A. Duc et E. Ternon, blanchisseurs de fils et de toiles à Montivilliers.

P. Bons frères, fabricants de ros et lames, à Bolbec : Ros en acier et en cuivre.

Médailles d'argent de la Société.

Chevalier-Letellier et Renaux, filateurs de coton à Orival (canton de Bellencombre) et à Bolbec : Cotons filés mull-jenny.

Ernest Blondel, fabricant à Bolbec : Mouchoirs-cravates fond blanc, petits dessins.

4ᵉ Classe. — Industries diverses.

Médailles d'or de la ville de Rouen.

Simon Vissières, au Havre : Chronomètres à suspension, compteurs à secondes, à l'usage de la marine.

Médaille de vermeil de la Société.

Costey Frères, au Havre : Livres, imprimés, registres, reliures.

Grande Médaille d'argent de la Société.

Jean-Victor Warnod, photographe au Havre : Portraits non retouchés, vues de marine et diverses.

Médaille d'argent de la Société.

Louis-Joseph Vicart et Cᵉ, à Graville-Sainte-Honorine : Bouteilles et dames-jeannes.

NOTE DE M. MOUTTET.

Le premier nom qui frappe nos regards, dans la liste des exposants havrais honorés d'une distinction, est celui de M. Mazeline, constructeur de machines.

Les produits des ateliers de M. Mazeline sont connus dans les cinq parties du monde.

Il y a plus : le Gouvernement français, en demandant aux ateliers de M. Mazeline des machines qu'il pourrait faire contruire dans les propres ateliers de la marine impériale, à Indret, donne au célèbre constructeur havrais, un témoignage de haute confiance qui prime tous les autres. Dans cette circonstance, l'esprit de corps s'efface devant un mérite exceptionnel. M. Mazeline avait exposé à Rouen un gros fût avec sa manivelle, pièce capitale, qui ne pouvait être appréciée que par les vrais connaisseurs. Le jury a mis M. Mazeline hors de concours et l'a récompensé par la mention seule qu'on ne pouvait assez le récompenser.

MM. Merlié-Lefebvre et Normand fils ont eu aussi l'honneur de la mise hors concours.

MM. de Lacretaz et Clouet, dont la fabrique de produits chimiques est l'une des plus importantes de France, et forme l'un des établissements les plus considérables du Havre, ont reçu la médaille d'or, juste récompense des progrès qu'ils ont fait accomplir à l'industrie, en éclairant sa marche par la lumière de la science.

Interrogez n'importe quel capitaine au long-cours, ayant fréquenté les mers des Indes et de Chine, et ayant eu occasion d'*étaler* dans ces parages un coup de vent ou un typhon, et ils vous diront que, mouillés avec une chaîne-câble-David, ils ont une sécurité qu'aucune autre chaîne anglaise ou américaine, des marques les plus renommées, ne leur a jamais donnée. Les chaînes David ne cassent pas, attendu qu'elles ont été soumises au préalable à des épreuves au triple ou au quadruple du maximum de la force qu'on est en droit de leur demander. Et cette épreuve, par un phénomène encore inexpliqué, mais constaté par de nombreuses expériences, loin de diminuer quelque chose de la résistance du métal, semble donner aux molécules qui le composent une sorte d'homogénéité et de solidarité qui ajoutent à sa qualité primitive. La médaille d'or donnée à M. David est une faveur largement méritée.

Les produits de la corderie de MM. Letellier et Louis,

bien appréciés au Havre, ont valu à leurs directeurs la médaille d'or. Il en a été de même des chronomètres et instruments de précision de M. Simon Vissières.

Une médaille de vermeil a récompensé les œuvres typographiques si remarquables de MM. Costey Frères, qui sont du petit nombre des jeunes imprimeurs de notre temps qui se souviennent que la typographie était un *art* avant d'être une *industrie*.

MM. Mouë et Lahure — *Etéocle* et *Polynice* du sauvetage — ont obtenu tous deux la médaille d'argent, grand module. La valeur comparative de deux systèmes d'embarcations de sauvetage représentés par ces deux noms, est une question maintenant jugée sans appel par l'*opinion publique* au Havre ; nous n'avons pas à ajouter un seul mot à ce que nous avons déjà dit à cet égard. Nous nous bornons à persister dans nos précédentes conclusions.

Nous n'apprendrons également rien à personne au Havre, ayant donné un coup-d'œil sur la jetée, aux vitrines de M. Warnod, en constatant qu'il ne se fait rien en photographie, à Paris même, de supérieur aux grands portraits sans retouche qui sortent de l'atelier de notre photographe havrais. Quant aux *instantanéités* de navires en mouvement, ce *tour de force réussi* ne s'exécute nulle part au monde que chez ce photographe-artiste. M. Warnod a obtenu la médaille d'argent grand module : c'est la médaille qui est honorée.

M. Viau (d'Harfleur) affecte la prétention de n'être ni homme d'esprit ni artiste, et soutient que l'alpha et l'oméga de la littérature substantielle se trouvent dans la *Cuisinière bourgeoise*. Soit ; mais Carême était un artiste ;

et je connais plus d'un écrivain de profession qui échangerait de grand cœur tout son bagage littéraire contre la *Physiologie du Goût,* de Brillat-Savarin. M. Viau, qui prétend n'être qu'un *cuisinier* de navire, a créé au Havre une industrie qui n'y existait pas : celle de la fabrication des conserves alimentaires, et a fait rentrer ainsi dans les poches havraises un argent qui allait au Mans, à Port-Louis, ou dans telle autre ville de France avec laquelle le Havre ne fait aucune espèce d'échange.

L'établissement d'Harfleur est la pierre d'attente d'une industrie à développer au Havre ; d'autant plus facilement que le marché de consommation se trouverait à côté de l'atelier de production. M. Viau a eu la médaille d'argent grand module.

La même médaille d'argent grand module a été décernée à M. Brouard, pour sa méthode de prendre des ris de dessus le pont. C'est là un *desideratum* de l'art nautique que des personnes compétentes assurent avoir été rempli par le système Brouard. La commission rouennaise a partagé cette opinion.

Enfin, pour compléter cette énumération, nous ajouterons que la médaille d'argent ordinaire a été donnée à MM. Lechevalier, fabricant de pompes, Nillus jeune, mécanicien, et Wicard, fabricant de bouteilles.

Nous trouvons que les récompenses accordées aux industries havraises prouvent à la fois l'importance toute exceptionnelle de ces industries et la bonne foi du jury, où l'élément rouennais dominait pourtant.

Ajoutons : l'Exposition régionale a prouvé une fois encore que si l'humanité fait chaque jour un pas en

EXPOSITION RÉGIONALE.   333

avant, le progrès reste toujours la première condition de la dignité humaine. L'intelligence tranforme, modifie et combine, elle fait servir les principes immuables des choses à la production d'effets nouveaux : — c'est là sa tâche ; elle est en voie de la poursuivre jusqu'à ce qu'elle l'ait accomplie.

TABLE DES MATIÈRES.

UN MOT 1

LE HAVRE.

I. — L'origine du Havre constatée — François Ier son fondateur — Son but — Dilapidations — La *Grande-Françoise* — Avaler le Havre et la citadelle — Le testament d'Adam — Les Gouverneurs — La Salamandre — Henri II — Les arquebusiers en uniforme de taffetas noir — Une douche royale — Charles IX — Le Havre vendu aux Anglais — Sa reprise — Le gouverneur *Sonne-Tocsin* — Henri IV — Les courtisans scandalisés 3

II. — Visite en grand apparat du roi Louis XV — Les moines de Graville et les anges déchus — Projet d'agrandissement — Louis XVI — La langue du métier — Nouveaux plans — Leur mise à exécution — Napoléon Ier et le commandant du Génie — On la brûlera, mais on ne la prendra pas — Louis-Philippe — Napoléon III — Dernier soupir des inutiles fortifications du Havre — Nouvelle ère de prospérité pour la ville — L'innocent troupeau — Comment deux siècles changent l'aspect moral d'une ville....................... 13

III. — ÉTABLISSEMENTS MILITAIRES. — La Citadelle — Le Génie — Fiche de consolation — Le Réduit — Les Forts de Sainte-Adresse et de Tourneville — La Prison des Princes — Mazarin — Le Prince de Condé chansonnier — La Messe en français — La délivrance — Une Eminence désappointée... 21

IV. — ÉTABLISSEMENTS MARITIMES. — TOUR DE FRANÇOIS Ier. — Le Temps est un ingrat — La Tour — Ses horribles cachots — Son Gouverneur — Un soldat téméraire — Sa punition — La Plate-Forme — Les Curieux — Les Signaux — Leur ingénieux système indicateur — Leur correspondance — L'éclairage de l'entrée du port — Les petits feux

— Les galets — Les deux rades — Fac-Simile du fond de la mer — La Seine maritime — Son aspect — Ses avantages — Ses dangers 25

V. — LES BASSINS. — L'ARSENAL. — LE DOCK. — Le Havre n'est pas à son apogée — Ses rivaux — L'Avant-Port — Les Bassins — Leur surface — L'Arsenal — Dock-Flottant — Forme-Radoub — Dock-Entrepôt — Concurrence — Entrepôt libre — Bilan des Escomptes................................. 37

VI. — ÉTABLISSEMENTS INDUSTRIELS. — La première fumée d'un bateau à vapeur — Constructions maritimes — Industrie oblige — Les fils de leurs œuvres — Les bouteilles françaises et les vins anglais — L'Exposition régionale à Rouen 43

VII. — ÉDIFICES RELIGIEUX. — LES ÉGLISES DU HAVRE. — Notre-Dame — Saint-François — Saint-Vincent-de-Paul — Saint-Nicolas-de-Leure — Cultes dissidents 53

VIII. — LA RUE DE PARIS. — LE BOULEVARD IMPÉRIAL. — Aspect général — Les naturalistes — Le papagaye — Requête à Louis XI — Le portail de Notre-Dame — Le Prétoire — Le marché Cannibale — Les piloris et les mauvaises langues — La place Richelieu — La machine à mâter — La place Louis XVI et ses quinconces — Le Théâtre — La Bourse en plein air — Le Jardin public — Le nouvel Hôtel-de-Ville — La Sous-Préfecture — Le Boulevard impérial — La Caserne des Douanes 61

IX. — LES TRANSATLANTIQUES. — Leur mission — Leur installation, sinon telle qu'elle est, du moins telle qu'elle devrait-être — Cabines — Salons — Bains — Moyens de tromper l'ennui à bord — Les appétits féroces — Les inconvénients d'un steamer 75

X. — LA BOURSE. — La Bourse légale — Le marché au poisson à la criée — La véritable Bourse — Bourse vide........... 81

XI. — MUSÉE-BIBLIOTHÈQUE. — L'ancien *Logis du Roi* — Le triple assassinat — Les frères Raulin — Tragique épisode — Vicissitudes d'une épitaphe — Le Musée — Les statues de David — Intérieur du Musée — Sculpture — Peinture — Archéologie — Histoire naturelle — Le cap de la Hève — Le grand pourvoyeur de fossiles — La bibliothèque publique — Sa formation — Ses accroissements successifs — Ses manuscrits — Ses autographes — La galerie de l'Est — Ses curiosités archéologiques.. 83

TABLE DES MATIÈRES.

XII. — LA JETÉE DU HAVRE. — Les défunts trains de plaisir et les petites Parisiennes — La mer de la Porte-Saint-Martin — Les naufrages — Une brochette d'hommes — Affiches d'une tempête — La dernière bourrasque — Le départ et l'arrivée — Souvenir historique — L'amiral anglais capturé — Dévoûment sublime..... et oublié — Pourquoi la mer est salée — Les photographes — La Jetée ne périra pas.... 105

XIII. — LES BAINS DE MER. — LA PLAGE. — Doyen et Cadet — Frascati — Bains de Sainte-Adresse — Bains de la plage — Efficacité des bains et de l'air maritimes — Divers aspects de la mer — Mme de Ludre.................................. 113

ENVIRONS DU HAVRE.

I. — SAINTE-ADRESSE. — La fille de Talma — Le vent du Nord — *Hamlet* — Le chalet royal — La pauvre servante Marie Talbot — L'ermitage d'Alphonse Karr — Un parrain sympathique — Le vallon il y a six siècles — Le château — Le seigneur de Noirpel de Vitanval........................ 119

II. — LE CAP DE LA HÈVE. — Les deux voies — Noces et festins — Le chant du poète — Le Pain de Sucre — Fondation humanitaire — Le général naufragé et sa veuve — La chapelle de Notre-Dame-des-Flots — La bannière — Les lieux de pèlerinage — Singulier vœu — Sainte-Adresse prend la place de Saint-Denis — L'église engloutie — Catastrophe — La mer fait des siennes — La propriété et la science jouant à qui perd gagne — Où finit la terre — Les Phares jumeaux — Aspects de la mer — Les êtres vivants qu'elle renferme..... 131

III. — LEURE. — L'ancienne paroisse — Transformation — Le Parc aux Huîtres — Les Abattoirs — Les Anglais — Destruction de la vieille église — Mutilations — Le vieux château — Le Havre de Leure — Prospérité et décadence — La flotte et *la Navire du Roi* — L'artillerie — Colère de poète — Droits de la prévôté de Leure — La chapelle des Neiges — Naufrage du vaisseau *le Rouen*.. 145

IV. — GRAVILLE. — Le prieuré — La terrasse — Admirable point de vue — Les chanoines épicuriens — Recette pour devenir centenaire et plus — Henri V — Les seigneurs de Graville plus nobles que les Rois de France — Sainte-Honorine de Mélamare — Ses miracles — Son tombeau — Jupiter tonnant — L'abbaye — La croix de *Robert-le-Diable* — Les paysagistes — Le cimetière — La tombe d'un poète — Le fondateur du nouveau Graville — Trois marbres funéraires — Une épitaphe par Victor Hugo............................ 151

TABLE DES MATIÈRES.

V. — HARFLEUR. — Les prairies du Hoc — Le Lazaret — Une belle page de l'histoire d'Harfleur — Sa splendeur éclipsée — Invasion anglaise — Henri V — Ses tyrannies — Incendie des chartes — Expulsion de 1,600 familles — Vingt années d'occupation étrangère — Réveil patriotique — Héroïsme des Cent-Quatre — L'Anglais expulsé — Les coups de cloche commémoratifs — Les boulets de pierre — Charles VII à l'abbaye de Montivilliers — Délivrance définitive — Décadence — L'église Saint-Martin — Tombeaux et objets d'art.. 159

VI. — ORCHER. — Le château de Bainvilliers — Les trois Basnage — Henri IV et le curé — Le château d'Orcher — La terrasse — Le point de vue — Le parc — La fontaine pétrifiante — La Flore — Les vignes normandes — Emeutes — Colère et vengeance des buveurs — Le vin jaune............ 169

VII. — MONTIVILLIERS. — Colmoulins — Gournay — Les vallées — Le monastère du hameau — L'abbaye — Place aux Dames — L'abbesse royale — Il relève de Madame — Visite pastorale — Les ceintures de pierreries et les petits couteaux des nonnes — Industrie éteinte — Invasion anglaise — École professionnelle — Bibliothèque publique — Halles et marchés — Vallées d'Épouville — Les eaux de Sainte-Clotilde — Le château du Bec-Crespin — Sources de la Lézarde — Manéglise 177

VIII. — SAINT-JEAN-D'ABBETOT. — Physionomie actuelle — Ses monographes — Sa crypte — Curieuses peintures murales — Leur restitution artistique — Résurrection des Saints — Le pèsement des âmes — L'église vouée à la destruction par décision d'un conseil municipal — Sauvée par un conseil départemental 189

IX. — TANCARVILLE. — Stigmate populaire — Le Fort aux Bourreaux — Souvenir d'un poète — Tankar — Le grand démolisseur — La duchesse de Nemours — Les Angemmes d'or — La tour Carrée — La tour de l'Aigle — La tour du Lion — La tour Coquesart — Château et village — Les d'Harcourt — Les Melun — Les Longueville — Dunois — Talbot — Charles VII — Agnès Sorel — Le duc d'Albufera et le poète Lebrun — Les brocanteurs — Les soldats de la Révolution — Tancarville vendu pour 300 francs de rente — Restitué à Mme de Montmorency-Fosseux — La pierre du géant — Panorama — Le fléau.. 195

X. — BOLBEC. — La ville industrielle et pittoresque — Le Bec — L'abbaye du Vœu — Le dernier seigneur — Sa fin tragique — Sagacité normande — Les fontaines et les statues de

TABLE DES MATIÈRES. 339

marbre — Ce qui les sauva de la mutilation — Les trois incendies — La première manufacture d'impression sur étoffes — Les bienfaiteurs de Bolbec — Hospice — Théâtre — Bibliothèque — Le général Ruffin — La Géorgie de la France — Les Cauchoises — Patois normand — Les *battes* malades de la peste 203

XI. — LILLEBONNE. — Le Valasse — Les successeurs des moines — Julio-Bona — Les vallées — Les dieux de César et de Pompée — Le peuple Calète — Les autels de Jules-César-Auguste — Sépultures romaines — Le théâtre — De ses débris les moines construisent une abbaye — Le géant réveillé — Le Balnéaire — Côté des hommes, côté des femmes — Le Gallo-Romain peu galant — Les fouilles — Les statues — Les statuettes — Les médailles — Nouvelles ruines — Le château ducal — Fêtes chevaleresques — Guillaume-le-Bâtard — L'hospitalité — Les chapeaux de roses — Toujours l'industrie — L'église — La petite ville aux blanches maisonnettes 209

XII. — ÉTRETAT. — La campagne cauchoise — Octeville — Le Tilleul — Le château et le fort de Fréfossé — Étretat — Alphonse Karr — Les paysagistes — Les pêcheurs — Euryale et Nisus — Les lavandières — Curiosités naturelles — La Chambre aux Demoiselles — La légende — La porte d'Aval et l'Aiguille — Impressions d'un navigateur — L'église et Notre-Dame-de-la-Garde — La chaîne — Les chalets et les artistes — Port militaire — Napoléon Ier — Les nouvelles batteries 221

XIII. — YPORT. — Le petit vallon — L'inondation — Les pêcheurs — Le maçon Bigot — Le baron de Falkenstein — Un rival de Cartouche et Mandrin — La *Légende des Siècles* — La vie des pêcheurs 239

XIV. — FÉCAMP. — Légende merveilleuse — Le figuier — Origine du monastère et de la ville — L'abbaye fondée par trois saints — Les nonnes — Elles se coupent le nez et les lèvres — Déshonorées et massacrées — La ville et le monastère détruits par les hommes du Nord — Réédifiés par Richard Ier — Les chanoines — Leurs déportements — Les trois mitres et les trois cardinaux — Suppression de l'abbaye 1791 — Ses revenus — Son étendue — Ses illustrations — La ville actuelle — Son port — Son industrie — Pêches — La morue — Le hareng — La baleine — Le chemin de fer — Les bains — Le casino — Une rue qui n'en finit pas — Les falaises — Les fossiles — Le phare — La chapelle des marins — Un saint de contrebande — Les serments — La braye gauloise — Les Fécanaises — Valmont-l'Abbaye — Le Précieux-Sang 243

XV. — HONFLEUR. — La traversée — Les Ouivets — Les bains — L'hôpital — La jetée — Le port — Les trois rivières — Un ennemi intime — Notre-Dame-des-Vases — Honfleur au xviie siècle — Les habits de peau d'ours — Ses illustrations — La patrie de Daguerre — Le grand Duquesne à Honfleur — Louis XVI — Les saucisses municipales — La flottille en jupons — Épisode maritime — Les créatures — Sainte-Catherine et Saint-Léonard — Un Jordaens — Un salut féodal — La côte de Grâce — Les pèlerins — Splendeurs du panorama — M. et Mme Lebrun — Huit jours d'une royale infortune — Le Roi et la Reine des Français — La louée — La foire aux jeunes garçons et aux jeunes filles — Les populations rurales — Un singulier édit royal 261

XVI. — VILLERVILLE — TROUVILLE. — Les pointes — Charles Deslys — Les rivages inconus — La pléiade artistique — La moulière — Penne-de-Pie — Les pêcheuses amphibies — La forêt de Touques et Henri V — Les inconvénients d'une couronne d'or — Le chalet du poète — La petite Suisse — Le château d'Aguesseau — Trouville — L'oasis normande — Alexandre Dumas et Charles Mozin — La mère Auseraie — Les perles — 100 bateaux de pêche — Les maisonnettes de Trouville — Les plaisirs des baigneurs — La fashion a chassé l'artiste — Les belles dames et le brigand — L'église — L'hôtel-de-ville — La salle de spectacle — Le chemin de fer — Les bourrasques — Touques — Les baigneurs modestes — Les têtes couronnées ou visant à l'être — Troyon et sa vallée d'Auge — Le paysan ébahi — Un agréable compagnon de voyage — Le cap sur le Havre — Une touriste et son cheval — L'homme humilié... 279

BIOGRAPHIE ANECDOTIQUE DE QUELQUES ILLUSTRATIONS HAVRAISES 299

BIBLIOGRAPHIE 323

INDICATEUR DU TOURISTE.

HOTELS.

Hôtel de l'Aigle d'or, rue de Paris, 32, tenu par M. P. Rouen.
— d'Albion, rue de la Gaffe, 10, tenu par Mme Ve Walker.
— d'Angleterre, rue de Paris, 126, tenu par M. Grelley.
— des Armes de la Ville du Havre, rue d'Estimauville, 29, tenu par Mme Ve Bazire.
— de Belle-Vue, rue de Paris, 8, tenu par M. Lahousse.
— de Bordeaux, rue de la Gaffe, 16 et 18, tenu par M. Bert.
— de la Bourse, rue Caroline, 20, et Molière, 14, tenu par M. D. Catel.
— du Bras d'Or, Grande-Rue, 43, tenu par M Huet.
— de Cherbourg, rue des Gallions, 32, tenu par M. Robert.
— de la Place Louis XVI, galerie Fouache, tenu par M. Cherfils.
— du Commerce, place du Vieux-Marché, 13, tenu par M. Jean Michel.
— de Dieppe, rue de Paris, 76, tenu par M. Colboc.
— de l'Europe, rue de Paris, 121, tenu par MM. Loiseau et Pierrotet.
— de France, Grand-Quai, 15 et 17, tenu par M. Brunel.
— de Frascati, rue du Perrey, 1, tenu par MM. Legendre et Ce.
— d'Helvétie, quai des Casernes, 4, tenu par M. Heussler.
— de Honfleur, Grand-Quai, 51, tenu par M. Odièvre.
— des Indes, Grand-Quai, 65, tenu par M. Besonguet.
— d'Ingouville, Grande-Rue, 25, tenu par M. Roussel.
— du Loiret, Grande-Rue, 58, tenu par M. Lenoire.
— London, Grand-Quai, 81, tenu par M. Hewlett.
— de la Marine, quai Notre-Dame, 5, tenu par M. Paquier.
— du Midi, Grand-Quai, 73, tenu par M. Guillot.
— du Nord, quai d'Orléans, 87, tenu par M. Hettier.
— de Normandie, rue de Paris, 106, tenu par M. D.-C. Cousin.
— de Notre-Dame, quai Notre-Dame, 21, tenu par M. Bouiligny.
— de la Paix, quai Notre-Dame, 37, tenu par M. Candre.
— de Paris, Grand-Quai, 75, tenu par M. A. Marcou.
— du Périgord, rue Royale, 15, tenu par M. Lamy neveu.
— de Provence, quai Notre-Dame, 3, tenu par M. Segalen.
— Richelieu, rue de Paris, 96, tenu par M. A. Féret.
— de Rouen, rue de Paris, 82, tenu par M. Nicolle Beaufils.
— Saint-Pierre, Grand-Quai, 69, tenu par M. Amand Marie.
— de la Seine, rue de Paris, 6, tenu par M. Piquet.
— de Southampton, rue de la Gaffe, 1, tenu par M. H. Wilson.
— Suisse, quai des Casernes, 2, tenu par M. F. Merki.
— de Trouville, Grand-Quai, 43, tenu par M. A. Debray.
— des Voyageurs, cours Napoléon, 33, tenu par M. Marc.
— du Vrai Nantais, quai d'Orléans, 73, tenu par M. Lambert.
— Wheeler's, quai Notre-Dame, 17, tenu par M. J. Aitken.

BAINS PUBLICS.

Bains Frascati, rue du Perrey, 1, au bord de la mer, tenus par MM. Legendre et C⁰. — Bains chauds, bains à domicile, bains à la lame. — Galerie vitrée au bord de la mer, salle de bals et de concerts, jardins, jeux gymnastiques, chambre de lecture, journaux français et étrangers.

Bains de Sainte-Adresse, près le Havre, tenus par M. V. Guigues. — Bains chauds et à la lame. — Salon, cabinet de lecture, jardins, soirées musicales, etc.

Bains du Havre, rue du Grand-Croissant, 3, tenus par M. Burdett. — Bains d'eau douce, bains médicinaux et douches de toute espèce, bains à domicile.

Bains Notre-Dame, rue de Paris, 22, et rue Saint-Julien, 11. — Bains ordinaires, bains d'eau de mer, de vapeur, Barège, bains russes et médicinaux de tout genre.

Bains d'Ingouville, rue aux Dames, 8, près le Champ-de-Foire; M. Amand Heudier, pédicure, gérant. — Bains ordinaires, bains de vapeur, bains russes, etc., bains à domicile. — Un bureau succursale est établi rue de Paris, 130, pour recevoir les demandes.

Bains Gosset, rue du Perrey, 67, tenus par M. Burdett.

Bains Dumont, au bout de la rue des Casernes.

VOITURES PUBLIQUES.

POUR MONTIVILLIERS.

Départs les dimanches et jeudis, toutes les heures, depuis sept heures du matin jusqu'à neuf heures du soir, et les autres jours, toutes les deux heures.
S'adresser à MM. Tillaye et Bouju, rue de Paris, 96.

POUR BOLBEC ET SAINT-ROMAIN.

Départs tous les jours du Havre, pour Bolbec et Saint-Romain, à quatre heures trois quarts du soir.
De Bolbec pour le Havre, à sept heures du matin.
S'adresser à M. Chandelier, rue de la Mailleraye, 42.

POUR LILLEBONNE, SAINT-ROMAIN ET BOLBEC.

Départs tous les jours, à quatre heures et demie du soir, pour Lillebonne, et de Lillebonne, à six heures du matin.
Départs tous les jours, à quatre heures et demie du soir, pour Saint-Romain.
Départs tous les jours, à sept heures du matin, et de Bolbec, à cinq heures du soir.
S'adresser à MM. Fidelin et Méré, chez M. Jean Michel, place du Vieux-Marché, 15.

POUR GODERVILLE.

Du Havre, tous les jours, à quatre heures du soir.
De Goderville, tous les jours, à sept heures du matin.
S'adresser à MM. Tillaye et Bouju, rue de Paris, 96, et à M. Jean Michel, place du Vieux-Marché, 15.

POUR CRIQUETOT.

Les mardis, jeudis et samedis, à quatre heures du soir.
S'adresser à M. Flambard, à l'hôtel de Rouen, rue de Paris, 82.

POUR ÉTRETAT ET FÉCAMP.

Départs tous les jours : du Havre, à sept heures du matin, et à quatre heures du soir ; — d'Étretat, à sept heures du matin, et à quatre heures et demie du soir.
S'adresser à M. Blanquet et à M. Planchon, chez M. Jean Michel, place du Vieux-Marché, 15.

POUR GONNEVILLE.

Départs tous les mardis et vendredis, à trois heures et demie, en hiver ; en été, les lundis, mardis, vendredis et samedis.
S'adresser à M. Parey, hôtel de Dieppe, rue de Paris, 76.

ENTREPRISE GÉNÉRALE DES OMNIBUS.

Jeanrenaud, Boulard et Cᵉ.

Du Musée à la Barrière d'Or ; — de la place Louis XVI (arcades Nord) au rond-point du cours Napoléon ; — de la place Louis XVI (arcades Nord) à Sainte-Adresse ; — de la place Louis XVI (arcades Sud, à l'établissement de MM. Gevers et Cᵉ (usines) ; — de la place de la porte Royale aux Docks-Entrepôts et aux Abattoirs, par le quai Colbert ; — de la place Louis XVI à la Côte, Sanvic et Bléville ; — de la place Louis XVI (arcades Nord) à Harfleur.

OMNIBUS DU CHEMIN DE FER.

Bureau, rue de Paris, 121.

Transports des voyageurs et des bagages de la gare à domicile, et du bureau du chemin de fer, rue de Paris, 121, à la gare ; on enregistre, aux mêmes conditions qu'à la gare, les colis de messageries grande vitesse, et finances

On trouve, sous la gare, des coupés à la course et à l'heure. — Sur la demande des voyageurs, adressée au bureau du chemin de fer et à l'établissement, les omnibus et les coupés vont à domicile.

VOITURES DE PLACE.

Stations place Louis XVI et chaussée d'Ingouville.

PAQUEBOTS A VAPEUR.

HAVRE, HONFLEUR ET TROUVILLE.

Par les steamers *Français*, *Courrier*, *Éclair* et *Chamois*. — Départs tous les jours.
S'adresser à M. E. Deschamps, directeur, Grand-Quai, 13.

HAVRE, TROUVILLE, HONFLEUR ET PONT-AUDEMER.

Par les steamers *Castor* et *Ville-de-Pont-Audemer*.
S'adresser à M. Cardet aîné ; bureau sur le Grand-Quai.

AU PAVILLON VERT

RUE JEANNE-HACHETTE

PHOTOGRAPHIE SUR VERRE, TOILE ET PAPIER

EXÉCUTÉE PAR

KAISER

Le **Pavillon Vert** est situé au milieu d'un jardin embelli par des fleurs et des plantations. Une galerie stéréoscopique est exposée à la vue des Visiteurs, où l'on peut admirer les plus beaux produits de cet art.

PORTRAITS APRÈS DÉCÈS

Reproduction d'Objets d'Art et de toute espèce de Gravures

LEÇONS DE PHOTOGRAPHIE

Havre. — Imprimerie Commerciale COSTEY FRÈRES, rue de l'Hôpital, 4 & 6.

En vente à la même Librairie

LE SIÉGE DU HAVRE

PAR CHARLES IX, EN 1563.

LES TROIS HOTELS-DE-VILLE DU HAVRE

NOTICE HISTORIQUE PAR V. TOUSSAINT.

QUELQUES ÉPAVES SUR LE CHEMIN DE LA VIE

PAR ED. FALIZE.

ANNUAIRE DU COMMERCE ET DE L'INDUSTRIE

DE LA VILLE ET DU PORT DU HAVRE.

ALMANACH DU HAVRE

(ANNUAIRE DES ADRESSES).

www.ingramcontent.com/pod-product-compliance
Lightning Source LLC
Chambersburg PA
CBHW070849170426
43202CB00012B/2010